대박나는 부동산 중개
핵심 공인중개사 실무 교육

대박나는 부동산 중개

핵심
공인중개사 실무 교육

조영준 지음

매일경제신문사

부동산 중개업은 종합예술이다. 개업 공인중개사는 한 가지만 잘해서는 성공을 기대하기 어렵고 만능 엔터테이너가 되어야 한다. 그중에서도 확실하게 잘할 수 있는 한 가지는 반드시 있어야 하고, 동시에 문제가 될 만한 부분은 없어야 한다. 부동산 중개업은 중개사무소 입지선정 → 마케팅(광고, 홍보 등) → 전화응대 → 중개사무소 방문 → 중개사무소 상담(현장답사) → 물건작업, 손님작업 → 물건관리, 고객관리(개선작업) → 계약서 작성 및 확인설명서 작성 등 → 계약관리 및 경영관리(고용, 세금 등) 등의 프로세스가 존재한다. 각각의 절차마다 발생할 수 있는 문제와 이에 대한 해결능력이 필요하다. 하지만 무엇 하나 제대로 하는 것이 쉽지 않다.

공인중개사 자격증을 취득했지만, 현실의 높은 장벽을 미처 예상하지 못해서 날개도 제대로 못 펴보고 실패하는 상황이 자주 발생하고 있다. 일부는 부동산 중개업을 떠나면서 자신의 문제는 전혀 생각하지 못한 채 부동산 중개업에 대해 매우 부정적인 생각을 가지게 되는 분들도 많다. 옆에서 지켜보는 내내 저의 전철을 밟는 것 같아 매우 안타까웠다.

네오비를 통해 개업 공인중개사로 창업을 준비하는 분들과 매출 부진으로 어려움을 겪는 개업 공인중개사들에게 꼭 필요한 노하우를 전하고 싶었다. 저의 부동산 중개업 경험을 기반으로 실패하지 않고 성공할 수밖에 없는 실질적이고 구체적인 방법을 알려드리고 싶었다. 뼈 때리는 말이 많아 혹시나 상처 받을까 걱정도 되지만, 듣기 좋은 이야기만 하고 싶지는 않았다. 그런 의미에서 이 책은 다음과 같은 분들에게 매우 큰 도움이 될 것이다.

- 공인중개사로서 부동산 중개업 창업을 준비하는 분들
- 매너리즘에 빠져 목표를 잃은 공인중개사들
- 매출부진, 입지적 열세로 고전하는 개업 공인중개사들
- 부동산 중개업에서 나아가 더 큰 꿈을 꾸고 싶은 분들

20년 가까이 부동산 중개업과 네오비에 빠져서 주말도 없이 고객들 및 회원들과 보내고, 심지어 평일에도 밤 12시 이전에 집에 들어가는 날이 손에 꼽을 정도로 적어 남편, 아빠, 그리고 아들로서의 역할에 소홀했음에도 뒤에서 묵묵히 믿고 응원해주는 사랑하는 가족들에게 진심으로 감사함을 전한다(재희야, 사랑해!).

아울러 부동산 중개업에 새로운 지평을 열기 위해 같은 꿈을 꾸는 네오비 독서지향 김의섭 회장님 및 전국 독서지향 리더님

들, 네오비 중개법인 이명숙 대표, 부동산114 이상돈 대표, 네오비 곽미나 팀장, 네오비 중개 실무 전문교육 교수님들에게 감사하다는 말씀을 드린다. 또한 각자의 자리에서 오랜 기간 최선을 다해주고 있는 ㈜네오비 비즈아카데미의 소중한 식구들 및 네오비 지역 지부장님들, 네오비 부동산 동서남북TV 대표님들, 네오비 중개 실무 마스터 과정의 각 기수 기장님들, 그리고 대한민국 방방곡곡 3,000여 명의 네오비 회원님들과 특별히 네오비와 동행해주시는 네오비 멤버십 회원님들께 진심으로 감사함을 전한다.

  마지막으로 늘 함께 동행하시고 축복해주시는 하나님께 모든 영광을 돌린다.

공인중개사 중개 실무 사관학교
㈜네오비 비즈아카데미 대표
공인중개사 조영준

차례

| 프롤로그 | ······ 5

Intro   조건이 안 맞는 고객, 어떻게 계약을 성사시킬까? ······ 14

Part 1 **한번에 해결하는 부동산 중개업 고민**

무조건 성공하는 공인중개사 ······ 21
부동산 투자와 중개는 근본부터 다르다 ······ 24
나의 과거, 중개업에 약일까 vs 독일까 ······ 27
   Plus tip 생각하기 나름이다 ······ 29
   Plus tip 직업에 따른 중개 실력 ······ 31
개업은 언제가 좋을까? 시작하기 좋은 타이밍 ······ 32
중개하기 좋은 시기가 있을까? ······ 35
중개업에 좋은 입지는? ······ 37
   Plus tip 항상 1층이 좋은 것은 아니다 ······ 40
   Plus tip 빠르고 효율적으로 기본기 다지는 방법 ······ 46
입주권, 분양권 중개하기 좋은 입지 ······ 47
모든 거래가 다 되는 중개사무소라고? ······ 50
부동산 회원제의 불편한 진실 ······ 53

Part 2 생초보 공인중개사, 실패 없는 취업전략

수많은 남성 공인중개사들의 시행착오 …… 59
취업 시 무조건 피해야 할 중개사무소 …… 61
경력 쌓기 좋은 중개사무소 찾는 방법 …… 66
공인중개사 취업 특별 주의사항 …… 68
   Plus tip 소속 공인중개사 vs 개업 공인중개사 …… 69

Part 3 사업으로서 부동산 중개업 성공 비법

지역, 성별, 연령에 따른 중개사무소 위치 선정법 …… 73
   Plus tip 중개업 하기 좋은 지역 …… 76
부동산 중개사무소 창업 컨설팅 상술에 속지 말자 …… 77
처음 시작, 회원 중개사무소가 답이다 …… 86
중개사무소의 가장 큰 고객 …… 89
중개업이 안 되는 게 입지 탓이라고? …… 93
   Plus tip 중개업에 가장 필요한 훈련 …… 95
더는 물러날 곳이 없다면 이것만큼은 꼭 준비하라 …… 96
동업은 무조건 피하자! …… 99
   Plus tip 부부가 함께 중개사무소를 운영하고 싶다면? …… 101
중개사무소 권리금 산정 기준 …… 102
   Plus tip 중개사무소 양수도(권리금) 계약 시 필수 체크사항 …… 105
유능한 실장을 찾고 있는 분들께 …… 106
직원 채용 시 반드시 알아야 할 핵심사항 …… 109
   Plus tip 직원 채용을 위한 기본적인 준비 …… 110
뽑아야 할 직원 vs 뽑지 말아야 할 직원 …… 111
개업 공인중개사와 직원, 상하관계 vs 수평관계? …… 113
   Plus tip 중개업 경영, 이것만큼은 꼭 챙기자 …… 115
지역 내 1등 중개사무소 프로 공인중개사가 되는 비법 …… 116
   Plus tip 부동산 중개업에 반드시 필요한 인맥 …… 118

Part 4 공인중개사 계약 체결의 비밀

어떤 중개사무소에 들어가고 싶을까? …… 121
부동산 중개사무소 상호 작명의 비밀 …… 123
중개사무소 인테리어는 어떻게 할까? …… 126
중개사무소 간판에도 트렌드가 있다 …… 128
　Plus tip 고객을 사로잡는 문구는 따로 있다 …… 132
중개업 운을 만드는 가장 쉬운 방법 …… 133
공인중개사도 결국 이미지, 좋은 이미지 만드는 방법 …… 136
고객에게 효과적으로 다가가는 방법 …… 143
중개업에 중요한 첫인상, 잘 남기고 싶다면 …… 147
전 재산을 맡기고 싶은 공인중개사가 되려면 …… 150
고객과 친밀감을 높이는 쉬운 방법 …… 152
부드러운 손에 담긴 비밀 …… 155
커피 한잔만 봐도 알 수 있다 …… 157
명품 중개를 시작하라 …… 159
　Plus tip 명품 중개를 위해 갖춰야 할 덕목 …… 160
시대의 흐름에 따라 대처하는 중개 요령 …… 161

Part 5 매출 상승으로 연결되는 중개기법

접수된 물건조차 모르는 공동중개 현실 …… 167
중개사무소만의 정확한 시세파악 방법 …… 169
　Plus tip 초보 공인중개사 시세파악 꿀팁 …… 171
손님에게 몇 개의 물건을 보여줘야 할까? …… 172
최악의 입지에서도 살아남는 고객 확보 및 응대방법 …… 174
성공할 수밖에 없는 공인중개사 …… 178
고객에게 나의 중개사무소는 어떤 유형일까? …… 180
고객의 신뢰를 얻는 게 먼저다 …… 184
　Plus tip 따지지 말자, 옳고 그름은 중요하지 않다 …… 186

고객을 사로잡는 상담스킬 ······ 187
- Plus tip 고객의 빠른 결정을 만드는 비법 ······ 189

부동산 계약을 만드는 지름길 ······ 190
- Plus tip 아주 간단하면서 효과 높은 매출 상승 비법 ······ 192

매도인 심리 vs 매수인 심리, 양타 중개 ······ 193

입장에 따라 관점이 바뀐다 내로남불 ······ 195
- Plus tip 고객은 누구나 자신의 이익만 생각한다 ······ 198

중개업은 결과에 책임지는 직업이 아니다 ······ 199
- Plus tip 절대 부동산 시장을 예측하려 하지 말자 ······ 201

Part 6 서로 윈윈하는 공동중개 노하우

당신이 몰랐던 공동중개의 치명적 단점 계약서, 확인설명서 ······ 205
- Plus tip 완벽한 확인설명서 작성방법 ······ 210

당하지 않는 공동중개 방법 중개사무소 상도덕 ······ 211
- Plus tip 신규 임대차 계약의 계약금 전액은 기존 임차인에게 지급 ······ 216

공동중개, 지나친 욕심이 화를 부른다 ······ 217
- Plus tip 공인중개사, 영원한 동지도, 영원한 적도 없다 ······ 220

Part 7 중개보수 잘 받는 노하우

당신이 중개업을 하는 진짜 이유 ······ 223

프로 공인중개사들의 전략 '심리' ······ 225
- Plus tip 차별화된 고객 서비스를 만드는 방법 ······ 227

고객을 내 편으로 만드는 방법 ······ 228
- Plus tip 기네스북에 오른 자동차 세일즈맨, 조 지라드 ······ 230

중개보수를 잘 받는 8가지 실전 노하우 ······ 231
- Plus tip 협의가 필요 없는 중개보수 고정요율제(정찰제) ······ 243

법정 중개보수보다 더 받았을 때 처신 방법 ······ 244
- Plus tip 중개사무소 운영팁, 부가가치세 ······ 246

중개보수 할인의 결말 ······ 248

Part 8 아무도 알려주지 않는 프로 공인중개사의 중개 비법

부동산 시장별 180도 달라지는 중개 노하우 ······ 255
안 되는 걸 되게 만드는 게 진짜 실력이자 능력이다 ······ 257
매도, 매수 우위 시장에서의 중개 노하우 ······ 259
   Plus tip 저 건물 작업해주세요 ······ 262
인정받는 중개사무소 되는 방법 ······ 268
가격조절이 안 될 때 계약 이뤄내는 법 ······ 270
   Plus tip 가격을 떠보는 고객 가리는 방법 ······ 272
중립적인 중개라고? 당신은 초보다 ······ 273
   Plus tip 매도(임대) vs 매수(임차), 공인중개사의 적절한 포지션 ······ 276
물건을 떠보러 온 고객 응대 요령 ······ 277
   Plus tip 진짜 팔지 안 팔지 아리송할 때 ······ 279
잘못된 계약을 봤을 때 대처법 ······ 280
신뢰를 만드는 브리핑 방법 ······ 283
   Plus tip 고객과 약속 잡는 법 ······ 284
급매물 처리하는 노하우 ······ 288
   Plus tip 팔은 안으로 굽는다 ······ 291
프로는 결정을 미루지 않는다 가계약 활용 방법 및 유의점 ······ 292
   Plus tip 올바른 가계약금 문자 예시 ······ 299
부동산 계약 클로징의 비밀 당신을 위한 중개 ······ 300
롱런하는 부동산 중개업 성공 비밀 ······ 303

Part 9 중개 계약 잘하는 노하우

공인중개사의 진짜 실력이란? ······ 309
(매도/임대) 물건확보의 비밀 ① : TM 편 ······ 311
   Plus tip 고객정보를 인수받은 경우 합법적 활용방법 ······ 312
   Plus tip 프로 공인중개사가 사용하는 5가지 TM ······ 314
   Plus tip 취득한 연락처 활용방법 ······ 315
(매도/임대) 물건확보의 비밀 ② : DM 편 ······ 316
   Plus tip 개업 후에는 열심히 홍보하자 ······ 317

(매수/임차) 고객확보의 비밀 ① : 네이버 편 …… 318
(매수/임차) 고객확보의 비밀 ② : 부동산 매물광고 편 …… 324
(매수/임차) 고객확보의 비밀 ③ : 유튜브 편 …… 329
찐! 부동산 유튜브 효율적 운영방법 …… 333
중개업 최적화 유튜브, 빠르게 시작하기 …… 336
- **Plus tip** 4차 산업혁명과 부동산 중개업 …… 340
- **Plus tip** 광고 vs 홍보 …… 341

Part 10 이렇게 하면 중개사고 막는다

부동산 중개사고 0%, 충분히 가능하다 …… 345
다가구주택 임대차 중개사고 막는 법 …… 347
- **Plus tip** 폭탄 돌리기 …… 349

고객 변심의 칼날! 확인설명서로 향한다 …… 350
- **Plus tip** 중개사고, 얼마든지 피할 수 있다 …… 352

고의사고, 진정성 미확인사고를 피하는 방법 …… 353
최근 발생하는 중개사고의 특징 …… 355
- **Plus tip** 계약을 성사시키는 브리핑 '확신' …… 356

불완전한 대리인 계약의 융통성 있는 해법 …… 357
300억 원이 넘는 빌딩을 중개하면 생기는 일 …… 361
중개 실무, 다 배우려 말고 꼭 필요한 것부터 배우자 …… 367
- **Plus tip** 부동산 중개 실무 공부 순서 …… 368
- **Plus tip** 좋은 중개 실무 교육을 찾는 핵심 …… 369

| 에필로그 | 멘토, 인생의 전환이 될 수 있다 …… 370

Intro

조건이 안 맞는 고객, 어떻게 계약을 성사시킬까?

17년 전, 필자가 겪은 이 사례는 오랜 시간이 흘렀지만 아직도 또렷한 기억이다. 필자의 첫 중개 계약이자 마인드를 일깨우는 계기가 됐기 때문이다.

중개사무소에 9,000만 원짜리 전셋집을 찾는 여성 고객이 찾아왔다. 그 당시 전세 9,000만 원이면 꽤 높은 금액이었다. 보유한 물건이 없던 때라 공동중개할 곳을 물색했는데, 다들 물건이 없다는 답변이 돌아왔다. 마지막이라 생각하고 전화를 한 곳에서 물건이 있다는 반가운 답변을 들었다. 고객과 함께 해당 중개사무소를 방문했고, 물건지 대표님과 함께 셋이서 전셋집으로 갔다. 해당 물건의 전세금액은 9,000만 원이었고, 내 눈에는 좋아 보여 엄청 좋다고 호들갑을 떨었다. 그러나 고객은 선뜻 결정을 내리지 못하는 눈치였다. 사실 고객들은 비교를 통해 선택에 대한 확신을 얻고 싶어 한다. 하지만 다른 물건이 없으니 비교를 할 수가 없었다.

고객이 결정을 내리지 못하자 내 마음이 초조해졌다. 물건은 이거 하나밖에 없는데, 결정을 못 하면 이대로 첫 계약이 날아가는 것이다. 그때, 공동중개 대표님의 한마디가 나를 안도하게 만들었다. "물건 하나가 더 있는데 시간 되시면 보러 가실래요?"

나와 고객은 당장 보러 가자고 말했고, 그렇게 다시 차에 올랐다. 도착해서 현관문을 열고 들어간 집은 새하얀 인테리어가 빛나는 집이었다. 너무나 맘에 들어 하는 고객의 눈빛이 당장이라도 계약서를 쓸 태세였다. 그런데 그때 공동중개 대표님이 한마디 하셨다.
"그런데 이 집은 전세가 1억 1,000만 원입니다."

순간 고객의 얼굴에 '어쩐지, 너무 좋더라' 하는 표정이 스쳐 지나갔다. 집을 나와 차를 타고 다시 물건지 중개사무소로 돌아왔다. 고객은 좋은 집을 본 이상 9,000만 원짜리 집은 계약하고 싶지 않아 했다. 그러자니 부족한 2,000만 원이 큰 관건이었다. 당시엔 전세자금대출제도가 없던 때라 당장 2,000만 원을 준비한다는 건 쉽지 않았다.
"지금 계약하지 않으면 이 물건은 곧 나갈 텐데요. 지금도 손님들 의뢰가 많이 들어오고 있거든요."

| Point |
- 견물생심 : 물건을 직접 봐야 마음이 움직인다.
- 결정을 위해서는 비교를 통한 확신이 필요하다.

발상의 전환

여성 고객은 어떻게든 전셋집을 놓치고 싶지 않아 했다. 하지만 당장 2,000만 원을 빌릴 곳이 마땅치 않자 발을 동동 구르고 있었다. 그 모습을 본 대표님이 나를 보며 한마디 건넸다.
"조 사장님이 2,000만 원을 빌려드리면 어때요?"

뜬금없는 제안에 나는 당황했다. 이 고객과 아는 사이도 아니고, 오늘 처음 본 사람인데 2,000만 원을 빌려주라니…. 게다가 수중에 돈도 없었다. 짐짓 헛기침을 하며 이렇게 말했다.

"빌려드리고 싶은데, 제 돈이 다 묶여 있어 석 달 후에나 쓸 수 있을 것 같아요."

그러자 대표님이 빙그레 웃었다.

"그럼 제가 빌려드려도 될까요?"

나와 고객은 놀라 눈을 동그랗게 떴고, 대표님은 말을 이어나갔다.

"직장도 L기업에 다니시고 신용도 좋으시니 제가 2,000만 원 빌려드릴게요. 잔금 전까지 시간이 있으니 돈을 구하셔도 되고, 빌려드린 후 돈이 생기시면 언제든 갚으셔도 됩니다. 물론 중도상환수수료 같은 건 없습니다. 대신 이자는 월 1부(연 12%, 당시 은행금리가 연 7%대였음)만 주세요."

당시 고객은 대표님의 제안을 흔쾌히 받아들였고, 그렇게 계약이 일사천리로 성사되었다(고객의 입장에서 손해 볼 것이 없는 내용이다). 공동중개지만 첫 계약을 성사시켰다는 기쁨에 내 중개사무소로 돌아오는 발걸음이 가벼웠다.

하지만 시간이 지날수록 내 모습을 반성하게 됐다. 나는 공동중개 한 건했지만, 상대 대표님은 공동중개에 이자수익까지 얻은 것이다. 물건도 없었지만 설사 내가 9,000만 원과 1억 1,000만 원의 전세 물건을 갖고 있었어도 이 고객과 계약을 성사시킬 수 있었을까? 9,000만 원의 전세물건은 고객이 마음에 안 들어 어려웠을 테고, 1억 1,000만 원의 전세물건은 금액이 맞지 않아 애초에 보여주지 않았을 수도 있다. 그러면 제 발로 찾아온 고객마저 놓치는 꼴이 됐을 텐데, 상대 대표님은 계약 성사와 더불어 이자수익이라는 부가이익까지 창출해낸 것이다. 이 사례는 중개하면서 이자수익까지 얻으라고 권하는 게 아니다. 마인드의 차이에 따라 달라지는 결과를 강조하는 것이다. 이처럼 열린 마인드로 중개를 하면 성사가 안 될 계약도 성사로 이끌 수 있고, 결과적으로 훨씬 더 많은 부가가치를 올릴 수 있다.

많은 분들이 중개업이 힘들다고 말한다. 코로나19가 오랜 기간 지속되고, 부동산 정책으로 인해 더욱 어려워졌다고 하소연한다. 하지만 그 와중에 한 달에 수십 건의 계약서를 쓰는 중개사무소가 분명 있다. 돌이켜 보면 부동산 중개업은 계약이 많을수록 편안할 날이 없다. 다만 똑같은 부동산 경제 상황, 똑같은 지역인데 누구는 잘되고 누구는 안 될 뿐이다. 그러니 단지 '경기가 좋지 않다', '다들 힘들다는데 나도 그렇지 뭐'라고 위안 삼지 말고 그 와중에 살아남기 위해선 무엇이 필요한지 절실히 방법을 찾길 바란다. 더불어 필자가 그 해법을 위해 적극적으로 도움을 드릴 것이다.

| **Point** |
- 부동산 중개는 창의적인 열린 마인드가 필요하다.
- 아무리 불경기라도 잘되는 사람은 언제나 존재한다. 잘되는 사람이 내가 아닌 것이 문제일 뿐이다.

Intro

한번에 해결하는
부동산 중개업 고민

Part 1

무조건 성공하는 공인중개사

　전쟁에서 지켜야 할 게 많은 사람과 잃을 게 없는 사람 중 누가 이길까? 잃을 게 없는 사람이 이길 확률이 높을 것이다. 지켜야 할 게 많은 사람일수록 방어할 수밖에 없고, 잃을 게 없는 사람일수록 적극적으로 공격할 수 있기 때문이다. 일명 '이판사판'이다. 이를 중개 현장에 대입해보면, '자격증 없는 사람이 돈을 더 잘 번다'는 말과 일맥상통한다. 잃을 게 없으니 공격적으로 중개할 수 있기 때문이다(무자격자를 옹호하는 말이 아니니 오해하지 말자).

　공인중개사 합격점수와 중개사무소 매출은 상관관계가 거의 없다. 합격자 모두가 다 그런 것은 아니지만, 오히려 융통성 있게 최유효 이용을 통해 적절한 편의를 봐가면서 공부해 합격한 분들의 매출이 더 높은 경우가 많다.

　공인중개사 자격증 시험은 국민의 재산을 안전하게 거래하도록 보호해주고, 공인중개사들이 부당한 이익을 취하지 못하도록 만드는 데 있다고 본다. 그렇다 보니 자격증을 딴 공인중개사, 특히 고득점으로 자격증을 딴 사람일수록 공인중개사법을 세세히 외우고 있는 경우가 많은데 사실상 세뇌수준이다. 어떤 사항 위반은 벌금이 몇천만 원이다, 몇 개월 영업정지다, 자격

취소다 하는 사항들이 계속 뇌리 속에 남아 발목을 잡는다. 어렵게 공부하고 힘들게 취득한 자격증에 문제가 생기면 큰일이라는 생각에 위법사항을 피하려고 노력한다. 하지만 이런 상태로 전쟁터에서 살아남기 어렵다. 위법하라는 말이 아니다. '위법하면 안 된다'의 틀에 갇혀 위법이 아닌데도 지레 몸을 사리지 말라는 말이다. 미리 몸을 사리면 올 기회도 달아나니 적극적인 자세로 임하길 바란다. 어디에나 해답은 존재하기 마련이다.

| **Point** |
- 공인중개사 합격점수와 중개사무소 매출은 상관관계가 없다.
- 적극적인 자세여야 기회를 잡을 수 있다.

적극적인 영업 마인드를 키우자

에스키모에게 냉장고를 팔고, 아프리카에서 난로를 파는 것이 가능할까? 믿기지 않겠지만 발상을 전환해서 고정관념을 보기 좋게 깨뜨린 한 영업맨의 실화다.

'에스키모에게 왜 냉장고가 필요할까?', '더운 아프리카에서 과연 난로를 쓸까?' 하는 의문이 들 수 있다. 하지만 항상 꽁꽁 얼어 있는 음식을 접해야 하는 에스키모는 음식을 제때 먹기 좋고 신선하게 보관할 수 있는 저장고가 필요했다. 일교차가 큰 아프리카에서는 기온이 심하게 떨어지는 밤에 난로가 있다면 큰 도움이 될 수 있다. 아프리카에 간 신발 영업사원의 예도 이와 같다.

신발회사의 두 영업맨이 아프리카 사막을 찾았는데, 사람들이 맨발로 다닐 뿐 신발을 신은 사람이 아무도 없었다. 한 영업맨은 '애초에 글렀네, 아무도 신발을 원하지 않는데 어떻게 판단 말인가?'란 생각으로 낙담한 채 돌아왔다. 하지만 남은 영업맨은 '오호, 아무도 신발을 신지 않았으니 이곳엔 엄청난 잠재 고객들이 있다'는 발상의 전환으로 무수한 고객을 발견했다. 고 정주영 회장의 일화에서도 보듯, 사막에 건설하는 것은 누군가에게는 불가능이지만, 누군가에게는 최고의 기회가 되는 것이다.

이렇듯 같은 상황을 보고도 낙담하기는커녕 고정관념을 탈피해 에스키모 냉장고, 아프리카 난로, 사막에서 신발 팔기, 사막에 건설하기 등을 이뤄낼 수 있다. 부동산 중개도 마찬가지다. 앉아서 손님을 기다리는 시대는 지났다. 손님을 찾아 나서야 하며, 손님을 끌어당길 수 있어야 한다. 그러기 위해선 적극적인 홍보와 마케팅은 필수다. 이에 대한 상세 설명은 뒷장의 'Part 9. 중개 계약 잘하는 노하우'에 수록되어 있다.

| **Point** |
- 고객은 저절로 찾아오는 게 아니라 찾아오게 만들어야 하는 것이다.
- 긍정적인 자세로 상황을 바라보는 노력이 먼저 필요하다.

부동산 투자와 중개는
근본부터 다르다

"부동산 전업 투자자인데요. 제가 중개사무소를 운영하면 좋은 물건을 가장 빨리 접할 수 있으니 더 좋지 않을까요?"

필자에게 이런 질문을 하는 분이 간혹 있다. 실제로 전업 투자자가 공인중개사 자격증을 취득한 후 중개사무소를 운영하는 분도 있다. 하지만 전업 투자자가 중개를 잘할 수는 없다는 게 필자의 입장이다. 그 이유는 투자와 중개는 엄연히 근본 원리가 다르기 때문이다.

먼저 투자는 가치에 기반을 둔다. 가치는 지역별, 물건별로 다르고 범위가 넓다. 예를 들어 역삼동과 삼성동 중 나은 곳에 투자를 하고 싶다면 두 지역의 비교부터 한다. '어느 지역이 개발 호재가 많을 것이고, 어디가 저평가되어 있고, 그래서 어디가 가격이 더 올라갈 것 같다'는 식으로 말이다. 그렇게 분석한 후 한 지역을 선택하면, 그 지역 내에서도 여러 부동산(아파트, 단독주택, 상가 등) 중 어떤 종류의 물건을 투자할지를 고른다.

하지만 중개는 가격에 기반을 둔다. 시장 상황에 따른 물건 변동의 추이를 통해 시세보다 저렴한 물건과 아직 거래되려면 시간이 필요한 물건이 존재한다. 이러한 원인으로 중개사무소는 태생적인 한계가 있다. 우선 범위가 좁다. 역삼동에서 중개업을 하시는 분은 역삼동을 잘 알고 그 외 지역은 잘 모른다. 마찬가지로 삼성동에서 중개업을 하는 분은 삼성동은 잘 알지만 다른 지역은 잘 모른다. 자신이 속한 지역은 잘 알지만 그외 지역은 잘 모르니 여기저기 지역을 고른 후 투자하는 투자자와 근본적으로 다르다(다른 지역을 잘 알아도 도움은 되겠지만 큰 도움은 되지 않는다).

더불어 중개업의 특징은 내 지역이 가장 뛰어나다고 생각해야 한다는 점이다. 역삼동에서 중개하시는 분은 역삼동이 가장 뛰어나고, 삼성동에서 중개하시는 분은 삼성동이 가장 뛰어나단 생각을 가져야 한다. 솔직히 그런 마음 자세가 아니면 적극적으로 중개를 할 수가 없다.

| Point |
- 부동산 투자는 가치에 기준을 부여하고, 부동산 중개는 가격에 기준을 둔다.
- 자신이 중개업을 하는 지역이 세상에서 가장 좋은 지역이다.

공인중개사와 투자자는 마인드가 다르다

투자자의 마인드를 갖고 있는 공인중개사들은 처음에는 본인 지역이 가장 좋았더라도 일정 시간이 흐르면 다른 더 좋은 지역이 보인다. 그러면 중개사무소를 접고 다른 지역으로 가서 개업할 수 있을까? 이제껏 자리를 닦아놓았는데 다른 지역에서 새로 시작하는 게 어디 쉬운 일일까? 더군다나 그렇게 이전했는데 2년 지나자 또 다른 지역이 뜨기 시작하면 다시 접고 이동할 것인가? 이렇게 반복되면 철새 중개사무소밖에 되지 않는다. 따라서 쉽게 움직일 수 없는 중개업은 자신이 속한 지역이 제일 좋아 보여야 한다. 그 지역에 대해 가장 많이 알고 있어야 한다. 중개업에서 실력을 갖추려면 세계 제일의 지역 전문가가 되는 게 시작이다. 본인의 지역을 잘 알고 자부심이 강하면 고객들에게도 상담을 통해 어필할 수 있고 이는 계약으로 연결될 수 있다.

하지만 투자자는 어느 한 지역에 마음을 두는 게 아닌, 언제든지 뜰 준비를 하는 사람들이므로 근본적으로 투자자의 마인드와 개업 공인중개사의 마인드는 다르다. 투자를 위해 중개업을 하겠다는 분은 다시 한번 신중하게 생각해보길 바란다.

| Point |
- 프로 중개사가 되기 위해서는 세계 제일의 지역 전문가가 되는 것이 시작이다.
- 한 지역에서 중개사무소가 완전히 뿌리를 내리면 연금형 중개사무소가 된다. 하지만 철새 공인중개사는 연금형 중개사무소를 만들 수 없다.

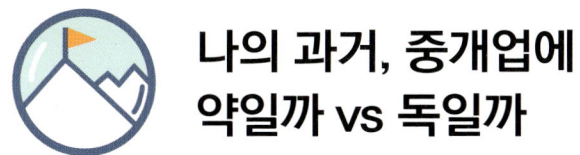
나의 과거, 중개업에 약일까 vs 독일까

중개업 현장에 오랫동안 있다 보니 많은 분들을 만나게 된다. 중개업부터 시작하시는 분도 있고, 다른 업무를 하다가 중개업을 하시는 분도 있다. 그중 중개업을 잘하셔서 승승장구하시는 분도 있고, 잘 안 되어 문을 닫는 분들도 있다. 오랜 시간 다양한 사례를 접하면서 한가지 공통점을 발견했다.

나를 내려놓아야 성공할 수 있는 직군

공무원, 군인, 선생님, 은행지점장, 대기업 임원 등 조직 생활을 오래 한 후 중개업을 하신 분들의 성공률은 그다지 높지 않다(예외는 있으니 너그럽게 이해해주시기를 바란다). 왜 그럴까?

1. 모든 일을 혼자 처리하지 못한다

큰 조직에서 생활했던 분들은 회사 시스템이 이미 잘 갖춰져 있고, 분업이 이뤄지다 보니 A에서 Z까지 하지 못하는 경우가 많다. 중개업은 자영업이라서 모든 일을 혼자 처리할 수 있어야 하는데, 조직형태의 근무환경에 오래 있었던 분들은 혼자 모든 일을 처리하는 데 어려움을 겪는 경우가 많다.

2. 내가 왕년에…

"내가 왕년에 회사 다닐 때 이런 일하던 사람이야" 하고 어깨에 힘을 잔뜩 주는 분들이 있다. 물론 뛰어난 역량으로 큰 성과를 냈을 순 있어도 곰곰이 보면 개인의 능력보다는 회사의 브랜드파워가 더 강한 경우가 많다. 은행의 예를 들어보자. 고객들은 지점장 개인의 역량을 높이 평가해서 찾아오기보다는 은행의 브랜드를 믿고 예금 및 대출을 선택한다. 기업가, 의사, 변호사 등 전문직 사람들이 찾아와 지점장에게 잘 보이려고 하는 이유는 지점장이 잘나서라기보다는 그 은행의 일부분인 지점장이 결정권을 가지고 있기 때문이다. 그런데 지점장을 그만둔 뒤 은행 밖으로 나오면 그 많던 사람들이 여전히 그에게 잘 보이려고 할까? 그렇지 않다. 결정의 중심을 잡고 있는 것은 개인이 아닌 은행이므로 새 지점장에게 잘 보이려 할 것이다.

회사라는 테두리 안에서 맘껏 역량을 발휘하던 사람도 중개업을 시작하면 테두리 없이 홀로 모든 것을 감내해야 한다. 중개업은 공인중개사 본인의 믿음과 신뢰가 고객에게 닿았을 때 거래가 이뤄질 수 있다. 겉치장해줄 회사도, 으레 믿고 시작할 브랜드파워도 없이 맨몸으로 직접 고객에게 신뢰를 줘야 한다. 회사 안에서 의지하며 서로 다독이던 동료도 회사 밖으로 나오면 없다. 튼튼한 지붕이 있는 집에 살던 사람이 하루아침에 지붕 뚫린 집으로 이사 오는 격이어서 스스로 비바람을 피하고 살아갈 방법을 모색해야 한다. 하지만 막상 현실에 부딪치면 과거의 생활이 주마등같이 스쳐가며 '내가 왕년에…'라는 자조적인 한숨이 절로 나오는 경우가 많다. 과거의 나를 내려놓지 못하면 중개업에서 성공은 힘들다. 혼자의 힘으로 중개업에서 성공할 자신이 없다면 처음부터 창업에 신중해야 한다.

> **Plus Tip 생각하기 나름이다**
>
> 첫째는 우산을 팔고, 둘째는 소금을 파는 두 아들을 둔 엄마는 늘 근심과 걱정이 많다. 비가 오면 소금을 만들지 못하니 둘째 아들 걱정, 햇볕이 쨍쨍하면 우산이 안 팔리니 첫째 아들을 걱정하느라 걱정이 끊일 날이 없다.
> 하지만 같은 직업을 가진 아들을 둔 다른 엄마는 매일이 행복하다. 비가 오면 우산이 잘 팔려 첫째 아들 생각에 좋고, 햇볕이 쨍쨍하면 소금이 많이 생산되니 둘째 아들 생각에 좋다. 그러니 매일 웃음꽃 피는 행복한 날의 연속이다. 이렇듯 똑같은 상황임에도 어떤 마인드를 가졌느냐에 따라 세상을 다르게 본다.

중개업에서 더욱 역량을 발휘하는 직군

보험설계사, 자동차판매 영업, 민간 사회복지사, 학습지 선생님 등 적극적인 영업 활동을 하는 직업이 부동산 중개업에서 성공할 확률이 높다(예외는 있으니 너그럽게 이해해주시기를 바란다). 대개 이분들은 반기는 경험보다 외면당하고 문전박대당한 경험이 더 많아 고객의 니즈를 파악하기 위해 고군분투했으며, 어떻게 하면 본인이 고객의 선택을 받을 수 있을지 끊임없이 연구하고 노력한다.

실제 김 모 대표는 보험설계사였다가 공인중개사 자격증을 취득한 후 중개사무소를 개업해서 대박이 났다. 자동차판매 영업을 하다 중개업으로 전향한 최 모 대표도 마찬가지다. 이처럼 중개업은 과거 화려하고 잘나갔던 직업을 가진 분보다 힘들게 개척하는 직업을 가졌던 분들이 더 역량을 발휘하는 경우가 많다.

> **| Point |**
> - 부동산 중개업은 영업과 세일즈를 기본으로 한다.
> - 적극적인 영업 활동이 중개업 성공에 반드시 필요하다.

무엇을 해도 안 되는 유형이 있다

앞서 적극적인 영업 활동을 하는 분들이 중개업에서 성공하는 경우가 있다고 말하니 이런 생각이 드는 분이 있을 것이다. '현재 보험설계사인데, 코로나19로 인해 대면 접촉이 쉽지 않아 실적이 없으니 이참에 공인중개사 자격을 취득해 중개업을 시작할까?', '경기가 좋지 않아 실적이 없으니 중개업으로 전향해볼까?' 라고 말이다. 이렇게 중개업으로 전향하면 이분들은 모두 성공할까? 안타깝게도 그렇지 않다. 과거 영업 활동을 하다 중개업을 시작해도 실패하는 분들이 많다. 그렇다면 누구는 성공하고, 누구는 실패하는 이유가 무엇일까? 그것은 바로 자기 자신 때문이다. 현재 일에 먼저 최선을 다하고 결과를 기다리는 것이 아니라, 어렵고 힘든 일을 피해 더 쉽고 편하게 일해보려고 생각하는 마음이 문제다. 이처럼 문제의 원인은 자기 자신에게 있는데도 항상 세상 탓을 한다. 세상을 바꾸는 것은 불가능에 도전하는 것이다. 자신을 바꾸는 게 가장 쉽고 빠르다.

| **Point** |
- 최선의 노력을 다해보기 전에 더 쉽고 편한 일을 찾아가려는 마음이 문제다.
- 실패는 또 다른 실패를 낳고, 성공은 또 다른 성공을 낳는다.
- 세상이나 환경 탓을 하기 전에 자신 탓을 먼저 하는 게 낫다. 세상을 바꾸는 가장 쉬운 방법은 자기 자신을 바꾸는 것이기 때문이다.

Plus Tip 직업에 따른 중개 실력

1. 부동산 중개업이 용이한 직업군(A)
- 보험설계사, 자동차영업사원, 학습지 선생님, 민간 사회복지사 등
- 사람을 만나는 일이 주된 업무인 직업
- 고객을 기다리는 게 아니라 고객의 니즈를 먼저 파악하고 찾아가야 하는 직업

2. 부동산 중개업을 고전하는 직업군(B)
- 공무원, 선생님, 군인, 대기업임원, 은행지점장 등
- 큰 조직 안에 속해 있는 직업
- 안정적인 직업

다만, 모든 일에 예외는 존재한다. A직업군 중에서도 실패하는 사람이 있는가 하면 B직업군 중에서도 성공하는 사람이 있다. 즉, 상기 내용이 직업선택의 절대적 기준이라기보다 본인에게 상기 원칙이 적용되지 않도록 더욱 노력해야 한다는 점을 기억하자.

개업은 언제가 좋을까? 시작하기 좋은 타이밍

　공인중개사 자격증을 취득한 여러분이 아직 개업 전이라면 언제 개업할 생각인지 묻고 싶다. 실제 많은 공인중개사들이 '지금 당장 해야 할까?', '경기가 좋아지면 할까?', '지금 가격은 많이 올랐다는데, 거래는 별로 없다고 하던데 기다렸다 거래가 많아질 때 할까?', '중개사무소가 너무 많은데 괜찮을까?' 등의 고민을 한다. 한두 푼 돈이 들어가는 개업이 아니다 보니 신중히 선택하는 것은 좋지만, 그저 현실을 도피하기 위해 다음을 선택했다면 심각하게 생각해볼 일이다. 필자가 20여 년 가까이 중개업을 하며 많은 사람들을 보고 느낀 점은 '다음에 보자는 사람치고 무서운(또는 중요한) 사람이 없다'는 점이다.

　우리가 일상생활에서 '다음에 만나서 밥 먹자' 등의 말을 하는데, 이는 딱히 볼 마음은 없는데 그렇다고 딱 잘라 안 볼 사람도 아닌 사람에게 하는 말이다. 정말 상대방이 중요하다면 다음이 아닌 언제 만날 것인지 정확히 날짜를 잡을 것이다.

　개업도 마찬가지다. 몇 년째 개업을 못하는 공인중개사를 보면 갖은 핑계를 대면서 자꾸 뒤로 미룬다. 물론 타이밍을 보면서 시기를 가늠하는 건 좋지만, 세상에 완벽한 타이밍은 없다. 또한 창업을 계획하고 있다면 그에 맞는 실력을 쌓았는지 살펴보는 게 먼저다. 자신의 실력은 쌓지도 않고 그저 이런저런 핑계만 대며 '이래서 내가 개업을 안 하는 거야'라고 말하는 사람이 있다. 옆에서 보면 참으로 안타깝다. 스스로 실력은 갖추지 않으면서 시장 탓만 한다. 진짜 개업을 못 하는 이유가 자신이 실력이 없어서라는 것을 왜 인정하지 않는가! 실력 없이 개업하자니 무섭다는 현실을 왜 인정하지 않는가! 진짜 배움은 인정하는 것부터 시작이다. 실력이 없음을 인정하고 배우면 된다. 현장 경험이 부족함을 인정하면 이 또한 배우면 된다. 그러나 자신의 부족함을 인정하지 않으면 배울 것이 없고, 모든 탓을 외부로 돌린다.

결국, 실력 없는 사람이 개업 시점만 미룬다고 결과가 달라지지 않는다. 이 사람은 진짜 좋은 시점이 와도 기회를 잡지 못한다. 진정한 실력자는 없는 기회도 만들고 오는 기회도 놓치지 않지만, 실력 없는 자는 기회를 만들기는커녕 기회가 와도 기회인 줄 모르고 흘려버리기 일쑤다. 사실, 어느 정도 실력을 갖추고 나머지는 현장에서 부딪치며 만들어가는 게 진짜 용기다.

통계적으로 어느 사업에 성공한 사람은 다른 사업에도 성공할 확률이 높고, 실패했던 사람은 다른 사업에도 실패할 확률이 높은데, 중개업도 마찬가지다. 다른 사업에 성공했던 사람이 공인중개사 자격증을 취득한 뒤 중개업을 시작하면 성공할 확률이 높다. 그 반대의 경우엔 다시 실패할 확률이 높다. 이는 근본적으로 시기의 문제가 아니라 그 사람의 마인드에 따라 차이가 나기 때문이다.

> **| Point |**
> - 나중에 보자는 사람치고 무서운 사람 없다.
> - 창업은 시기의 문제가 아니라 마인드의 문제다.
> - 핑계대지 마라! 매출부진은 자신이 실력 없는 것이 가장 큰 문제다.

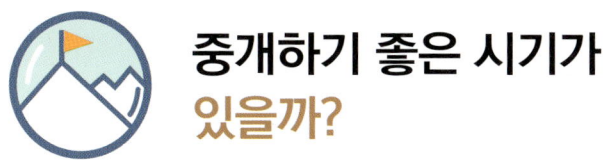
중개하기 좋은 시기가 있을까?

부동산 시장이 좋으면 매출이 높고, 시장이 좋지 않으면 매출이 낮다는 말이 사실일까? 필자는 그렇지 않다고 본다.

시장에는 매도자 우위 시장과 매수자 우위 시장이 존재한다. 매도자 우위 시장은 부동산 가격이 상승하는 추세로 매도자보다 매수자가 더 많다. 매수자는 더 오르기 전에 사려고 하지만 매도자는 더 오를까 봐 못 팔기 때문에 매수 수요가 더 많은 것이다. 반대로 매수자 우위 시장은 부동산 가격이 하락하는 추세로 매수자보다 매도자가 많다. 매수자는 더 떨어질까 봐 매수를 망설이지만, 매도자는 더 떨어지기 전에 팔려고 물건을 내놓으니 매도 물량이 많다. 그러니 매도자 우위 시장은 팔 물건이 없어 중개가 안 되고, 매수자 우위 시장은 살 사람이 없어 중개가 안 된다며 결과적으로 매번 힘들다고 하소연한다.

자, 그런데도 어느 중개사무소는 계약서를 쓰고 있으니 이게 어떻게 된 일인가? 조금만 깊이 생각해보면 답이 나온다. 부동산 시장이 좋든 나쁘든, 팔 물건 하나와 살 사람 한 명이 연결되는 게 계약이다. 아무리 매수 수요가 많아도 전부 계약되는 것도 아니고, 아무리 매도 물건이 많아도 전부 계약되는 것이 아니다. 거래는 하나기에 어느 시장에 뛰어들어도 결과는 비슷하다. 프로 공인중개사는 부동산 시장이 어떻든간에 자신이 시장 안에서 해야 할 역할을 정확히 이해하고, 꾸준히 실천한다. 일반 공인중개사들은 거래가 안 된다며 손 놓고 있을 때 프로 공인중개사는 손을 놓지 않는다. 따라서 시기를 탓하며 개업을 미루는 자세보다 어떻게 하면 프로 공인중개사의 정신을 배워 매출을 높일 수 있을지 연구하자. 이에 대한 상세 설명은 뒷장의 'Part 8. 아무도 알려주지 않는 프로 공인중개사의 중개 비법'에 수록되어 있다.

| **Point** |
- 프로 공인중개사는 부동산 시장 상황과 무관하게 본인의 역할에 충실한 사람이다.
- 프로 공인중개사는 생각만 하는 게 아니라 실천하는 사람이다.
- 부동산 시장 상황이 호전되기만을 기다리지 말고, 내가 할 수 있는 것부터 당장 시작하고 포기하지 말자. 결국 기회는 온다.
- 시작했다면 포기하지 말아야 한다. 중도에 포기한다는 것은 자기 자신의 무능을 인정하는 최악의 시나리오다.

중개업에 좋은 입지는?

중개사무소를 개업하려고 알맞은 자리를 찾다 보면 난관에 부딪히게 된다. 특히 돈과 관련된 사항은 매우 중요한 문제다. 대표적으로 자리가 좋으면 권리금 및 임대료가 높고, 자리가 조금 안 좋으면 권리금 및 임대료가 상대적으로 저렴하다.

1층에 개업하려면 입지가 가장 중요하다

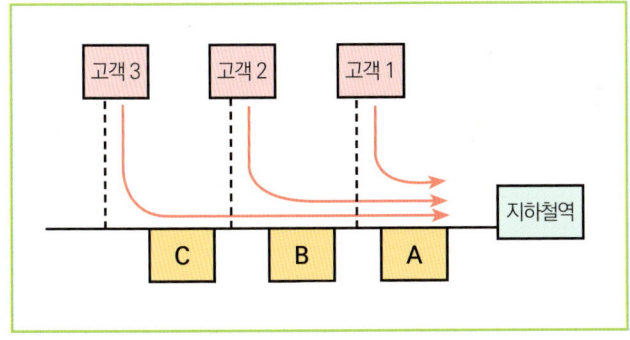

부동산 중개사무소의 입지

여러분은 그림의 A, B, C 중개사무소 자리 중에 어느 곳을 선택하겠는가? 물론 다들 A가 좋아 보이겠지만 막상 선택의 문제에서는 신중해지는 경우가 많다. 권리금 및 임대료가 C 〈 B 〈 A 순으로 비싸기 때문이다. 초보 공인중개사는 C자리에서 개업을 하는 경우가 많다. 하지만 필자는 가급적 A → B → C 순으로 개업하길 추천한다. 그 이유는 다음과 같다.

1. 물건 접수가 많다

고객 1, 2, 3은 거주자므로 매도인 또는 임대인이다. 이때 고객 1의 동선에 A중개사무소가 있다. 만약 부동산을 매도하거나 임대 놓을 일이 생기면 지나가는 길에 있는 A중개사무소에 물건을 내놓을 것이다. 이와 같은 원리로 고객 2의 동선에는 A, B중개사무소가 있고, 고객 C의 동선에는 A, B, C중개사무소가 있다. 따라서 A중개사무소는 고객 1, 2, 3을 모두 유치할 수 있지만 나머지 중개사무소는 확률이 떨어진다. 특히 C에서 개업하는 것은 신중해야 한다. 간혹 C위치인데 고객 1이 물건을 접수했다며 반론을 제기하는 분도 있는데, 이는 C중개사무소에만 접수한 게 아니라 A중개사무소에 먼저 접수했는데 시간이 지나도 계약이 안 되니 A, B, C중개사무소 모두에게 내놓은 것이다. 그러니 C중개사무소가 계약할 확률은 1/3로 떨어진다.

많은 공인중개사가 2, 3층이 아닌 1층에 개업하려는 이유는 고객의 접근성을 높이기 위해서다. 이때 말하는 고객은 매도(임대)고객을 말한다. 부동산 중개는 얼마나 많은 물건을 확보하고 있느냐에 따라 성패가 나뉜다. 아무리 매수(임차)고객이 있어도 물건이 없으면 중개 자체가 불가능하기 때문이다. 이 경우 물건이 없는 중개사무소는 매번 공동중개를 시도해야 한다. 하지만 다른 중개사무소도 좋은 물건은 공개하지 않고 단독으로 중개하는 경우가 많으므로 입지에 따라 중개 성패가 나뉜다 해도 과언이 아니다.

2. 손해 보지 않는다

입지가 좋은 만큼 A중개사무소의 권리금 및 임대료가 가장 높고 C중개사무소가 가장 낮다. 이래서 싸다는 이유로 C중개사무소를 선택하는 경우가 있는데 '싼 게 비지떡'이 되는 경우가 발생한다. 사람들이 보는 눈은 똑같다. 좋은 게 더 좋아 보인다. 그래서 잘되는 집은 더 잘되고, 안되는 집은 더 안 되는 부익부 빈익빈 현상이 나타난다. 사업이 안 되어 폐업하면 다음에 들어오겠다는 사람이 적으니 애초에 냈던 권리금 및 보증금의 일부까지 손해 보는 일이 발생한다. 하지만 A중개사무소는 다르다. A중개사무소 자리는 원하는 사람이 많으니 애초에 냈던 권리금보다 더 많은 권리금을 받고 나올 가능성도 있다.

3. 시간을 낭비하지 않는다

간혹 처음이라서 자신이 없으니 C중개사무소를 개업해서 연습을 해보고 A중개사무소로 옮기는 전략을 구상하는 경우도 있는데 결론은 시간낭비다. C중개사무소는 물건도 적고 손님도 적다. 그렇다 보니 가장 중요한 경험 쌓을 일도 적다. 자고로 중개업에서의 경험이란 다양한 사람을 만나 다양한 문제들을 처리하면서 쌓이는데, 해본 일이 없으니 만년 초보일 뿐이다. 차라리 그 시간에 A처럼 입지가 좋은 중개사무소에서 소속 공인중개사로 일하며 경험을 쌓는 일이 더 값질 수도 있다.

| Point |
- 1층에 개업하려는 이유는 매도(임대)고객 때문이다.
- 중개사무소의 경험은 다양한 문제들을 직접 처리하며 쌓는 것이다.
- 초보 공인중개사가 가장 쉽고 빠르게 자리 잡는 방법은 좋은 입지에 중개사무소를 개업하는 것이다.

Plus Tip 항상 1층이 좋은 것은 아니다

공인중개사들은 대부분 1층에 중개사무소를 오픈해야 하는 이유에 대해 매수(임차) 고객의 방문이 용이하기 위해서라고 생각한다. 하지만 이는 인터넷이 발달하기 전, 발품을 파는 고객을 만날 때나 필요한 이야기다. 요즘 매수(임차) 고객은 대부분 인터넷(손품)을 통해 먼저 정보를 찾고 물건을 기준으로 방문할 부동산 중개사무소를 결정한다. 따라서 매수(임차) 고객을 주 대상으로 하는 중개사무소는 권리금이 비싼 1층의 자리만 고수할 필요가 없다. 막연하게 1층에 중개사무소를 오픈해야 한다고 생각하고 전략을 잘못 세우면 시간이 지나도 좋은 결과를 기대하기 어렵다.

다만 중개사무소는 매수(임차)인보다 상대적으로 매도(임대)인이 중요히다. 매수(임차) 중개사무소는 공동중개만 가능하지만, 매도(임대) 중개사무소는 기본이 공동중개이며, 경우에 따라 단독중개(양타)도 가능하다. 이런 경우 중개보수는 공동중개 때보다 약 2배 많다.

12층 중개사무소의 성공 전략

입지가 좋은 1층 중개사무소가 유리하지만, 매번 이 원칙이 맞는 건 아니다. 대표의 능력으로 얼마든지 위치의 한계를 이겨낼 수 있기 때문이다. 다음 사례는 15년 전의 일화인데, 현재 시점에도 그대로 적용될 수 있어 소개한다.

40대 후반의 여성인 김인희(가명) 씨는 강남에서 고급 의류전문점을 운영하다 그만두고 공인중개사 자격증을 취득했다. 이후 소속 공인중개사로 취업을 했는데, 해당 중개사무소는 12층에 위치한 곳이었다. 이곳에 취업한 목적은 소속 공인중개사가 많아 많은 일을 배울 수 있을 거란 기대감 때문이었다. 하지만 첫 출근 날, 이 기대는 여지없이 깨졌다. 중개사무소에 아무도 없던 것이었다. 대표를 포함한 모든 공인중개사가 대부분 밖에서 업무를 봤고, 중개사무소에는 필요할 때만 가끔 들르는 것이었다. 업무를 배우지도 못하고 무료한 시간을 보내는 날이 많아졌다. 물건 작업은 어떻게 해야 하는지, 어떻게 해야 고객을 끌 수 있는지를 배워야 하는데 하나도 배우지 못한 채 시간만 흘렀다.

그러던 어느 날, 중개사무소로 전화가 걸려왔다.
"○○오피스텔 임대 아직 남아 있나요?"
순간 뭐라고 답해야 할지 당황했지만 오랜 사업수완이 있어서 그런지 김인희 씨는 순발력 있게 대처했다.
"아, 그 물건요? 그런데 어디서 보고 연락하셨어요?"
"광고 보고 전화했는데요."

"저희가 광고를 여러 곳에 내서 그러는데 어느 광고 보셨어요?"
"부동산○○요."
"아하, 그러셨군요."

고객과 전화를 끊은 후 부동산○○에 접속해보니 과연 해당 오피스텔의 임대가 올라와 있었다.

'그래, 이거야.'

당시엔 온라인에 광고한다는 게 암암리에 하는 비밀이었다. 자신의 영업 비밀을 외부에 공개하길 꺼리는 업계 속성상 같은 중개사무소에 근무하는 사람끼리도 비밀로 하는 경우가 많았다 (지금은 누구나 아는 것이지만 2014년 직방도 동일한 상황이었다).

> **| Point |**
> - 중개사무소의 영업 방법은 공공연한 비밀이다.
> - 중개사무소가 소속 공인중개사에게 일을 가르쳐주기 위해 채용하는 경우는 없다.
> - 직원이 빨리 일을 가르쳐주지 않는다고 투정을 부린다면, 이는 빨리 그만두고 창업하고 싶다는 의지의 표현일 수 있다.

물건을 찾아 나서다

온라인 광고를 하면 매수 및 임차 고객의 연락을 받을 수 있다는 생각에 김인희 씨도 직접 비용을 들여 온라인 광고를 시작하려 했다. 하지만 문제는 물건이 없다는 것이다. 12층 중개사무소의 위치적 특성상 매도인 및 임대인이 직접 찾아오기란 쉽지 않기 때문이다. 고민하던 김인희 씨는 인근의 안면이 있는 중개사무소를 찾아갔다.

"대표님, 제가 손님을 모셔올 자신 있으니 공동중개할 물건 공유 부탁드려요."

(현재는 공인중개사법 중개대상물의 표시 광고에 의한 규정으로 인해 조건이 까다로워져 매도(임대)인으로부터 직접 중개의뢰를 받아야 한다. 또한 매도(임대)인으로부터 다른 중개사무소에서도 물건을 광고하는데 별도의 사전 동의를 받아야 한다. 나아가서 물건접수 및 동의를 받았다면 관련된 명확한 근거가 필요하다.)

평소 친근하고 싹싹한 성격의 김인희 씨는 여러 중개사무소를 돌며 부탁을 했고, 열심히 하려는 노력이 가상해 대표들은 물건을 공유해주었다. 이렇게 받은 물건을 열심히 온라인 광고에 올렸고, 문의 전화가 오면 지하철역 입구에서 고객을 만나 바로 물건지 중개사무소 공인중개사와 함께 물건을 보러 갔다. 이처럼 적극적으로 영업한 결과, 공동중개로 계약되는 건수가 나날이 늘어났다. 계약하는 날 김인희 씨가 속한 중개사무소의 대표가 참석해 공동중개 계약서에 도장을 찍었고, 수익은 일정 비율로 나눴다.

건수가 많아지자 김인희 씨는 따로 본인의 직원까지 뽑아 고객을 안내했다. 소속 공인중개사가 직원까지 뽑는 기이한 현상이 벌어진 것이다. 늘 바쁘다 보니 자연스레 12층 중개사무소에 머물 일이 없었다. 보통 모든 일 처리는 밖에서 이뤄지는 경우가 많았기 때문이다. 당시 김인희 씨가 소비하는 광고비가 월 500만 원이 넘을 정도로 적극적인 마케팅을 펼쳤고, 한 달에 버는 순수익은 1,000만 원을 훌쩍 넘겼다. 이후 김인희 씨는 해당 중개사무소를 퇴사하고, 자신의 중개사무소를 개업해 대표가 됐다. 마찬가지로 굳이 1층에 개업할 이유가 전혀 없었으므로 높은 층에 중개사무소를 열었다.

단독중개(양타)가 나오기 시작하다

오피스텔 임차인은 계약 기간 만료 전에 이사 가는 경우가 많았다. 이런 경우 임대인에게 먼저 알리고 임차인이 중개사무소에 임차 물건을 내놓는데, 보통 자신에게 물건을 중개했던 곳에 연락해 내놓는 경우가 많다. 김인희 씨가 소속 공인중개사로 근무할 때부터 워낙 많은 임차 고객들과 계약을 하다 보니 자연스럽게 해당 임차인이 물건을 김인희씨에게 내놓게 됐다. 그러면 김인희 씨가 온라인에 임차 광고를 해 새로운 임차 고객을 끌어왔다. 자연스레 양쪽 중개보수(양타)를 모두 받는 일이 벌어졌다. 1층도 아닌 고층 중개사무소에서 말이다.

| Point |
- 개업 초기 공동중개가 가능한 중개사무소를 확보하는 것이 중요하다.
- 공동중개는 상도덕을 지키면서 단독중개로 전환시킬 수 있어야 한다.

여러분은 얼마나 노력했는가?

김인희 씨의 일화는 우리에게 많은 점을 시사한다. 계약이 안 된다고 핑계 대기 전에 물건 접수를 받기 위해, 손님을 유치하기 위해 얼마나 많은 노력을 기울였는지 반성해보자. 과거 김인희 씨는 부동산 광고 사이트마다 빠짐없이 광고를 올렸다. 또한 일반 광고보다 프리미엄 광고가 눈에 더 띄며, 광고 지면이 뒤로 밀릴수록 고객의 전화가 뜸하다는 것을 잘 알고 있는 김인희 씨였다. 지금 시점에서 보면 김인희 씨는 유튜브에 하루도 빠짐없이 업로드를 할 것이다. 조회 수, 시청시간, 구독자 수가 인기의 척도가 되므로 어떻게 하면 조회 수를 올릴 수 있을지, 시청시간을 어떻게 늘릴 수 있을지, 구독자의 눈길을 사로잡을 수 있을지 연구할 것이다.

단순히 중개사무소를 개업한다고 저절로 물건이 접수되고 고객이 찾아오는 게 아니다. 솔직히 10년 전부터 영업해온 중개사무소와 이제 막 개업한 중개사무소 중 여러분이라면 누구에게 물건을 맡기겠는가? 아마도 전자의 중개사무소에 의뢰할 것이다. 이처럼 중개업은 관록의 힘을 무시하지 못한다. 그러므로 이제 개업한 중개사무소가 기존 중개사무소의 관록을 뛰어넘어 물건과 손님을 유치하려면 더욱 치열하게 노력해야 한다.

| Point |
- 오래된 중개사무소에 거래 우선권이 주어진다.
- 자신의 상황에 맞는 노력이 필요하다. 당신은 지금 계약을 위해 어떠한 노력을 하고 있는가?

Plus Tip 빠르고 효율적으로 기본기 다지는 방법

인터넷과 컴퓨터에 익숙하지 않으면 매수(임차)인을 대상으로 하는 광고 및 홍보가 제대로 이뤄질 수 없고 경쟁에서 뒤처지게 된다. 공인중개사들이 자격증을 취득하고 가장 먼저 컴퓨터를 배워야 하는 이유다. 컴퓨터와 인터넷에 대한 기본이 필요하다는 것이지 컴퓨터 학원을 다니라는 의미는 아니다. 또한 배워야할 게 컴퓨터뿐만이 아닌데, 너무 많은 시간을 들여 배울 수도 없다. 이러한 애로사항은 중개업을 개업하고 나면 더욱 절실하게 느끼게 된다. 이러한 분들에게 도움을 드리고자 유튜브 '네오비TV'와 '네오비 카페(네이버)'에 무료 동영상을 올려놓았으니 시간이 날 때마다 들으면서 익숙해지시기를 바란다(찾아가는 방법은 뒤편에 수록했다).

컴퓨터 선택 기준
- 데스크톱 컴퓨터보다 노트북이 더 좋다(부피를 많이 차지하지 않으며, 이동이 간편하고, 고객과의 눈 맞춤에 용이하다).
- 성능이 좋은 제품일수록 오래 사용할 수 있다(i5, 16G, SSD 256G 이상 노트북 추천).
- 컴퓨터가 어려운 분들은 삼성, LG 등 대기업 최신 제품이 A/S에 유리하다.
- 모니터는 클수록 좋다(15.6인치 정도가 적당하지만 17인치도 가능).
- 윈도우와 오피스 등 소프트웨어는 정품을 사용한다.

스마트폰 선택 기준
- 안드로이드 계열이 좋다(아이폰은 중개업의 필수인 통화녹음 기능이 지원되지 않음).
- 카메라 성능이 좋아야 한다. 보급형(예 : 갤럭시 A시리즈)보다는 고급형(예 : 갤럭시 S시리즈)스마트폰이 좋으며, 최소 3년에 한번은 교체 필요함.
- 화면은 클수록 좋다.

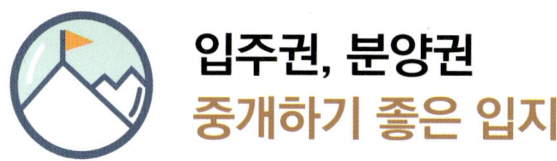
입주권, 분양권
중개하기 좋은 입지

회원제 중개사무소는 특히 아파트 단지 중심의 1기 신도시 아파트와 재건축 아파트 단지 중심으로 친목회(=카르텔)가 만들어져 있는데, 탄생 배경에는 나름의 이유가 존재한다.

아파트가 지어지는 과정부터 생각해보자. 어느 지역에서 땅과 건물들을 매입한 시행사가 일대를 모두 철거하고 아파트 시공에 착수했다. 이때 발생하는 권리는 입주권(물권)과 분양권(채권)이 있다. 이후 아파트가 완공되고 입주 시기(사전점검 시기)가 되면 전월세 물건과 매매 물건이 나오기 시작한다. 즉, 아파트 시

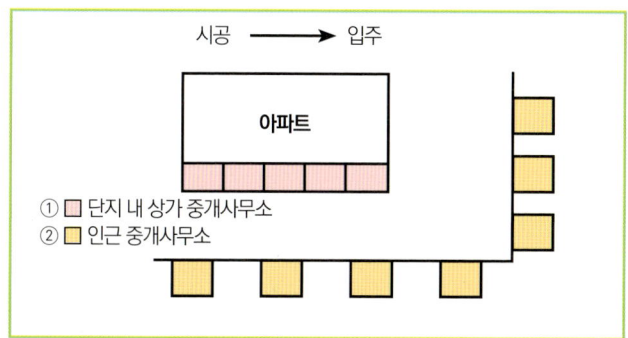

단지 내 상가와 인근 중개사무소

공에 착수한 시점부터 완공된 후까지 다양한 거래 물건이 나오게 된다. 이때 해당 물건은 ①, ②번 중 어느 중개사무소에서 거래가 이뤄질까?

① 아파트 단지 내 상가에 있는 중개사무소
② 아파트 부지 인근에 위치한 중개사무소

정답은 ②번이다.

그 이유는 아파트가 완공되기 전에 거래되는 입주권과 분양권은 당연히 아파트 부지 인근 중개사무소에서 거래할 수밖에 없다. 또한 아파트가 완공된 후 거래되는 전월세 물건과 매매 물건도 아파트 부지 인근 중개사무소에서 거래가 이뤄진다. 그 이유는 단지 내 중개사무소가 없기 때문이다. 아파트와 단지 내 상가가 건축되면 일반적으로 아파트가 먼저 임시 사용승인이 되고, 그 후에 단지 내 상가가 사용승인이 된다(예외 : 주상복합아파트인 경우는 동시에 사용승인이 되기도 한다). 따라서 사용승인이 된 후 입주 시점에 이뤄지는 임대차 및 매매 물건은 단지 내 상가가 아닌, 인근 중개사무소에서 거래가 활발하게 이뤄지는데 이를 '입주장'이라고 한다.

그래서 아파트 시공 부지 인근에는 중개사무소가 많이 생긴다. 일반적으로 입주권 및 분양권 거래보다 사전점검 후 거래되는 임대차 및 매매 물건의 숫자가 더 많으므로 입주 시기를 바라보고 진입하는 경우가 많다. 예전에는 입주 6개월 전에 진입하는 경우가 많았지만, 근래엔 1년 전부터 미리 진입해 자리를 선점하는 경우가 많다. 일찍 들어가면 아파트 정문에서 바라보는 대로변에 중개사무소를 차릴 수도 있지만, 늦게 들어갈수록 후면 도로나 2층에 개설해야 하는 등 입지에서 밀리기 때문이다.

| **Point** |
- 아파트 입주장 중개업무의 특징을 숙지하자.
- 단지 내 상가에서 입주장은 어렵다.

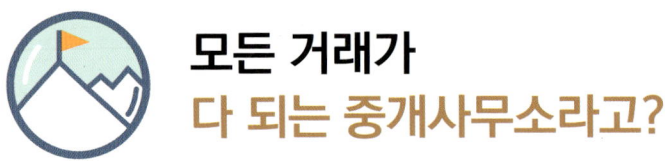

모든 거래가
다 되는 중개사무소라고?

　신축 아파트가 완공된 후 사용승인이 났고, 이후 단지 내 상가의 사용승인까지 났다. 이때 인근 중개사무소에서 단지 내 상가로 들어갈까, 아니면 새로운 중개사무소들로 단지 내 상가가 채워질까? 일반적으로 단지 내 상가는 새로운 중개사무소로 채워진다. 이렇게 되는 가장 큰 이유는 임대료와 시기 차이 때문이다. 신축 상가라 분양가가 높고 그에 따라 임대료가 높아지는데, 일반적으로 인근 중개사무소 임대료보다 두 배 이상 차이나는 경우도 많다. 그러니 비싼 임대료를 감당하느니 기존 자리에서 중개사무소를 계속 운영하는 게 낫다는 생각이 크다. 또한 단지 내 상가에 들어가면 다음 임대차 시장이 올 때까지 기다려야 하는데 이는 매우 부담스러운 기간이다. 입주장 영업을 위해 인근에 미리 자리 잡고 입주 시기가 올 때까지 기다린 시간이 한참인데, 입주장 반짝 장사하고 단지 내 상가로 들어가 다시 2년 여의 시간을 기다린다는 게 매우 부담스러워 기존 인근 중개사무소 자리를 고수하게 된다.

　일반적으로 입주장을 보고 들어간 인근 중개사무소는 보통 입주 후 4년까지 바라보고 영업을 한다. 초기 입주장에서 거래한 고객들을 대상으로 2년 후 임대차 시장에서 거래하고, 그 후 다시 기존 고객을 대상으로 2년 후 임대차 시장에서 한 번 더 거래한 후 빠져나오는 것이다(다만 근래 주택임대차보호법 개정으로 계약갱신요구권이 있어 소유자가 실거주하지 않는 이상 임차인이 최장 4년까지 거주할 수 있으니, 공인중개사 입장에서는 2년 후 거래하는 임대차 건수가 줄어듦을 의미한다).

신축 아파트에 입주가 시작된 지 4년 정도 흐르면 판도가 바뀐다. 아파트 입주민들은 인근 중개사무소보다 단지 내 상가에 있는 중개사무소와 거래하는 경우가 훨씬 많다. 따라서 이때 인근 중개사무소가 물건으로 나오는 경우가 많은데, 이 중개사무소에서 아파트, 주택, 상가 등 전천후 거래가 중개사무소라고 하는 말을 곧이곧대로 믿으면 안 된다. 설사 인수하더라도 신축 아파트 거래는 이미 손을 떠났다는 걸 알고 인수하란 뜻이다. 그 이유는 새로운 고객을 상대로 거래를 해야 하는데, 신축 아파트와 구축 아파트는 거래가액의 차이가 크다. 예를 들어, 구축 아파트는 9억 원인데, 신축 아파트는 15억 원 하는 식이다. 규제지역에 15억 원 초과 아파트는 대출도 안 된다. 전액 현금을 들고 집을 사야 하는데, 9억 원이 있는 사람에게 신축을 권할 수가 없으니 결과적으로 인근 중개사무소에서는 신축 아파트 거래가 이뤄지지 않는다.

반면 신축 아파트 단지 내 중개사무소를 보자. 이곳은 신축 아파트 거래가 빈번히 일어나는 곳이다. 자금이 맞지 않는 사람은 애초 이곳으로 오지 않을 것이기 때문이다. 또한 자금이 부족하거나 좀 더 저렴한 아파트를 원하는 사람에게는 구축 아파트를 소개할 수도 있다. 다시 말하면, 단지 내 상가에서 인근 중개사무소로 손님을 소개해 공동중개도 가능하다.

이는 매우 중요한 포인트로 개업 장소를 결정할 때 꼭 명심해야 한다. 단지 내 상가에 개업하면 이미 입주장은 지나갔고 짧으면 1년 6개월, 길면 3년 6개월을 기다려야 한다. 그 후에는 신축 아파트 거래 시대가 온다. 신축 아파트 인근에 개업하면 입주장 재미를 볼 순 있지만, 4년 정도 지나면 신축 아파트는 거래하기 어렵다는 사실을 기억해야 한다. 하지만 신축 아파트에 자리 잡고 기다림의 시간을 잘 견디어내면 점차 다시 새로운 시장이 시작된다.

| Point |
- 입주장이 끝나면 오랜 기다림을 견뎌내야 한다.
- 신축 대장주 아파트를 기준으로 중개 시장 지도가 재편된다.

부동산 회원제의
불편한 진실

　신축 아파트 단지 내 상가로 돌아가보자. 실제 단지 내 상가는 극소수의 프로 공인중개사나 정반대로 생초보 공인중개사가 개업하는 경우가 많다. 비싼 임대료를 내며(또는 분양받으며) 개업했는데, 결과적으로 입주장 장사를 하지 못했으니 1년 6개월 후(길면 3년 6개월 후) 임대차 시장이 오는 걸 기다려야 한다. 그동안 어떻게 버틸 것인가? 그사이 물건이 나오는 경우는 소유자가 거주하다가 매도하거나 임대하는 경우, 임차인의 사정으로 계약 기간을 채우지 못하고 나가는 경우다. 그런데 과연 이런 건수가 얼마나 될까? 필자의 경험으론 1,000세대 아파트 단지를 기준으로 한 달에 1~2건이며 요즘은 그보다 더 적다. 단지를 중심으로 거래하는 중개사무소는 대략 10~15곳(서울 기준)인데 이들이 거래 건수를 나눠서 거래하니 한 달에 1건 계약하면 다행이란 말이 여기서 나온다. 그러니 한 달에 9곳 이상 중개사무소는 개점휴업 상태가 된다. 게다가 계약을 하는 중개사무소는 다음 달에도 계약을 성사시키는 경우가 많아 되는 곳은 되고, 안 되는 곳은 계속 안 되는 악순환이 반복된다. 그렇다보니 단지 내 상가 중개사무소 간에 신경전이 치열할 수밖에 없다. 안 되는 중개사무소는 힘도 없고 지식도 없는데 비싼 월세 납부일은 다가오니 죽을 맛이다. 어떻게 살아야 할까를 고민하다가 잠자던 본능이 나오게 된다. 어떻게 해서든 계약을 하려고 서로 하지 말아야 할 행동까지 하게 된다. 그 대표적인 경우가 중개보수를 할인하는 것이다.

한 예로 1001호 물건을 단지 내 상가 중개사무소 A, B 두 곳에서 갖고 있는데, 손님이 A중개사무소에서 해당 집을 봤다. 집 안 내부 및 가격까지 모두 절충을 한 뒤(계약서는 쓰지 않았다) 손님이 B중개사무소를 가게 됐다. B중개사무소는 이미 손님으로부터 A중개사무소를 통해 1001호를 보고 온 것을 들어서 다 알고 있다. 이런 경우 B중개사무소는 1001호가 아닌 다른 물건을 보여줘야 하지만 마땅히 물건이 없는지라 어떻게든 1001호 계약을 성사시키고 싶다. 원칙적으론 그래선 안 된다는 걸 알면서도 말이다. 그러면 A중개사무소보다 더 나은 조건을 걸어야 손님의 마음이 움직일 것이므로 결과적으로 중개보수를 거론하며 반만 받겠다느니, 주는 대로만 받겠다느니 하는 말을 하는 것이다. 결과적으로 B중개사무소가 계약서를 쓰게 됐고 A, B중개사무소는 원수지간이 됐다(중개업무의 실질적인 진행정도와 근거에 따라 A중개사무소는 중개의뢰인을 상대로 중개보수를 청구할 수 있다). 참고로 중개사무소 간 일어나는 일은 일대 중개사무소에 소문이 퍼질 수밖에 없으니 처음부터 솔직한 게 훨씬 낫다.

이렇게 상도덕을 어겨가며 물을 흐리는 중개사무소가 나타나자 곳곳에서 피해를 보기 시작했다. 손님은 "저기 중개사무소는 얼마만 받겠다는데 여기는 다 받을 생각이에요?"라는 말이 절로 나오는 것이다. 결과적으로 손님과 중개사무소와의 신뢰에도 금이 가는 일이 발생하며, 더 나아가 양질의 중개서비스를 제공하지 못하는 사태까지 올 수 있다. 이렇게 상황이 악화되면 일대 중개사무소에서 목소리 큰 대표가 나서게 된다.

"우리가 중개만 하느라 서로 친목도모도 못했으니 같이 밥도 먹고 야유회도 가면서 서로 친하게 지냅시다"라며 말이다. 같이 밥을 먹다 보면 이런저런 이야기가 나오게 되고 다시 목소리 큰 대표가 한마디 한다.

"일부 중개사무소에서 중개보수를 깎아주는 식으로 손님을 유치한다는 말이 있는데, 그렇게 하면 모두 다 죽습니다. 옆 동네인 ○○동은 ○%를 받고, △△동은 ○%를 받는다는데 우리도 ○%는 받아야 하지 않겠습니까?"

대표의 말에 모두들 박수를 치며 "옳소"를 외쳤다. 엄밀히 말하면 이는 가격담합임에도 먹고살려고 이렇게 약정이 맺어지는 것이다. 안 그러면 비싼 월세에 밀려 보증금 날리고 다 같이 죽게 생겼으니 말이다.

| Point |
- 중개보수 할인 경쟁은 결국 승자가 없다.
- 회원제 중개사무소가 시작된 배경을 이해하자.

중개행위 교란을 막으려면 회원제는 필요악이다

헤어진 후 다음 날 물건이 나오면 밥 먹으면서 친해졌던 게 무색하게 전날 했던 그 약정이 잘 지켜지지 않는다. 눈앞의 물건과 손님을 놓칠세라 임기응변식 중개보수 인하를 또 하는 것이다. 이렇게 되면 나머지 중개사무소는 또다시 씩씩거릴 수밖에 없게 되고, 목소리 큰 대표의 주도하에 다시 모임이 조성된다.

"아무래도 안 되겠어요. 말로만 약속하다 보니 어기는 일이 발생하고 있네요. 우리 돈을 묻어놓고 약속을 어기면 몰수하는 걸로 하면 어떨까요? 돈을 몰수하고 그 중개사무소와는 공동중개도 일절 하지 않으면 좀 더 강력한 조치가 될 것 같은데요."

대표의 말에 모두들 "옳소"를 외쳤고 그렇게 해서 낸 돈이 회원 가입비가 된다.

자, 여러분이 보기에 회원제가 필요해보이는가? 아니면 있어서는 안 될 모임인가? 공인중개사 입장에서 보면 회원제는 필요한 모임이다. 상도덕을 무너뜨리고 중개행위를 교란하는 행동을 자제시키기 위해서 필요한 모임이다. 그런데도 공인중개사가 아닌 일반인의 눈으로 보면 회원제는 모든 악의 근원처럼 보인다. 마치 공인중개사들만 잘먹고 잘살기 위해 회원제를 만들어 가격을 담합하고, 보수를 깎아주는 선의(?)의 공인중개사를 매섭게 내치는 모양새로 보일 수 있다. 하지만 앞서 말했듯, 눈앞의 이익에 급급해 중개보수 인하를 내걸면 결국 전체 중개시장의 신뢰가 무너진다. 폐업하는 중개사무소가 많아지면 고객들은 제대로 된 중개서비스를 받을 수 없고, 결국 제대로 된 거래를 할 수 없어 결과적으로 고객에게도 큰 손해가 초래된다.

| Point |
- 회원제 중개사무소 가입이 탄생한 배경을 알자.
- 중개사무소 간 상도덕이 무너지는 이유는 이기적인 욕심 때문이다.

Part 2

생초보 공인중개사, 실패 없는 취업전략

수많은 남성 공인중개사들의 시행착오

일반적으로 소속 공인중개사를 뽑을 때 남성보다는 여성을 선호한다. 그 이유는 아무래도 자기주장이 강한 남성에 비해 여성이 같이 일하기 수월하기 때문이다. 또한 남성은 청소 등 잡무에 대한 부담을 갖는 경우가 많고, 통상 3개월 후 이직하는 경우가 많아 대표 입장에서도 여간 난감한 게 아니다. 그래서 남성 공인중개사는 중개법인, 컨설팅 회사, 경매 회사로 가는데 셋 다 좋은 방법이 아니다.

중개법인은 3개월 동안 실적이 없으면 책상 임대비용(통상 월 50만 원)을 내라고 하는 경우가 많다. 일 가르쳐 주는 사람은 자신보다 6개월 정도 먼저 들어온 선임 직원일 뿐 중개법인 대표가 직원을 밀어주는 구조는 아니다.

컨설팅 회사는 기획 부동산 회사와 분양대행사로 나눌 수 있는데 이 또한 피해 보는 경우가 많다. 하는 업무 자체가 적법하지 않은 경우도 있고, 분양수수료를 다 받지 못하는 경우도 허다하다.

경매 회사는 내부 교육과정을 이수하라고 하는 경우가 많다. 교육과정이 세분화되어 있어 교육받는 데 몇 년이 걸리고, 수업료가 비싼 편이다. 또한 교육생을 이용해서 경매 회사가 해야 할 현장 답사를 대신하는 단순 업무가 주를 이룬다. 결국 수강생 모집 수단으로 이용되는 것이다. 따라서 중개사무소에 소속 공인중개사로 들어가기 어려운 상황이라면, 철저하게 준비해서 바로 개업을 하는 것이 시간낭비를 줄이는 더 좋은 선택이다. 그런데도 다른 대안을 선택해야 한다면 그나마 분양대행사에 취업하는 것이 좋은데 나름 배울 수 있는 것이 있기 때문이다.

| **Point** |
- 중개업 경험을 쌓기 위해 중개법인, 컨설팅 회사, 경매 회사, 분양대행사, 기획 부동산 회사를 생각한다면 올바른 선택이 아니다.
- 그럼에도 경험을 쌓고 싶다면 그중에 분양대행사가 가장 좋다.
- 분양 중인 홍보관을 방문해서 브리핑도 들어보고, 해당 분양 물건에 대한 보고서를 작성해보는 것도 좋은 공부가 된다(단, 혹하는 마음에 계약하는 일은 조심하자).

취업 시 무조건 피해야 할
중개사무소

개업 공인중개사가 될 목적이라면 시간낭비하지 말고 처음부터 창업을 준비하는 자세가 필요하다. 다만, 창업에 자신이 없거나 경제적·시간적인 여유가 없는 등 현실의 장벽이 높다면 소속 공인중개사가 되기 위해 준비한다. 초보 공인중개사가 중개사무소를 선택할 때 자신의 집과 가까운 곳, 급여를 많이 지급하는 곳 등을 선택의 기준으로 삼는 경우가 많은데 이는 올바른 방법이 아니다. 현실적인 여건으로 창업이 아닌 소속 공인중개사를 해야 한다면 중개사무소 선택 시 향후 창업에 좋은 기회가 될 수 있는 중개사무소와 피해야 할 중개사무소가 존재한다. 다음 글에서는 피해야 할 중개사무소 4가지 유형을 적었으니 잘 숙지해 주의하도록 하자.

1. 동업이라고 믿지만 현실은 자격대여인 경우가 많다

기존에 잘하던 개업 공인중개사가 중개사무소를 추가로 내기 위해 공인중개사를 채용하는 경우, 또는 기본급 100만 원 이상을 지급하는 조건으로 소속 공인중개사를 채용하는 경우가 있는데 사실상 자격증 대여를 목적으로 하는 중개사무소다(세상에 공짜는 없다). 매월 일정금액을 지불하는 조건이 있어야만 자격증 대여라고 생각하는 분도 있지만 착각이다.

　예를 들어, 어떤 사람이 자격증이 없으니 여러분의 공인중개사 자격증을 걸고 운영한 후 전체 운영 수익의 일부를 배분한다고 하자. 사람들은 이를 동업이라 생각하는데, 이 또한 자격증 대여다. 생각해보자. 계약서에 날인을 개업 공인중개사가 직접 해야 하는데, 간혹 휴가, 지방출장, 와병 등으로 자리에 없을 때는 어떻게 할 것인가? 등록 인장만 꽉 쥐고 있으면 된다는 말은 현실에서는 통하지 않는다. 이를 공인중개사의 사정이 이러이러하니 며칠 후에 계약하자고 하면, 그사이 다른 중개사무소에 고객을 뺏기기 마련이다. 그래서 자리에 있는 동업자(비공인중개사)가 계약서를 작성하는 일이 발생한다. 부부가 운영하는 중개사무소도 마찬가지다. 부부 중 한 명이 개업 공인중개사인데, 개업 공인중개사가 자리에 없는 사이 계약을 해야 하는 경우 비공인중개사인 배우자가 대신 계약서를 작성하게 된다.

　이후 어느 한쪽의 고객이 계약을 파기하고 싶을 때, 개업 공인중개사가 진행한 계약이 아니란 것을 약점으로 잡고 고소하는 일이 발생한다. 이는 경찰을 거쳐 검찰까지 수사가 진행되어 개업 공인중개사가 도장을 빌려준 게 드러나면, 벌금 처분을 받고 자격증도 취소된다. 만약 도장을 빌려준 게 아니라 상대방이 일방적으로 날인했다고 주장하더라도 공인중개사는 행정 처벌을 받게 되고, 상대방도 처벌받는 문제가 발생한다. 이러한 자격증 대여 문제는 부부가 같이 중개사무소를 운영하는 경우에도 마찬가지다.

또한 타인과 동업하다가 그만두는 경우 상대방은 앙심을 품고 각종 세금(소득세, 부가가치세 등)을 납부하지 않는 일이 발생하기도 한다. 이 세금은 개업 공인중개사 이름으로 청구되니 결국 돈을 받지도 못한 채 큰 세금까지 납부해야 하는 일이 생긴다. 세금을 내지 못하면 있는 재산에 압류가 들어와 공매 처분당할 테고, 재산이 없더라도 평생 체납 세금의 굴레가 따라 다닌다. 따라서 동업이라 착각하고 자격증을 대여하는 일은 절대 하지 말아야 한다. 공인중개사 자격증을 구하기 위해 고정비를 지출하는 방식은 공인중개사가 얼마 없던 시절의 이야기이고, 요즘 이러한 조건의 중개사무소는 극히 드물다. 또한 자격증 대여는 자칫 공인중개사 자격 취소로까지 연결될 수 있으므로 매우 위험한 일이다.

| Point |
- 동업을 빙자한 자격증 대여는 책임지기 어려울 만큼 큰 문제가 발생한다.
- 공인중개사 자격증 대여 시 발생할 수 있는 문제를 알고 있어야 한다.

2. 부부가 운영하는 중개사무소

부부가 운영하는 중개사무소는 부부가 다투는 경우가 많아 중개사무소에 흐르는 분위기가 여느 중개사무소와는 다르다. 이런 중개사무소에 소속 공인중개사로 취업하게 되면, 소속 공인중개사는 눈칫밥만 실컷 먹다가 중개사무소를 그만두게 된다.

3. 고객(매도, 매수, 임대, 임차)이 없는 중개사무소

부동산 중개업에서 경험이란 고객을 많이 만나 직접 상담해서 문제를 해결해보고 계약을 체결하는 것이다. 하지만 중개사무소의 입지가 좋지 않거나 처음 시작하는 경우, 고객이 그다지 많지 않으므로 경험을 쌓기가 어렵다. 또한 고객이 적은 상황에서 개업 공인중개사가 방문하는 고객을 우선 상담한다면, 소속 공인중개사가 할 일은 사실상 없는 것과 같다. 물론 옆에 있는 것만으로도 일부 배울 수는 있겠지만, 이는 온전한 나의 경험이 아니다. 결국 시간만 낭비하고 별 소득을 얻을 수 없다. 특히 기본급을 제공하는 조건으로 직원을 채용하는 중개사무소는 이와 같은 상황이 자주 발생한다.

훗날 개업 공인중개사가 되기 위해 경험을 쌓는 단계로 소속 공인중개사를 하려 한다면 실적급(본인 계약으로 발생한 중개보수의 일정 부분을 급여로 지급하는 형태로 지역 및 중개대상물별 비율이 모두 다름)을 제공하는 중개사무소에서 더 좋은 기회를 잡을 수 있다. 실적급이니 개업 공인중개사 입장에서는 소속 공인중개사가 수익이 있어야 하므로 고객을 밀어줄 수밖에 없고, 그러다 보면 소속 공인중개사의 실력이 금방 성장하게 된다.

| **Point** |
- 기본급을 제공하는 중개사무소에서는 배울 것이 없거나 오래 걸린다.
- 온전한 나의 경험으로 살릴 수 있는 기회가 제공되는 중개사무소에 취업해야 한다.
- 기본급 없이 실적급으로만 운영되는 중개사무소가 배울 기회가 더 많다.

4. 개업 공인중개사가 일도 잘하고 계약도 잘하는데, 소속 공인중개사에게 잘 가르쳐주지 않는 중개사무소

개업 공인중개사는 소속 공인중개사를 가르쳐야 할 의무가 없다. 개업 공인중개사가 일을 잘 알려주는 경우는 자신이 편하게 일하고 싶거나 고객이 많아서 일손이 부족한 경우가 대부분이다. 오히려 소속 공인중개사에게 일을 너무 빨리 가르쳐주면 금방 자신감을 얻고 그만둔다고 나서므로 개업 공인중개사의 입장에서는 알려주고 싶지 않은 게 당연하다. 또한 개업 공인중개사가 중개를 잘한다고 해서 소속 공인중개사에게 일을 잘 가르쳐줄 수 있는 것도 아니다. 중개를 잘하는 것과 일을 잘 가르쳐줄 수 있는 것은 전혀 다른 문제이기 때문이다.

어쨌든 일을 가르쳐주지 않는 중개사무소에서 일을 배운다는 건 시간이 매우 오래 걸리는 일이다. 따라서 그 시간을 단축하려면 소속 공인중개사의 적극적인 자세가 필요하다. 중개사무소에서 일어난 일은 개업 공인중개사가 책임져야 하므로, 소속 공인중개사가 스스로 일을 찾아서 하다가 잘 모르거나 어려움이 생겼을 때 개업 공인중개사가 해결해 나가는 과정을 지켜보면 실력을 키울 수 있다.

| **Point** |
- 개업 공인중개사는 소속 공인중개사를 가르치는 것을 좋아하지 않는다.
- 소속 공인중개사가 되면 일을 스스로 찾아서 해야 한다. 일을 가르쳐주고 시켜줄 것이라고 기대하면 실망하게 된다.

경력 쌓기 좋은
중개사무소 찾는 방법

소속 공인중개사가 취업하기 좋은 중개사무소는 관심 있는 지역(창업을 예상하고 있는 지역은 안 됨) 중 입지가 매우 좋아 계약 건수가 많은 곳이다. 하지만 이런 중개사무소의 직원들은 대부분 장기근속하기 때문에 직원 모집을 잘하지 않는다. 필자 중개사무소의 직원들도 보통 5년간 근무했다. 왜 중개업이 잘되는 중개사무소가 구인을 하지 않는지 상황이 이해될 것이다(직원들이 장기 근속하는 이유는 본인이 개업하는 것보다 소속 공인중개사로서 근무하는 것이 수익과 기회가 더 많기 때문이다). 간혹 빈자리가 발생하더라도 일하고 싶어 하는 공인중개사가 이미 대기하고 있는 상황이다.

직접 찾아가보자
우선 한국공인중개사협회 홈페이지의 구인구직란에서 정보를 찾는다. 대략적으로 관심 있는 지역, 이슈가 있는 지역을 중심으로 찾다 보면 감을 잡을 수 있을 것이다. 이후 이력서와 자기소개서를 작성하고 마음에 드는 지역에 며칠간 부동산 시장 조사를 하면서 가장 중개를 잘할 것 같은 중개사무소를 찾는다.

중개사무소 문을 열고 들어가서 개업 공인중개사를 직접 만나 "제가 대표님 중개사무소에서 일해보고 싶습니다. 이력서와 자기소개서를 작성해왔으니 꼭 한번 읽어보시고 연락주시면 감사하겠습니다. 급여는 다른 분들과 같은 조건이면 되고, 최소한 1년 이상은 근무하겠습니다" 하면 개업 공인중개사는 원래 빈자리가 없더라도 '뽑을까?'라는 생각을 하게 된다.

| Point |
- 적극적인 의지를 가진 사람은 취업의 기회도 본인이 만들어낸다.
- 장기 근무가 가능해야 기회를 얻을 수 있다.

공인중개사 취업
특별 주의사항

　개업 공인중개사는 직원으로 소속 공인중개사보다 중개 보조원을 더 선호한다. 오래된 공인중개사들 중 소속 공인중개사에게 안 당해본 사람이 거의 없다. 일을 좀 할 만하면 그만두고, 또 알 만하면 그만두기 때문이다. 심지어 그만두면서 뒤통수를 치고 나가는 경우도 허다하다. 그래서 취업을 하게 되면 근로계약서를 작성하게 되는데, 이는 인근 지역 개업 및 취업금지 규정을 넣기 위한 목적이다.
　따라서 창업을 예상하는 지역의 중개사무소에 취업해서는 안 된다. 하지만 간혹 인근 지역에 창업하는 것을 이해해주는 공인중개사도 있다. 숨겼다가 훗날 문제를 일으키지 말고, 처음부터 솔직하게 털어놓고 시작하는 것이 좋다.

> **Plus Tip** 소속 공인중개사 vs 개업 공인중개사
>
> 간혹 "소속 공인중개사로 근무하는 게 나아요, 개업하는 게 나아요?"라는 질문을 받는다. 필자는 개업이 낫다는 견해다. 그 이유는 소속 공인중개사가 1년 동안 하는 업무 및 경험은 개업 공인중개사의 두 달간 경험과 비슷하다. 따라서 개업을 하면 10개월을 단축하는 의미가 있다. 물론 준비가 된 개업일 때를 전제로 말이다. 기간을 단축하는 만큼 스트레스는 많을 수 있지만, 소속 공인중개사로 근무할 때보다 보수는 높을 수 있다. 반면 실력 없는 개업이라면 그만큼 손해 볼 확률도 높다. 정답은 정해져 있는 것이 아니라 질문한 사람의 수준에 따라 정답이 달라지는 것이다.

Part 3

사업으로서
부동산 중개업 성공 비법

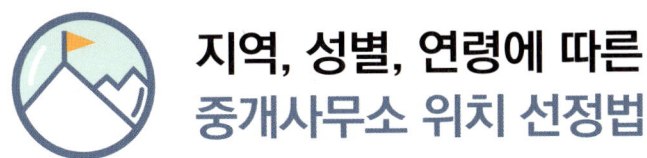

지역, 성별, 연령에 따른 중개사무소 위치 선정법

'창업하려면 어느 지역에서 시작해야 할까?'라는 고민을 많이 하는데, 필자의 경험상 지역이 절대적이진 않다. 계약이 잘 나오는 지역(바람 부는 지역)이 있고, 그렇지 않은 지역(오래된 지역)도 있지만, 사실 그것보다 더 중요한 것은 어떤 지역이든 공인중개사의 실력과 마인드에 따라 계약 성사 유무가 결정된다고 해도 과언이 아니다. 그렇지만 필자가 느낀 지역 색깔을 말하자면, 거주자의 연령대가 높고, 전문자격사 비율이 다소 낮은 지역은 공인중개사 자격증을 인정하지 않는 분위기가 다소 있다. 반면 거주자의 연령이 낮고, 전문자격사 비율이 다소 높은 지역은 공인중개사 자격증을 인정하는 분위기다. 이러한 상황은 지역별 공인중개사의 성별과 연령 그리고 부동산 거래 유형에도 상당한 영향을 미친다.

성별에 따른 중개의 종류로는 여성은 아파트 위주 중개가 적합한 경우가 많고, 남성은 아파트 이외의 중개가 적합한 경우가 많다. 이는 비교적 단순한 물건은 여성, 복잡한 물건은 남성에게 적합하다는 뜻이 아니다. 아파트의 특성상 매매든, 임대든 부부가 물건을 봤을 때 결정권자는 아내인 경우가 많다. 그 이유는 남편에게 집은 잠을 자는 곳이지만, 아내에게 집은 삶의 공간이기 때문이다. 따라서 아내의 마음에 들어야 계약이 성사된다. 이때 공인중개사가 여성이면 아내와 소통이 잘된다. 여성 공인중개사는 공감 능력이 뛰어나 아내와의 친밀감이 높기 때문이다. 따라서 아파트 중개는 남성보다는 여성 공인중개사가 계약을 더 잘하는 경우가 많다. 종종 남성 공인중개사인데도 아파트 중개를 잘하는 분들이 있는데, 이분들은 선천적으로 공감과 소통 능력을 타고나 여성 고객과 소통이 잘되는 분이거나, 후천적으로 부단히 노력해 공감과 소통 능력을 키운 분들이다. 그러니 남성 공인중개사가 아파트를 전문으로 중개하는 지역에 창업하려면 선천적이든, 후천적이든 이런 소통과 공감 능력을 키우길 바란다.

만약 고객과의 공감 능력보다 이성과 논리가 살아 있는 남성 공인중개사는 재개발, 재건축, 경매, 수익형 부동산(상가), 토지, 건축 인허가를 기반으로 하는 전원주택, 펜션부지 또는 빌딩 및 건물의 중개가 유리하다. 실제 이런 중개는 남성이 훨씬 계산적이고 빠르다. 다만 거래의 빈도가 낮고 시세 파악이 어려워 첫 계약까지 시간이 많이 걸리는 게 단점이다.

| **Point** |
- 지역에 따라 공인중개사를 바라보는 시선이 다르다.
- 여성은 아파트, 남성은 아파트 이외의 중개를 추천하지만 항상 정답인 것은 아니다.
- 본인의 성향에 맞는 중개 대상물을 선택하는 것이 필요하다.

너무 젊으면 선입견에 부딪히는 경우가 많다

중개사무소 개업에 나이 제한은 없지만, 현실적으로 부딪치는 벽이 있다. 부동산 지식과 나이는 아무런 상관관계가 없음에도 나이가 젊으면 부동산을 잘 모를 것이란 선입견이 많다. 특히 고객의 연령대가 높을수록 이런 선입견이 강한 편이다. 그래서 이런 지역에 개업한 젊은 공인중개사가 고전하는 경우가 많다. 계약의 핵심 주체가 대부분 연세 많으신 고객들이라 이런 선입견을 혼자 힘으로 깨는 것은 어려우므로 어떻게 극복할지를 고민해야 한다.

필자도 이런 경험이 있다. 강북에서 중개업을 할 때 '젊은 양반이 뭘 알겠어' 하는 선입견 때문에 매매 상담에 한계를 느껴 35세 미만에는 전월세 위주로 계약을 많이 했다. 이후 35세가 넘어서면서 매매계약을 많이 할 수 있었다. 이런 까닭에 필자가 30대에는 나이 들어 보이려고 부단히 노력했다.

| Point |
- 나이에 따라 중개의 영역이 달라지기도 한다.
- 공인중개사의 나이가 만 35세 미만이어서 매매계약이 쉽지 않다면 임대차 계약만으로 승부해도 좋은 결과를 얻을 수 있다.

Plus Tip 중개업 하기 좋은 지역

1. 잘 아는 지역
오랫동안 거주하거나 연고지가 있어 잘 아는 지역을 친숙하게 생각해서 중개사무소 창업을 생각하는 공인중개사가 있다. 지역을 잘 아는 것은 도움이 되지만, 그 지역의 지인들이 중개업에 도움을 줄 것이라는 기대는 하지 말자. 부동산 상담을 하다 보면 간혹 개인의 프라이버시에 대해서도 상담할 때가 있는데, 이런 경우 아는 사람이 오히려 더 불편하다. 평상시 지역 주민들에게 덕을 많이 쌓고 살았다면 좋은 기회가 될 수도 있겠지만, 그렇지 않은 경우 친하게 지내다가 부동산 거래는 다른 중개사무소에서 했다고 마음고생하는 경우가 있으니 지인에 대해 큰 기대는 하지 말자.

2. 오래된 지역
완숙기에 접어든 오래된 지역은 본인이 창업하기 전에 이미 다른 중개사무소에서 부동산 계약이 이루어졌다. 대부분의 고객들은 계약했던 기존의 중개사무소가 특별한 문제만 없다면 다시 찾아가려는 '회귀본능'이 있다. 따라서 오래된 지역에서는 제대로 된 물건을 접수하기까지 시간이 오래 걸린다. 재건축이나 재개발 구역이 오래된 지역의 한 유형이다.

3. 바람 부는 지역
개발호재나 이슈가 많은 지역을 의미한다. 이러한 지역은 많은 사람들이 관심을 가지는 지역으로 중개사무소 역시 많다. 신도시, 택지개발지구, 산업단지 등에 있는 수많은 중개사무소를 보며 '어떻게 다 먹고사나?' 하고 걱정하는 분들이 많은데, 사실 중개사무소가 많다는 뜻은 그만큼 먹거리가 많다는 의미다. 오히려 중개사무소가 없는 지역이 먹거리를 걱정해야 한다. 다만, 중개사무소가 많은 만큼 경쟁이 치열하고 상위 10% 개업 공인중개사와 하위 개업 공인중개사의 매출액 차이가 크게 벌어진다. 따라서 상위 10% 개업공인중개사의 대열에 합류할 수 있는 부동산 중개업 실력을 갖추는 것이 먼저 필요하다. 결론적으로 중개사무소가 없는 지역을 찾아다니는 것은 바람직한 방법이 아니다.

부동산 중개사무소 창업 컨설팅
상술에 속지 말자

　개업 공인중개사 사이에서는 말이 신용장이다. 개업 공인중개사라는 게 증명이 되면 사실관계를 다 알려주므로 업무가 편리하고 속이는 경우는 흔치 않다. 하지만 문제는 컨설팅업체가 등장하면 이야기가 달라진다. 한국공인중개사협회 홈페이지 게시판에는 중개사무소 물건 광고가 많이 올라온다. 사실, 협회 게시판에 올라오는 물건은 장사가 안 되어 올라오는 물건인 경우가 많다. 장사가 잘된다면 어떻게든 영업을 이어가려고 하지 그만두진 않을 것이다. 또한 그만두더라도 아는 사람끼리 조용히 넘기고 싶을 텐데 그것도 여의치 않으니 공개적으로 올리는 것이다. 이런 물건을 가리켜 은어로 '동네 물건'이라고 하며 나쁜 물건으로 보는 경우가 많다. 얼마나 경쟁력이 없으면 온 동네에 광고하느냐는 것이다. 이런 물건에는 컨설팅업체의 작업이 들어가는 경우가 많다. 지금부터 작업과정을 살펴볼 텐데, 잘 읽고 같은 방법에 당하지 않도록 하자.

| Point |
- 중개사무소 물건은 한국공인중개사협회 홈페이지에 가장 많다.
- 정말 좋은 물건은 공개되지 않는다.

치고 빠지기 선수인 최 팀장

협회 게시판을 보고 컨설팅업체의 최 팀장이 중개사무소 대표에게 전화를 한다.

"사장님, 물건 내놓으셨던데 제가 중개해도 될까요?"

이때, 대표는 이미 마음이 떠난 상태라 쉽게 수긍하는 경우가 많다. 그러면 업체는 한마디 덧붙인다.

"사장님, 권리금을 5,000만 원에 올려놨던데 그 뒤쪽에 있던 중개사무소는 3,500만 원에 거래된 거 아시죠? 설마 5,000만 원 다 받으실 것은 아니고 조절되죠?"

"뭐…. 사실 다 받으려고 한 건 아니고요…."

"사장님, 그러면 권리금 4,000만 원 입금에 거래하시면 어떨까요? 나머지는 수수료로 인정해주시구요."

"뭐…. 그러죠…."

"잘 생각하셨어요. 사장님, 앞으로 광고는 제가 할 테니 신경 쓰지 마시고 마음 놓고 계세요."

"그러면 저야 감사하죠. 그럼 믿고 기다릴게요."

이렇게 협상은 끝이 났고 중개사무소 대표는 맘 편히 기다린다. 그사이 최 팀장은 여기저기에 권리금 4,900만 원으로 광고를 올린다. 또는 고도의 전략을 위해 물건을 숨겨 놓기도 한다.

| Point |
- 컨설팅업체의 중개사무소 물건 작업 방법을 알자.
- 권리금 인정작업에 당하지 말자.

초보 공인중개사 컨설팅을 만나다

초보 공인중개사 박수진(가명) 씨, 개업을 위해 자리를 알아보는데 도통 모르겠다. 어느 자리가 좋은지, 좋지 않은지에 대한 감이 오지 않고, 해당 중개사무소의 권리금 및 임대료가 비싼지, 싼지에 대한 감도 오지 않았다. 이리저리 검색하다 이 지역 중개사무소 물건 전문이라는 최 팀장을 알게 됐다(참고로, 최 팀장은 중개사무소 개업을 하려는 공인중개사가 무엇을 필요로 하는지에 대해 잘 알고 있다).

최 팀장을 통해 여러 물건을 보면서도 박수진 씨는 확신이 서지 않았다. 망설이는 박수진 씨에게 최 팀장의 속삭임이 시작된다.
"사실 제가 따로 빼놓은 진짜 좋은 물건이 하나 있어요. 대신 이 물건은 계약하겠다는 사람이 많으니 결정을 빨리 해주셔야 해요."
"아, 그렇게 좋은 물건이 있어요?"
"제가 웬만해선 그 물건 안 보여드리는데, 사장님께서 하도 안목이 높으셔서 특별히 소개해드리는 겁니다."
"아이코, 감사합니다."
박수진 씨의 감사 인사까지 받은 최 팀장은 앞서 서술한 권리금 4,900만 원짜리 중개사무소에 데려간다.

"(매우 경이롭다는 표정을 지으며) 여기는 누가 봐도 성공할 자리입니다. 이 자리 계약하려고 기다리고 있는 분도 있는데, 제가 특별히 박 사장님께 먼저 보여드리는 겁니다. 그러니 빨리 결정해주셔야 해요."

최 팀장의 말을 들은 박수진 씨의 얼굴에 고민의 흔적이 역력했다. 이 표정을 놓칠 리 없는 최 팀장이 한마디 거든다.

"박 사장님, 여기 개업하시면 사업 잘되시라고 제가 장부도 구해 드릴게요. 이건 비밀인데 아파트 명단도 구할 수 있으니 안심하세요. 첫 개업이시라 많이 떨리실 텐데 운영하시다가 잘 모르는 일 있을 때 저한테 물어보면 다 알려드릴게요. 그러니 걱정 마시고 계약하세요."

최 팀장과 계약하면 혜택을 받을 수 있다는 말(셀링 포인트)에 낚여 박수진 씨의 마음이 계약으로 기울었다. 그런데도 권리금이 문제였다.

"권리금 4,900만 원은 다소 비싼 것 같아요."

"흠…. 그럼 이렇게 하죠. 이 물건은 내일 오전에 다른 손님을 보여줘야 하는데, 그전에 계약하겠다고 알려주면 박 사장님 편에서 권리금을 조정해볼게요. 그러니 저만 믿고 따라오세요. 지금은 박 사장님이 계약할지 안 할지도 모르는데 권리금을 조정해버리면 이 물건은 바로 다른 사람에게 뺏깁니다. 그러니 생각해보시고 내일 아침 9시 전까지 연락 주세요."

최 팀장과 헤어진 박수진 씨는 밤새 한숨도 못 자고 고민에 빠졌다가 동이 트자마자 최 팀장에게 전화를 걸었다

"최 팀장님, 그 물건 제가 할 테니 권리금 잘 조정 부탁드려요."

이 상황이면 이미 끝난 게임이다. 박수진 씨는 최 팀장의 밀당에 완전히 넘어간 것이다. 솔직히 장사가 안 되어 임대 나온 중

개사무소에 고객 장부가 제대로 있을까? 어쨌든 박수진 씨의 전화를 받은 최 팀장은 중개사무소에 미리 와 있었고, 그로부터 얼마 후 박수진 씨가 도착했다.

"제가 한 시간 먼저 와서 사장님을 조르고 졸라 4,500만 원에 하기로 했어요. 대신 계약금은 1,000만 원 걸으셔야 해요."

최 팀장이 애써 400만 원을 낮춰줬다는 말에 박수진 씨는 기쁜 마음에 계약서를 썼고 계약금도 1,000만 원을 걸었다.

계약이 끝나고 박수진 씨가 돌아가자 최 팀장은 중개사무소 대표에게 500만 원을 받고 나갔다. 솔직히 이미 받을 돈 다 받은 최 팀장이 무슨 신경을 쓰겠는가. 물론 박수진 씨에게 받을 컨설팅 수수료는 남았지만 말이다. 이 대목에서 짚어볼 사항은 최 팀장이 받은 돈이 초과 중개보수이므로 불법일까? 그렇지 않다. 권리금 계약을 하고 돈을 받았다 한들 최 팀장은 중개가 아닌 컨설팅을 했으므로 초과 중개보수가 아니다. 대부분의 중개업 컨설팅은 인정작업을 하고 그 차익을 챙겨가는 구조인 경우가 많다. 또한 최 팀장은 박수진씨에게도 컨설팅 수수료로 권리금의 10%를 청구해서 받는다. 초보 공인중개사는 이런 컨설팅업체가 수수료를 너무 많이 받는다고 뭐라고 하는데 불법이 아니다. 따라서 컨설팅을 만난다면 수수료 부분은 사전에 확인하는 절차가 필요하다.

| Point |
- 컨설팅 수수료는 불법이 아니다.
- 컨설팅업체의 손님 작업 방법에 당하지 말자.

연락 두절 최 팀장

계약을 끝낸 박수진 씨는 잔금 시기까지 마음이 부풀어 있다. '상호는 뭐가 좋을까? 간판 모양은 어떻게 하지? 인테리어를 어떻게 꾸미면 좋을까?' 하는 생각으로 상상의 나래가 펼쳐진다. 시간이 지나 잔금을 치르고, 최 팀장에게 법정 중개보수 이외 컨설팅 수수료까지 건넸다. 본격적으로 중개업무를 시작한 박수진 씨. 하지만 중개업이 처음이라 어디서부터 시작을 해야 할지 모르겠다. 장부라도 있으면 전화라도 해볼 텐데 제대로 된 장부도 없다.

최 팀장에게 전화를 걸었지만 받지 않을 때가 많았고, 그마저도 받으면 "곧 가져다 드리겠다"는 말만 할 뿐, 함흥차사다. 안 오는 최 팀장에게 지속적으로 전화를 걸으니 드디어 최 팀장이 하나의 장부를 툭 던져주고 갔다. 하지만 이 장부는 이미 명의자가 다 바뀌어 있는 옛날 장부이며, 동네방네 다 뿌려져 있는 장부로 아무 도움이 되지 않는다.

자, 그럼 계약서를 쓸 때 도움을 준다는 건 어떻게 됐을까? 사실, 이미 잡아놓은 물고기에 정성 들이는 것 봤는가? 다음에 또 중개사무소를 오픈한다면 몰라도 그러지 않을 사람에게 무슨 A/S가 있겠는가. 그러니 전화하면 받지도 않는다. 설사 받아도 "공인중개사가 그런 것도 몰라요?" 하면서 중개교육 과정을 소개한다. 비싼 금액을 받는 이 교육과정의 강사들과 최 팀장은 이미 한통속이다.

지속적으로 전화하며 귀찮게 하면 대부분 연락을 받지 않거나 끊는 경우가 많다. 그리고 후에 장사가 안 되어 중개사무소를 내놓게 되면 다시 연락이 온다. 잘 거래하게 해주겠다고 말이다.

"그사이 권리금이 낮아진 거 알죠? 3,000만 원이면 많이 받아주는 거예요. 수수료는 제가 알아서 받을게요"라고 하면서 다시 인정작업을 시작한다.

| Point |
- 계약 전 컨설팅업체의 고객 관리 상황을 미리 확인하자.
- 고객 장부라고 다 같은 장부가 아니다.

비싸게 산 걸 알아도 따지지 못하는 심리

개업한 지 얼마 안 됐을 때 주변 중개사무소에서 염탐(?)을 오는 경우가 있다. "주변에 인사는 언제 다닐 거야? 뭐 좀 돌려야 하지 않을까?"하며 말이다. 미리 말하지만 이런 과정은 솔직히 의미 없는 일이다. 사실 서로 실질적으로 도움을 주고받을 수 있는 관계(=공동중개)가 되면 인사하고 떡 돌리는 것보다 더 가까워진다. 그러니 개업하고 나서 '주변에 뭐라도 해야 하지 않을까?'라는 부담은 갖지 말자.

다시 본론으로 돌아가보자. 주변 중개사무소에서 오면 이것저것 묻는 경우가 많다.

"그런데 말이야. 여기 권리금 얼마 주고 들어왔어요?"

"그게, 저…. 비밀로 하라고 했는데요."

"어머, 같은 중개사끼리 뭔 비밀이 있어?"
"그럼 사장님만 아세요. 4,500만 원 주고 들어왔어요."
"어머, 정말이야? 그렇게 비싸게 줬어?"
"네? 그게 비싸요?"
"그럼, 여기 뒤편에 있는 중개사무소는 권리금 3,000만 원으로 거래된 거 알지? 여기 전에 있던 사장님, 이미 마음이 떠서 문도 제대로 안 여는 날도 많았는데…. 진즉 나한테 말했으면 더 싸게 해줄 수 있었을 텐데 아쉽다."

이렇게 정보를 들은 공인중개사가 주변 중개사무소에 동네방네 소문을 내는 일이 벌어진다. "새로 오픈한 거기 중개사무소 있잖아. 완전 권리금 바가지 썼더라고" 하고 말이다.

이 말이 돌고 돌아 개업 공인중개사 귀에까지 들어오면 속이 부글부글 끓는다. 하지만 최 팀장에게 전화해서 따질 순 없다. 따진다고 돌아올 돈이 아닐뿐더러 무슨 일 생기면 도와준다고 했던 최 팀장의 말이 떠올라서다. 이런 걸로 따지면 유사시에 도움을 받지 못할 거란 걱정에 따지지도 못하는 실정이다.

자, 어떤가! 이 글을 읽고 본인 이야기라 가슴이 철렁 내려앉으신 분도 있을 테고, '설마, 정말 이렇게 당할까?'라고 생각하는 분도 있을 것이다. 하지만 이런 일이 비일비재한 것이 현실이다. 따라서 모든 결정은 스스로 하며 누구에게 의존하는 일은 없길 바란다. 특히 중개사무소 창업과 입지 결정에 대해서는 더욱 주의하기를 바란다. 스스로 할 수 없으니 누가 도움을 준다면 혹하게 되어 그 꼬임에 넘어가는 것이다.

중개사무소를 개업하려면 많이 보고 다니길 바란다. 본 만큼 보이는 법이다. 많은 중개사무소를 보면 면적, 인테리어 수준 등만 봐도 시설 권리금을 알 수 있고, 그 지역을 꿰뚫고 있으면 '바닥 권리금은 이 정도 하겠구나' 하는 감이 온다. 다시 한번 강조하지만, 쉽게 생각하지 말고 경험 없이 창업하지 말자. 창업하려는 초보 공인중개사를 상대로 한탕 하려는 사람들도 많다. 그러므로 스스로 판단의 기준이 생길 때까지는 지속적으로 시장 조사를 하는 것이 답이다.

| Point |
- 누군가에게 막연하게 의존하는 것은 창업 준비 부족 때문이며, 아직 창업할 때가 되지 않았음을 의미한다.
- 모든 책임은 결정한 사람에게 있는 것이다.
- 스스로 노력한 만큼 더 많이 보인다.
- 창업 준비는 개업하는 날부터 즉시 중개업무를 시작할 수 있도록 준비되어야 한다.

처음 시작,
회원 중개사무소가 답이다

　여러분이 개업을 하려고 한다고 가정해보자. 한 곳은 비회원 중개사무소로 바닥 권리금 2,000만 원, 인테리어 비용 2,500만 원 등으로 총 5,000만 원 정도 들이면 인수할 수 있다. 다른 한 곳은 회원제 중개사무소로 총비용 1억 원이 필요하다. 회원제 중개사무소는 비회원 중개사무소에 비해 5,000만 원이나 더 비용이 들어가니 말도 안 되는 비싼 가격이라고 혀를 내두를 수도 있다. 하지만 이 또한 심리 현상이다. 중개사무소를 개업하기 전에는 회원 중개사무소를 인수하는 비용이 왜 이렇게 비싸냐고 말하지만, 막상 인수한 후 회원제 안에 속하게 되면 우리 지역에 더는 중개사무소가 안 생겼으면 좋겠다고 말한다. 이렇듯 사람은 전후 입장에 따라 관점이 달라진다. 세상엔 영원히 옳은 것도 없고, 영원히 그른 것도 없다. 다만 자신의 입장이 달라졌을 뿐이다.

　여러분이 초보 공인중개사로서 신규 개업을 한다면 회원제에 가입하는 걸 추천한다. 왜냐하면 초보 개업 공인중개사가 치열한 중개 시장에서 홀로 버티며 풍파를 견뎌내기가 쉽지 않기 때문이다. 능력과 실력을 갖출 때까지는 그 테두리 안에 속하는 것이 도움이 된다. '로마에서는 로마법을 따르라'는 말이 있듯 그 안에서는 싸우지 말고 잘 적응하길 바란다.

그렇다면 비회원을 고수하는 공인중개사도 중개 시장에서 살아남을 수 있을까? 물론 있다. 능력과 실력이 있으면 비회원 중개사무소를 인수해도 살아남을 수 있고, 다른 업종을 하던 곳에 중개사무소를 개업해도 살아남을 수 있다. '중개보수 할인'이라는 현수막을 걸지 않아도 얼마든지 법정중개보수를 다 받아가면서 중개를 잘 할 수 있다. 문제는 비회원 중개사무소들이 능력과 실력이 없어 중개보수로만 초점을 맞춰 할인정책을 펴는 것이다.

| Point |
- 세상에는 영원히 옳은 것도, 그른 것도 없다. 자신의 입장이 변했을 뿐이다.
- 초보 개업 공인중개사가 회원제가 있는 지역에 창업을 준비 중이라면 회원제에 가입하는 것이 좋다.

직접 발로 뛰어 알아봐야 한다

공인중개사법 개정으로 중징계를 받는데도 아직도 회원제 중개사무소가 많이 있다. 회원제는 크게 친목단체와 이권단체로 나눠 볼 수 있다. 가입비가 비쌀수록 이권단체로 볼 수 있는데, 이는 기존의 회원 중개사무소들이 편하게 거래할 수 있도록 만들어놓은 제도다. 가입되어 있으면 편안하고, 가입이 안 된 중개사무소는 고전하면서 불편한 시간을 보내도록 말이다.

이권단체는 계륵(무엇을 취해도 이렇다 할 이익은 없지만 버리기에는 아까운 것)과도 같다. 직접 현장에 가서 알아보지 않는 한 책에 나와 있지도, 누군가 알려주지도 않는 정보다. 오로지 현장에서 당사자가 직접 발로 뛰어 알아내야 한다. 이것이 공개적으로 드러나면 3년 이하 징역 또는 3,000만 원 이하 벌금이므로 수면 위로 드러낼 수 있는 정보가 아니다. 하지만 수면 아래는 점조직처럼 끈끈한 단체가 존재하는 게 사실이므로 중개사무소를 개업하려는 당사자인 여러분이 직접 발로 뛰어 알아내야 한다. 그렇지 않고 공인중개사법 개정으로 '단체는 위법이네', '모두 해산했네' 하는 안이한 생각으로 개업하다간 사방이 바다로 둘러싸인 무인도에 홀로 고립된 느낌을 받을 것이다(과거에도 공정거래위원회에서 관리했지만 친목회는 여전히 존재하고 있으며 오히려 더 깊이 숨게 됐다). 처음부터 알면서도 들어갔다면 그나마 다행이지만, 아무것도 모르고 들어가는 것은 위험한 일이다. 간혹 회원제로 인한 억울함에 불법임을 신고하겠다는 분도 있는데 증거를 잡기가 쉽지 않다.

반면 친목단체는 같이 모여 식사를 하거나 야유회를 가고 봉사활동을 하는 등 친목을 도모하기 위한 단체다. 친목단체의 특징은 다 받아주기 때문에 이권단체에 비해 가입의 문턱이 높지 않은 점이 특징이다. 따라서 어느 지역에서 중개사무소를 개업하려고 하면 사전에 그 지역에 이권단체 및 친목단체가 있는지, 있다면 가입조건이나 가입비는 얼마인지 등을 알아봐야 한다. 또한 할 수 있는 일과 할 수 없는 일이 뭐가 있는지 등을 파악하는 게 개업을 위한 첫 시작이다.

| Point |
- 회원제 중개사무소는 이권단체와 친목단체로 구분된다.
- 이권단체 회원제 중개사무소는 계륵이다.
- 회원제를 적으로 만들면 상당히 고전하게 된다.

중개사무소의 가장 큰 고객

　단지 내 상가에 10개의 중개사무소가 있는데, 이 중 한 곳에서 유독 중개보수 인하를 걸며 영업을 하고 있다. 그러면 이 중개사무소는 회원들의 눈총을 받을 수밖에 없고 공동중개를 하지 못하게 된다. 사실, 단지 내 상가에서 아파트를 전문으로 하는 중개사무소가 공동중개를 하지 못하면 살아남기 어렵다. 물론 능력이 좋아 소유자(매도인)로부터 직접 물건을 받으면 괜찮지만, 이렇게 능력 있는 중개사무소는 애초에 중개보수 인하 조건을 걸지도 않는다.

　결과적으로 꼼수를 일삼는 중개사무소는 폐업을 결정하게 되고, 중개사무소를 내놓는다. 겉으로는 건강상의 이유이며 물건 조건도 좋다. 단지 내 상가에 입점한 중개사무소로 계약서도 많이 쓴 곳이기 때문이다(실제 그동안 계약서를 보여줄 수도 있다). 사실은 상도덕을 어겨가며 갖은 꼼수로 중개를 해오다가 앞으론 살아남기 어려워 접는 것이지만, 그것도 모르고 초보 공인중개사는 혹하는 조건에 관심을 갖는다. 그래도 한편으론 못 미더워 이렇게 묻는다.

"이 지역에 중개사무소 모임이 있나요?"

"있긴 있는데 신경 쓰지 않아도 돼요. 친목단체지 이권단체가 아니라서 그냥 모여서 밥 먹는 정도예요. 게다가 요즘 세상에 친목회가 불법인데 누가 모임 합니까?"

"아, 그렇지요?"

"그럼요, 친목회는 신경 쓰지 않아도 되니 걱정 말아요."

공인중개사의 이 말을 철석같이 믿고 초보 공인중개사가 해당 중개사무소를 인수했다면 주변 중개사무소의 반응은 어떨까? 이 중개사무소를 철저히 배타적으로 대할 것은 불 보듯 뻔하다.

아파트 단지를 중심으로 조성된 친목회는 이십여 년 이상 이어져 왔다. 시간이 흐르는 사이 아파트는 구축이 됐지만, 친목회 모임은 상부상조하며 이어져 왔다. 이렇게 명맥과 전통이 이어져 온 곳에 생초보가 중개사무소를 개업한다면 과연 살아남을 수 있을까? '친목회는 불법이다'를 내세우며 기존의 틀을 모조리 무시하며 살아남을 수 있을지 의문이다. 어느 공인중개사는 중개사무소 물건을 넘기며 '우리 지역은 회칙이 없고, 가입비도 없으니 친목회가 없는 것과 마찬가지예요, 맘 놓으세요'라고 한다. 하지만 실제 가보면 그렇지 않다. 회칙이 없고 표면적으로 드러난 가입비가 없다 해도 내부 결속력은 또 다르다. 모임에 부르지 않고 야유회도 가지 못한다. 왕따가 되어 주위만 맴돌 뿐이다. 따라서 아파트를 주력으로 중개하는 중개사무소를 개업하기 위해서는 기존 중개사무소를 배후에 안고 가는 것이 좋다. 기존 회원제 중개사무소를 인수하거나, 회원제 중개사무소가 소개해주는 중개사무소 자리를 물색하는 것이다. 그래야 소개해준 회원이 자연스럽게 회원제에 낄 수 있도록 돕는다. 이는 매우 현실적인 부분이니 꼭 기억하길 바란다.

| Point |
- 비회원 중개사무소는 누구도 환영하지 않는다.
- 기존 중개사무소를 배후에 안고 개업하는 것이 유리하다.

프라이빗 네트워크를 만들자

결론적으로 친목회는 공인중개사를 보호하기 위한 방패막이다. 뭉치면 살고 흩어지면 죽는다. 하지만 회원제에 속해 있다고 모든 회원들과 공동중개를 하지는 않는다. 같은 물건이면 친한 중개사무소와 계약하고 싶어 한다. 따라서 필자는 친목회와는 별개로 프라이빗 네트워크를 만들면 좋다고 생각한다. 이는 중개업뿐만 아니라 사회 경제구조가 모두 같은 이치다. 이는 옳고 그름의 문제가 아닌 입장의 문제다.

실제 모 지역의 친목회가 해산한 일이 있었다. 가입비를 모두 1/n로 나눠 돌려주고 지도부가 사퇴한 것이다. 친분 있는 공인중개사들은 카카오톡으로 연락을 주고받으며 중개를 하고 있지만 실질적인 중심점이 없어졌다. 그러다 보니 공인중개사 입장에서 좋지 않은 두 가지 일이 일어났다.

첫째, 비회원이었던 중개사무소를 시작으로 또다시 중개보수 인하가 등장했다. 결국 정당한 보수를 받고 중개하는 공인중개사가 오히려 욕을 먹는 일이 발생하고 있다.

둘째, 휴일이 없어졌다. 일요일에는 중개사무소가 문을 닫는 것이 그동안의 규칙이었다. 하지만 일부 중개사무소들이 일요일에도 문을 열면서 덩달아 회원 중개사무소에도 피해를 끼쳤다. 일요일에 문을 열지 않으면 게으른(?) 중개사무소로 낙인이 찍혀 결국 쉬는 날 없이 일하는 사태가 오고야 말았다.

손님 입장에서는 중개보수를 적게 받고, 중개사무소가 1년 내내 문 열면 좋겠지만 그렇게 지속하는 것은 공인중개사 입장에서는 매우 어려운 일이다. 부동산 중개업은 자선사업이 아니다. 은행이 일요일에 문 여는 것 봤는가? 시스템이 정착되면 손님은 응당 그러려니 하고 이해한다. 그러므로 공인중개사 스스로 가치를 높이고 사업성을 높일 생각을 해야 하는데, 일부 공인중개사는 단지 눈앞의 이익에 급급해 스스로 가치를 깎아내리는 일을 벌이고 있다. 이는 부메랑이 되어 결국 당사자인 공인중개사에게도 피해가 돌아오는 데도 말이다.

| **Point** |
- 나를 위한 공동중개 네트워크는 회원제와 별도로 필요하다.
- 회원제가 사라지면 중개보수 인하, 휴일근무 등 근무환경이 나빠진다.

중개업이 안 되는 게 입지 탓이라고?

　많은 분이 사업이 잘 안 되는 이유를 '자리가 좋지 않아서'라는 이유를 댄다. 물론 입지가 사업에 영향을 미치는 건 사실이지만 절대적이진 않다. 좋은 자리지만 매출이 신통치 않은 분도 있고, 좋은 자리가 아니지만 높은 매출을 올리는 분도 있기 때문이다. 한 예로 필자의 지인 중 한 분은 오피스텔 3층에 중개사무소를 차려 월 매출 2,000~3,000만 원을 올리고 있다. 밖에서 보면 제대로 간판도 보이지 않고, 중개사무소에 방문하려면 1층 현관에서 비밀번호를 누르거나 해당 호수를 호출해야 하는 불편이 있는데도 내로라하는 입지에 위치한 중개사무소보다 더 높은 매출을 올리고 있다. 심지어 나이가 젊은 남자 대표님인데, 옆에서 보고 있노라니 추진력과 사업수완이 참으로 뛰어나다는 생각이 든다.

| Point |
- 입지가 좋지 않은 중개사무소라도 노력에 따라 결과는 천차만별이다.
- 추진력과 사업수완을 갖추고 있는지 되돌아봐야 한다.

탓을 하면 발전이 없다

많은 사람들이 자신의 일이 기대대로 진행되지 않을 때마다 '일이 잘못된 건 다른 누군가의 탓이다'라는 억지스러운 변명을 한다. 아주 작고 사소한 일에서부터 큰일까지 자신의 잘못을 흔히 남이나 환경 탓으로 돌려버리곤 한다. 이렇게 남을 탓하는 습관을 가진 사람들은 대부분 소극적이며, 새로운 것을 시도하거나 도전하는 일을 두려워한다. 새로운 일을 시작해도 항상 주변 환경 때문에 실패할 확률을 염두에 둔다. 난관에 부딪히면 도망갈 궁리부터 한다. 결국, 별다른 성공이나 발전이 없다. 또 그런 사람일수록 쉽게 자신의 인생에 대해 무력감을 느끼며, 자신의 행복이 타인의 행동에 의해 좌우되는 통제 불가능한 부수적인 것으로 전락시키기 마련이다.

남을 원망하고 그의 잘못을 탓하는 사람은 쉽게 성공할 수 없을 뿐 아니라 행복에도 가까워질 수 없다. 어떤 상황에서든 타인을 탓하지 않고 끝까지 책임을 지려고 노력하는 것은 자신의 목표와 행복을 적극적으로 만들어간다는 의미다.

| **Point** |
- 모든 결과는 자신의 생각과 행동으로부터 비롯된다.
- 항상 새로운 것을 시도하고 도전할 필요가 있다.

> **Plus Tip** **중개업에 가장 필요한 훈련**
>
> 중개업의 특징은 자신이 실수하거나 잘못하지 않았어도 사과할 수 있어야 한다. 누구 실수냐, 누구 잘못이냐는 하나도 중요하지 않다. 개업 공인중개사는 계약만이 중요하다. 시시비비 따져 자신이 옳았어도 계약을 하지 못하면 헛된 일에 불과하다. 그까짓 거 사과하고 잘못했다고 말하는 게 뭐가 그리 중요한가! 자존심은 돈이 되지 않는다. 그러니 자존심도 내려놓길 바란다. 출근 전에 물 마시고 냉장고에 다시 물을 넣을 때 자존심도 같이 냉장고에 보관하고 나오자. 중개업무를 하다 보면 사람 때문에 열 받는 일이 많으니 자존심은 집에 두고 나오는 게 백번 낫다.

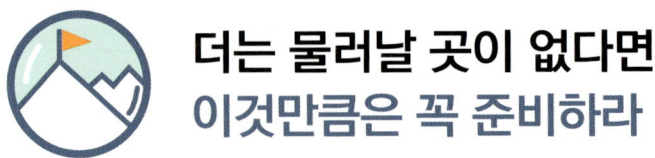
더는 물러날 곳이 없다면
이것만큼은 꼭 준비하라

실패하려고 사업을 시작하는 사람은 없다. 다들 나름의 창업하는 이유가 있겠지만, 그 이유가 구체적이지 않고 막연할 때 문제가 발생한다. "제가 하는 일이니 다 잘될 것 같아요", "열심히 하면 성공할 것 같아요" 등 근거 없는 믿음으로 창업을 하면 결과는 장담하기 어렵다.

성공하는 사업을 위해 모든 사업에는 사업계획서가 필요하다. 당해 연도의 계획부터, 차후 연도의 계획까지 모두 사업계획서에 적는다. 중개업도 사업이므로 사업계획서가 필요하다. 하지만 중개업을 하면서 사업계획서를 작성한다는 분은 많지 않다. 왜 중개업은 사업이 아니라고 생각할까? 사업계획서를 적을 만큼 거창한 업무는 아니라고 생각해서일까? 이유야 분분하지만 중개업에서 성공을 간절히 원한다면 사업계획서를 꼭 작성해보기 바란다.

사업계획서를 작성하다 보면 양식을 채울 수가 없으니 부족함이 느껴진다. 동시에 성공하려면 무엇을 준비해야 하는지 구체적인 방향을 설정하고, 실패하지 않을 준비를 하게 된다. 사업계획서는 비단 처음 창업을 앞둔 공인중개사만 작성하는 건 아니다. 현재 중개업을 하고 있는 공인중개사도 매년 사업계획서를 작성하면 좋다. 실제 필자가 공인중개사분들에게 "올해 목표가 어떻게 되십니까?"라고 물었을 때 명확하게 말하는 사람은 많지 않다. 대부분 머리를 긁적이며 "많이 버는 게 목표죠", "열심히 하는 게 목표죠", "계약을 많이 하는 것이죠"라고 말하는 분들도 있다. 하지만 이러한 답변은 목표가 될 수 없다.

목표의 유무에 따라 결과는 달라진다. 그저 열심히 뛰는 사람과 골인지점을 정해놓고 뛰는 사람은 다르다. 목표가 있으면 거기에 맞게 체력 준비도 할 수 있고, 필요한 준비물도 갖출 수 있으며 적절하게 힘도 조절할 수 있다. 하지만 목표가 없으면 그저 달리다가 그만두고 만다. 더불어 목표는 반드시 측정 가능해야 한다. 그래야 목표를 달성할 수 있고 성취감을 맛볼 수 있다. 하지만 측정이 불가능한 목표는 달성할 수 없고, 따라서 오래가지 않아 지치게 된다.

| **Point** |
- 중개업으로 성공하고 싶다면 사업계획서를 작성하자.
- 스스로 부족함을 깨닫는 것이 창업 준비의 시작이다.
- 측정 가능한 목표 유무에 따라 결과가 달라진다.

객관적인 시각을 유지하자

　게임이나 경기를 하면 자신의 상황에만 집중하느라 객관성을 유지하기 어렵다. 그래서 늘 훈수 두는 사람이 게임을 잘하는 모습을 보게 된다. 객관적인 시각을 유지할 수 있는 사람이 그 판을 제대로 볼 수 있기 때문이다. 이처럼 중개업도 객관적인 시각으로 한 발 떨어져 상황을 바라봤으면 한다. 사업계획서는 객관적인 시각을 가지는 데 큰 도움이 된다. 중개업을 한두 해 운영하고 그만둘 사람은 거의 없다. 중개업에 성공하려는 분, 오래 하려는 분, 중개업을 바탕으로 또 다른 사업에 진출하고 싶은 분은 장기적인 안목으로 객관성을 유지하는 자세가 필요하다.

> | Point |
> - 상황을 객관적으로 이해하는 안목을 키워야 한다.
> - 부동산 중개업은 장거리 마라톤이다.

동업은 무조건 피하자!

부동산 중개업은 동업을 절대 추천하지 않는다. 모든 동업이 유사하겠지만, 동업으로 성공하는 공인중개사는 극히 드물다. 동업은 가까운 사람끼리 서로 의존하거나 의지하기 위해서 시작되는 경우가 대부분이다. 이렇게 시작된 동업은 늘 끝이 좋지 않다. 의외로 동업에 문제가 생기는 시기는 경기가 좋을 때다(경기가 좋지 않을 때는 오히려 위기 극복을 위해 합심해서 고군분투한다). 동업하다가 문제가 생기면 원수로 남아 사람 잃고, 돈 잃고, 마음에 병까지 얻게 된다. 또한 다시 준비하려면 오랜 시간이 필요하다.

동업이 가능하기 위한 방법
1. 모두가 공인중개사로서 개설등록을 할 것
2. 같은 금액을 투자할 것
3. 실력과 경험이 비슷할 것
4. 각자 영업하고 비용만 공동으로 지출할 것
5. 동업계약서를 작성할 것(동업의 시작 방법과 끝나는 방법 그리고 배분 조건 등에 대해 구체적인 내용을 명시해야 한다)

앞서 언급한 조건이 가능하다면 부족한 창업자금을 보완할 수 있는 동업을 시작해볼 수 있다. 하지만 대부분 동업계약서를 작성 중에 상대방의 진심을 알게 되어 결국 동업은 성사되지 않는다. 어설픈 동업은 사람 잃고 돈 잃는 가장 쉬운 방법이니 주의하도록 하자.

| Point |
- 부모와 자식 간에도 동업은 하지 말라고 했다.
- 동업은 사람 잃고 돈 잃는 가장 빠른 방법이다.
- 동업이 꼭 필요하다면 동업이 가능하기 위한 방법을 명심하고 시작하자.

Plus Tip 부부가 함께 중개사무소를 운영하고 싶다면

많은 공인중개사들이 부부가 함께 중개사무소를 하려고 생각한다. 이유를 물어보면 결국 혼자서는 자신이 없어서다. 이는 부동산 중개업을 창업할 준비가 안 됐다는 의미일 뿐이다. 필자의 경험상 부부가 함께 잘 운영하는 중개사무소는 부부 중 한쪽이 마치 그림자처럼 숨죽여 지낸다. 만일 그렇지 않다면 상대방이 하는 일이 만족스럽게 보이지 않는 순간, 신경전이 오가고 사이까지 나빠진다. 행복한 가정을 원한다면 보고 싶어 하는 것은 많이 보여주고, 보고 싶어 하지 않는 것은 보여주지 않는 게 좋다. 아침에 헤어졌다가 저녁에 만나서 그날의 이야기를 함께 나눌 수 있다면 가장 좋다. 그러기 위해서는 같은 지역이라도 각자의 중개사무소를 열어 운영하는 것이 가장 좋다. 즉, 정신적인 안정을 위해서는 부부가 적당하게 거리를 유지하는 것이 필요하다.

자녀와 함께 중개사무소 운영을 준비한다면

최근에는 초보 공인중개사가 컴퓨터 실력이 부족하거나, 취업난이란 이유로 자녀와 함께 창업 준비를 하는 경우도 많다. 그러나 결코 추천하지 않는다. 자녀가 부모의 영업상 불편한 대화에 노출되는 일도 발생하고, 중개업무 능력을 향상시켜 성과 있는 결과로 이끌어주기도 어렵다. 따라서 같이 창업을 준비하기보다 다른 중개사무소에서 경험을 쌓게 한 후 합류하는 것이 더 좋다.

중개사무소
권리금 산정 기준

부동산 중개사무소 시설 기준은 권리금 추산에도 도움이 된다. 보통 근린생활 시설에서 권리금은 시설권리, 바닥권리, 영업권리, 허가권리로 이뤄진다.

- **시설권리** : 부동산 중개사무소 인테리어 관련 비용이다. 시설비는 감가상각이 진행된다고 보는 것이 맞지만, 통상의 중개사무소 시설 권리금은 양도인 입장에서 감가상각을 인정하지 않으므로 입지가 매우 좋지 않거나 적자가 심각한 상황이 아니라면 최소 2,000만 원에서 시작한다고 보는 것이 좋다(권리금이 2,000만 원 이하라면 시설이 아무것도 없거나 중개업 운영 상황이 좋지 않은 것이다).

- **바닥권리** : 가장 편차가 심한 것이 바닥권리다. 바닥권리가 없는 곳부터 억대까지 매우 다양하다. 지역별, 위치별, 규모별, 업종별, 시장 상황별로 다르다. 통상 매출액 기준으로 바닥권리가 형성된다고 보면 된다. 일반적인 상가중개에서는 POS 매출액을 기준으로 산정하지만, 부동산 중개사무소는 매출액 확인이

거의 불가능하므로 사실상 감에 의존할 확률이 높다. 따라서 어느 정도 바닥권리를 추산할 수 있으려면 많은 물건을 직접 보고 안목을 키워야 한다. 어느 정도 안목이 생기면 중개사무소의 위치, 인근 지역 부동산 가격대, 온라인 광고 현황만 보고도 대략적인 권리금을 추측할 수 있다.

- **영업권리** : 기존 고객 명단(중개사무소 계약서 및 장부)에 대한 권리다. 다만 양도하는 중개사무소로부터 권리계약 전 고객 명단을 확인하는 것은 쉽지 않다. 계약할지, 안 할지도 모르는 사람에게 구체적으로 확인시켜 주지 않기 때문이다. 따라서 영업권리는 권리계약 체결 전에 확인하는 것이 가장 좋지만, 어렵다면 계약 체결 후 잔금 전 중개사무소 인수인계를 받으면서 구체적으로 확인해봐야 한다. 하지만 운영이 제대로 되지 않은 중개사무소에 제대로 된 장부가 있을 리 없다. 영업권리가 권리금 중 가장 거품이 많은 부분이다.

- **허가권리** : 회원제 중개사무소 인수 비용 또는 회원제 가입비용을 의미한다. 허가권리는 친목단체인지, 이권단체인지에 따라 큰 차이가 발생한다. 초보 공인중개사는 기존의 회원들과 적대관계에서 중개업을 시작하지 말고 부디 회원제 가입을 통해 원만한 중개 시장 안착을 추천한다.

중개사무소 양수도 계약에서 최종적인 권리금은 계약 직전 협상을 통해 결정된다. 따라서 권리금 계약을 마쳤으면 이제 중개업의 첫발을 내딛게 된 것이다. 이 과정에서 안타까운 점은 중개사무소 권리금 계약에 사건 사고가 끊이지 않는다는 점이다.

사실 공인중개사 자격증을 취득하고(어떠한 경우에서는 인생에서 처음으로) 직접 체결하는 첫 계약이 중개사무소 권리 양수도 계약인 경우가 많다. 그런데 대부분 경험 있는 공인중개사들이 양도인의 위치에서 경험이 부족하면서 의지만 강한 초보 공인중개사들을 대상으로 자신에게만 유리한 권리 양도양수 계약을 체결하는 경우가 많다. 또한 중간에 중개사무소를 소개하는 컨설팅업체 역시 양도인과 짜고 중개하거나 컨설팅이라는 명목으로 중개보수를 바가지 씌우는 경우가 허다하다. 알고 보면 이와 같이 중개사무소 권리금 계약에는 숨은 함정들이 많이 도사리고 있으니 주의하기 바란다.

| Point |
- 중개사무소 권리금은 4가지 항목으로 구성된다.
- 중개사무소를 계약하려면 권리금을 보는 안목을 먼저 길러야 한다.
- 권리금 양수도 계약에는 숨은 함정이 곳곳에 도사리고 있다.

> **Plus Tip** **중개사무소 양수도(권리금) 계약 시 필수 체크사항**
>
> 1. 시설상태 및 항목 리스트(사진으로 찍어두는 것이 좋다).
> 2. 개설등록 가능 여부(위반건축물)
> 3. 인수인계할 장부의 종류 및 외부 유출 상태
> 4. 상호 및 전화번호
> 5. 임대인과 본계약 시 계약거절 및 명도될 가능성
> 6. 본계약 시 임차료 상승 범위
> 7. 양도인의 남은 잔금 처리 방법
> 8. 양도인 및 양도인 직원의 인근 부동산 중개사무소에 개업 또는 업무 가능성
> 9. 양도인이 기존의 고객들을 대상으로 중개 행위
> 10. 개인정보 이전 동의
> 11. 상기 항목에 대한 위반 시 손해배상의 범위

# 유능한 실장을
찾고 있는 분들께

"중개업을 창업하려는데 유능한 실장이 필요해요"라고 말하는 사람이 있다. 언뜻 보면 이상이 없어 보이지만 이것은 실패의 지름길이다. 스스로 모든 것을 할 수 있어야지 누군가에게 기대고 의지하면 답이 없다. 배우자도 마찬가지다. 간혹 공인중개사가 자격증 없는 배우자와 함께 중개사무소에 근무할 목적으로 창업하는 경우가 있는데 가급적 말리고 싶다. 물론 부부가 함께 중개업을 하면서 잘되는 중개사무소도 있지만 매우 확률이 희박하다. 또한 배우자와 같이 창업해서 성공한다면 다행이지만 만일 실패한다면 새로운 출구를 찾는 것이 더욱 어려워진다.

'부동산 중개업=자영업'이다. 자영업은 A에서 Z까지 혼자 다 할 줄 알아야 한다. 두 발로 스스로 걸어가는 사람과 누군가의 팔을 붙잡거나 지팡이를 잡아야만 걷는 사람은 속도 차이가 날 수밖에 없다. 왜 결과가 훤히 보이는 길을 애써 무시하고 그 길을 가려고 하는가. 조력자가 필요할 때는 모든 것을 직접 할 수 있지만 시간이 부족할 때만 가능하다. 반면 직접 할 수 없어 조력자가 필요한 경우는 실패한다. 생각해보자. 조력자와 다툼이 발생했을 때 조력자가 나가면 "그래, 잘 가"라고 할 수 있는 사람과 "너 없으면 내가 망해" 하는 사업의 결말은 뻔하지 않은가. 그러므로 누군가의 도움이 반드시 있어야 한다면 그 사업의 실패는 이미 확정됐다고 해도 과언이 아니다.

| Point |
- 혼자 할 수 없다면 아직 준비가 필요하다는 의미다.
- 직원 채용은 혼자 할 수 있지만 시간이 부족할 때 필요한 것이다. 실력이 부족해서 직원을 채용하면 실패한다.

실장은 바보가 아니다

중개업무 경험이 있는 실장(소속 공인중개사, 중개 보조원) 입장에서 생각해보자. 유능한 실장은 직접 개업하면 되는데, 왜 굳이 남의 중개사무소에서 일하려고 할까? 따라서 유능한 실장을 뽑는다는 건 매우 어려운 일이다. 그런데도 유능한 실장을 뽑을 수 있는 경우는 딱 두 가지다.

첫째, 입지가 너무 좋아 실장이 그만한 입지에서 개업할 수 없고, 계약 건수가 많아 직접 창업하는 것보다 보수가 높을 때다. 둘째, 입지가 그리 좋지 않지만 높은 보수를 제안받았을 때다. 결론적으로 직접 창업하는 것보다 실장으로 있는 것이 더 수익이 높을 때 실장으로 일하는 것이다. 그렇지 않다면 개업을 하지 굳이 실장으로 일하려 하지 않을 것이다. 실장들도 "내가 개업 공인중개사 돈 벌어주려고 실장 하는 것이냐?"라고 이야기를 한다. 그러니 자신의 실력이 없어도 유능한 실장만 뽑으면 된다는 안이한 발상은 하지 않길 바란다. 유능한 실장을 쓸 궁리하는 시간에 실력을 더 높일 수 있는 방법을 연구하길 바란다.

> **| Point |**
> - 무능한 사장 아래 유능한 실장은 없다.
> - 실장의 관점에서 일할 만한 중개사무소를 만들어야 한다.
> - 다른 중개사무소보다 조건이 좋을수록 더 능력 있는 실장을 채용할 수 있다.

직원 채용 시
반드시 알아야 할 핵심사항

　중개사무소에는 처음부터 인근 지역에 창업하려는 불순한 의도의 소속 공인중개사가 있을 수 있으므로 직원을 채용하는 경우 반드시 인근 지역 개업 및 취업금지 내용을 포함한 근로계약서 작성을 추천한다. 다만, 근로계약서를 작성했다면 4대 보험 가입, 최저시급, 퇴직금 지급을 해야 이후 발생할 수 있는 2차 사고를 막을 수 있다. 직장생활 할 때는 몰랐겠지만 요즘은 사람 한번 잘못 채용하면 노무사 또는 고용노동부에서 연락받는 일이 종종 발생한다. 하지만 현실적으로 중개사무소는 고용계약서 작성이 어렵다. 따라서 개업 공인중개사 입장에서는 합법적으로 근로계약서를 작성하지 않으면서 직원 채용의 위험도 줄일 수 있어야 중개사무소를 잘 운영할 수 있다.

| Point |
- 직원을 채용하면 채용 당일 반드시 시·군·구청에 소속 공인중개사나 중개보조원으로 등록하고 근로계약서를 작성해야 한다.
- 중개보조원은 공인중개사협회에서 채용하는 것보다 일반적인 채용 사이트를 이용하는 것이 더 효과적이다.

Plus Tip 직원 채용을 위한 기본적인 준비

직원을 한번 채용하면 장기 근속할 수 있는 직원이 여러모로 좋다. 따라서 직원을 채용할 때는 오랫동안 근무하고 싶도록 최소 월 200만 원 이상의 수익은 가져갈 수 있는 여건을 먼저 만들어놓아야 한다. 그렇지 않다면 아무리 초보 공인중개사라고 하더라도 3개월을 넘기기 쉽지 않다. 만일 그 정도의 평균 급여도 지급할 수준이 되지 않으면서 직원 채용에 대해 생각하는 일은 무책임한 일이다. 일부 세상 물정 어두운 공인중개사는 유능한 실장 덕을 기대하는 것 같다. 하지만 필자는 무능한 사장 밑에 유능한 실장이 있는 것을 보지 못했다. 채용할 만한 중개 보조원은 공인중개사협회보다 워크넷, 잡코리아, 사람인, 알바몬 등에서 구하는 것이 좋다.

뽑아야 할 직원 vs 뽑지 말아야 할 직원

개업 공인중개사가 직원을 채용한다면 대다수 중개보조원을 선호할 것이다. 하지만 중개보조원을 뽑는 것은 쉽지 않은 현실이다. 그 이유는 중개보조원도 입지 좋은 중개사무소를 선호하기 때문이다. 입지가 좋지 않은 곳에 중개사무소를 열면 중개보조원을 구하기 힘들어 어쩔 수 없이 소속 공인중개사를 뽑는 경우가 많다.

이런 소속 공인중개사는 뽑지 말자(면접 질문)

1. "저희 중개사무소에 왜 오셨어요?"라고 물었을 때 "일 배우려고요"라고 말한다면 뽑지 않는 게 좋다. 왜냐하면 일 배우면 나가려는 마음이 이미 있는 사람이기 때문이다.

2. "혹시 일요일에도 가끔 나와 줄 수 있어요?"라고 물었을 때 "제가 일요일은 좀 힘든데요"라고 말하면 뽑지 않는 게 좋다. 중개사무소는 고객이 있으면 일요일에도 나오고, 새벽에도 나올 수 있는 정신이 필요하다. 이 핑계, 저 핑계 대는 사람은 끝까지 핑계를 대며 자기 생각만 하는 경우가 많다.

3. 돈 많은 직원(예외 있음)은 뽑지 않는 게 좋다. 그 이유는 대부분 절실함이 없기 때문이며, 경우에 따라 중개사무소 내 위화감도 줄 수 있기 때문이다.

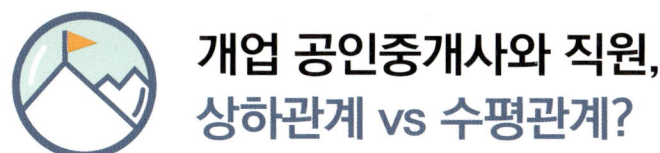
개업 공인중개사와 직원, 상하관계 vs 수평관계?

많은 공인중개사들이 생각하길 개업 공인중개사와 직원의 관계는 상하(수직)관계라고 생각하는데, 필자의 생각은 그렇지 않다. 상하관계가 되려면 먼저 대표로서 책임과 의무를 다해야 하며, 그러기 위해선 아래의 7가지를 모두 갖춰야 한다.

- **고용계약서**
- **4대보험** : 의료보험, 연금보험, 산재보험, 고용보험
- **최저시급** : 8,720원/시간(1,822,480원/월, 2021년 기준)
- **근로시간** : 주 52시간제(5인 미만 사업장 미적용)
- **퇴직금** : 1년 이상 근무 시
- **등록** : 소속 공인중개사 또는 중개 보조원
- **해고** : 한 달 전 미리 통보(미통보 시 해고 예고 수당 지급)

이 7가지를 모두 갖췄다면 상하관계가 될 수 있지만, 이 중 어느 하나라도 갖춰지지 않으면 이는 상하관계가 아닌 수평관계(동업)라고 볼 수 있다. 게다가 활동비도 주지 않고 계약한 만큼 가져가는 구조라면 더더욱 그렇다. 이런 소속 공인중개사가 근

무하던 중개사무소 옆에다 개업하면 안 될까? 인성적으론 분개하겠지만, 고용계약서(인근 지역 창업 및 취업금지 조건)를 작성하지 않은 경우 법적으론 문제가 없다. 그러니 직원이라고 다 같은 상하관계라고 생각하지는 말자. 또한 중개사무소도 근로기준법의 적용 대상이므로 일을 못 한다고 아무렇게나 해고하면 법규 위반의 문제가 생길 수 있다.

　동업(수평)관계는 프리랜서 계약서(인근 지역 창업 및 취업금지 조건)와 인센티브만 있으면 된다. 따라서 소속 공인중개사와 반드시 프리랜서 계약서를 작성해야 한다. 프리랜서 계약서에는 기본급, 근로 장소, 근무시간, 해야 할 업무의 4가지 사항에 대해서는 언급하면 안 되고, 계약서에 적힌 대로 수당을 지급하면 된다. 다만, 괜히 어설프게 작성하면 과태료가 아닌 벌금 대상이니 주의해야 한다.

　한번은 회원 공인중개사로부터 급히 연락이 왔다. 근무태도가 불량한 소속 공인중개사에게 앞으로 출근하지 말라고 말했다가, 상대방이 고용노동부에 신고하면서 일이 커진 것이다. 그러니 사람을 믿지 말고 원칙에 따라 잘 갖춰야 한다.

| Point |
- 고용에는 책임과 의무가 따르는 법이다.
- 중개사무소도 근로기준법 등 적용 대상이다.
- 고용계약서 또는 프리랜서 계약서는 반드시 작성해야 한다.

> **Plus Tip** **중개업 경영, 이것만큼은 꼭 챙기자**
>
> **1. 고용** : 공인중개사법, 근로기준법, 최저임금법, 국민건강보험법, 국민연금법, 고용보험법, 산업재해보상보험법, 근로자퇴직급여 보장법 등
> **2. 세금** : 사업자 유형에 따른 부가가치세법, 소득세법 등
> **3. 배분** : 기본급(활동비), 성과급, 인센티브 등
>
> 직원이 많아지면 배분의 문제가 복잡해지는데 중개사무소 하나를 제대로 경영하는 것도 오랜 시간과 노하우가 필요한 일이다.

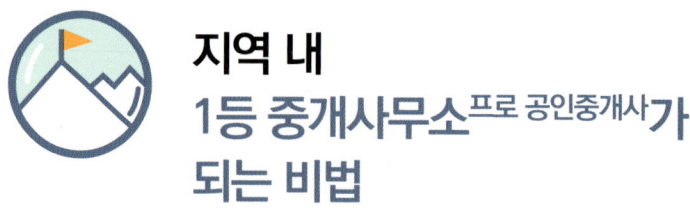

지역 내
1등 중개사무소 프로 공인중개사가 되는 비법

공격은 최선의 방어며, 공격을 잘하는 자가 강한 자가 된다. 공격을 잘하는 사람이 배려나 양보를 하는 것은 칭찬받을 일이지만 방어만 하는 사람은 배려나 양보를 할 일 자체가 생기지 않는다. 다만 공격을 오해해선 곤란하다. 우리는 사람을 살리는 공격을 해야 한다. 여러분의 공격이 사람을 죽이는 백정의 칼(공인중개사들 간 지나친 경쟁을 위한 칼)이 아니라 사람을 살리는 의사의 칼(고객의 문제를 적극적으로 해결해 주기 위한 칼)이 되길 바란다.

일부 초보 공인중개사는 계약서를 작성하는 방법이 어렵다고 말한다. 하지만 중개업의 가장 큰 어려움은 손님이 없고, 물건이 없어서 계약서를 쓰지 못하는 것이다. 많은 분이 단독중개(양타)를 좋아한다. 하지만 지속적인 양타를 하려면 일반중개만 하지 말고 전속중개가 있어야 한다. 전속중개계약서를 작성하는 전속은 거의 없다. 구두로 전속을 받아도 일정 기간 전속의 효과는 충분하다. 아마추어는 단독중개든 공동중개든 계약서를 쓰는 것에 만족하는 사람이고, 프로는 전속을 받는 일에 집중하고 양타를 못해서 억울해하는 사람이다.

지역 내 1등 중개사무소(손님이 가장 많고 물건도 가장 많은 곳)의 특징은 공동중개를 하지 않는 것이다. 실제 필자도 중개업을 하는 동안 되도록 공동중개는 하지 않았다. 그 이유는 상대 공인중개사도 프로면 괜찮은데, 그렇지 않으면 고생을 많이 하기 때문이다. 물건의 하자 치유부터 계약서 작성까지 모든 과정을 도맡아 혼자 처리하면서 중개보수도 나눠야 한다. 더 화가 나는 일은 괜히 아는 척한답시고 훈수까지 두면서 자신의 손님만 챙기는 모습을 보는 일이다. 자고로 벼는 익을수록 고개를 숙이는 법, 진정한 프로는 왈가왈부 내색하지 않는다. 하지만 지식이 얕은 분들일수록 얼마나 행동이 가벼운지 모른다(그렇다고 필자 혼자 고고한 척 하는 것은 아니다).

| Point |
- 아마추어 공인중개사와 프로 공인중개사의 차이를 알자.
- 공격이 최선의 방어다.
- 프로 공인중개사는 전속을 받는 일에 집중하고 양타를 못해서 억울해하는 사람이다.
- 지역 내 1등 중개사무소는 공동중개를 좋아하지 않는다.

Plus Tip 부동산 중개업에 반드시 필요한 인맥

1. 동반자
부동산 중개업은 생각보다 스트레스를 많이 받는 직업이다. 특히 사람에게 받는 스트레스가 심하다. 스트레스를 받았다면 쌓아두지 말고 풀어야 하는데, 필자가 추천하는 방법은 같은 중개업에 몸담고 있는 긍정적인 사람들과 만나 대화로 푸는 것이다. 동반자는 공인중개사 학원의 합격자 모임이나 실무교육 모임이 동병상련의 아픔을 이해해주고 나눌 수 있어서 좋다. 다만, 시간이 지나면 중개업에도 실력 차이가 생겨 동반자 모임은 2년 이상 지속되기 어렵다.

2. 조력자
부동산 중개업의 가장 큰 고객은 인근 중개사무소의 개업 공인중개사다. 부동산 거래는 공동중개를 하는 경우가 많다. 따라서 공동중개할 수 있는 중개사무소가 많다는 것은 고객이 많다는 의미와도 같다. 따라서 후발주자인 초보 개업공인중개사는 지역 내 선배 개업 공인중개사와 가까워지기 위해 노력해야 한다. 다만, 경쟁 관계인 인근 중개사무소와 가까워지는 것은 쉽지 않고, 의미 없는 시간낭비가 될 수도 있으니 유의해야 한다.

3. 멘토
가장 만나기 어려운 사람들이므로 찾고 또 찾아야 한다. 부동산 중개업의 멘토는 언제든 문제가 생겼을 때 해결에 도움을 줄 수 있는 사람으로 경험이 풍부한 사람들이다. 또한 멘토는 중개 영역별로 다양하게 있는 것이 좋다. 결국 초보 공인중개사의 빠른 성공은 '언제든 내 일처럼 도와줄 훌륭한 멘토가 있는가?'로부터 시작된다.

Part 4

공인중개사
계약 체결의 비밀

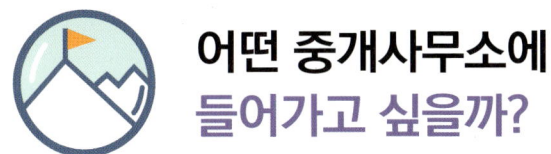
어떤 중개사무소에 들어가고 싶을까?

국민 MC라는 단어를 들으면 많은 사람이 유재석을 떠올릴 것이며, 피겨 스케이팅에는 김연아를, 수영에는 박태환을 떠올릴 것이다. 이처럼 특정 분야를 말했을 때 대표적으로 떠오르는 인물이 있다. 즉 카테고리를 대표하는 사람인데, 일반적으로 이런 대표성을 가진 사람을 '퍼스널 브랜드(Personal brand)'라고 한다.

과거에는 퍼스널 브랜드가 되기 힘들었다. 말 그대로 각 분야에서 최고가 되어야만 퍼스널 브랜드로 인정받을 수 있었으니 말이다. 하지만 이제는 시대가 바뀌었다. 누구나 온라인 매체를 통해 전 국민, 아니 전 세계를 무대로 활동할 수 있다. 초등학생도 집에서 유튜브로 일상을 올리고, 게임을 하면 욕을 먹던 과거와는 달리 게임 방송을 하며 퍼스널 브랜드가 되어 돈을 버는 사람도 있다.

| Point |
- 부동산 중개업은 물건보다 자신을 먼저 브랜드로 만드는 전략이 필요하다.
- 브랜드가 생기면 신뢰가 형성된다.
- 요즘에는 누구나 어렵지 않게 브랜드를 만들 수 있다.
- 중개사무소의 브랜드는 지역에서만 효과가 있어도 충분하다.

여러분은 고객에게 어떻게 비춰지나?

필자는 세스 고딘(Seth Godin)의 《보랏빛 소가 온다》의 내용을 좋아한다. 이 책은 부동산 중개업에도 활용할 수 있는 마케팅 노하우인 '새로운 P(Purple Cow)'에 대해 생각하게 한다.

저자가 가족과 함께 자동차로 프랑스 여행을 할 때 소 떼 수백 마리가 고속도로 바로 옆 그림 같은 초원에서 풀을 뜯고 있는 모습을 봤다. 처음에는 감탄하며 소 떼를 봤지만 20분도 지나지 않아 가족들은 소들을 외면했다.

새로 나타난 소들은 아까 본 소들과 다를 바가 없었고, 한때 경이롭게 보이던 것들이 평범하고 지루해졌다. 그렇지만 만일 보랏빛 소라면 흥미가 당길 것이다.

보랏빛 소의 핵심은 '리마커블(Remarkable)'해야 한다는 것이다. 즉, 보는 순간 사람들의 시선을 확 잡아끌어 사람들 사이에 화젯거리가 되고 추천거리가 될 수 있어야 한다.

여러분은 고객에게 보랏빛 소가 되고 있는가? 아직 아니라면 '어떻게 해야 보랏빛 소와 같은 개업 공인중개사가 될 수 있을까?'를 고민하는 게 프로의 자세다. 간판이 화려하고 비싸다고 평생 잊히지 않을 중개사무소가 되는 게 아니다. 이는 나보다 더 화려하고 비싼 간판이 등장하면 곧 그저 그런 간판이 되니 말이다. 따라서 남들보다 나은 것을 통해 차별화하는 것이 아닌, 남들과 다른 부분을 통해 차별화하는 자신만의 필살기를 장착해야 한다.

부동산 중개사무소
상호 작명의 비밀

　중개사무소 창업 전 많은 분들이 상호에 중점을 둔다. 어떤 상호로 정할 것인지 고민을 많이 한다. 사실, 상호는 중요한 듯하지만 중요하지 않은 게 포인트다. 오프라인에서 상호는 중요하지 않다. 대신 입지와 '부동산'이라는 세 글자가 더 중요하다(단, 중개사무소 밀집 지역에서는 차별화된 상호가 필요하다). 반면, 온라인에서는 상호가 매우 중요하다. 검색이 잘 되려면 상호에 '키워드'가 들어가 있어야 하기 때문이다. 예를 들어, 재개발 지역의 아파트가 공사 중이다. 공사 중일 때는 1구역으로 불리던 곳이 완공이 다 되면 시공사 브랜드(래미안, 푸르지오, 더샵, 힐스테이트 등) 또는 새로운 이름(헬리오시티 등)의 신생 키워드가 생긴다. 고객들은 새 아파트 이름으로 인터넷을 검색하고 정보를 찾는다. 자신의 중개사무소가 인터넷에서 잘 검색되면 문의 전화로 연결되고 계약으로 이어진다. 그래서 아파트의 완공이 다가올수록 중개사무소 이름을 바꾸려는 공인중개사들로 구청이 붐비는 현상까지 발생한다. 동일 명칭은 사용할 수 없다 보니 먼저 등록하기 위함이다. 줄을 섰는데 2등이면 중개법인을 만들고, 중개법인을 못 만들면 상표권 등록을 한다. 아파트 입주장을 위해 키워드 쟁탈 전쟁을 하는 것이다.

참고로 부동산개설등록증에 상호 등록하는 이름의 글자 수는 제한이 없다. 그래서 '래미안 공인중개사중개사무소'가 있으면, '홍길동 래미안 공인중개사사무소'라고 하면 된다. 더불어 '공인중개사사무소'와 '부동산 중개' 중 개인적으로 부동산 중개를 더 선호한다. 그 이유는 공인중개사사무소는 글자 수가 많아 글씨 크기가 작아지는 일이 발생하지만, 부동산 중개는 '부동산' 글자는 크게 '중개' 글자는 작게 배치하면 되기 때문이다. '홍길동 ○○힐스테이트 공인중개사사무소'와 '홍길동 ○○힐스테이트 부동산 중개' 중 과연 어떤 간판이 가시성이 더 좋겠는가!

기존의 상호 vs 새 상호

운영이 어려워 양도하려고 한다는 양도인은 거의 없다. 대부분 불가피한 사정으로 양도한다고 말하며, 본인의 화려한 계약 실적과 고객의 숫자에 대해 이야기하는 경우가 대부분이다. 신규로 개업하려는 공인중개사는 기존 고객들을 계속 오도록 만들기 위해 기존 상호를 그대로 사용해야 할지를 두고 고민하기도 한다. 하지만 기존 고객들이 기존 중개사무소를 방문하는 이유는 기존에 거래했던 공인중개사를 만나기 위함이다. 따라서 개업 공인중개사가 변경되었다면 사실상 처음 시작하는 것이다. 다만 명단을 통해 고객들에게 먼저 연락해서 접촉할 기회를 가진다는 장점이 있을 뿐이다. 따라서 기존의 중개사무소를 인수했다면 간판이나 상호는 새롭게 변경하는 것이 좋다.

간혹 기존 중개사무소의 개업 공인중개사가 중개 사고를 일으키고 잠적하기 위해 기존 상호를 그대로 사용하는 조건의 권리계약을 유도하는 때도 있다. 또한 기존 중개사무소의 명함을 계속 이용하면서 무적으로 똠방 중개를 목적으로 하는 때도 있으니 유의하기를 바란다. 다만 기존 중개사무소 간판이 너무 고가라서 새롭게 제작하는 비용이 비싼 경우에는 기존 상호 사용을 한번쯤 고민해볼 필요가 있다. 하지만 필자는 새롭게 시작하는 중개사무소 오픈을 널리 알리고 오픈 효과를 기대하는 것이 더 효과적이므로 온라인으로 검색될 키워드를 넣은 상호 변경을 추천한다.

| Point |
- 기존 고객들의 방문은 기존 공인중개사를 만나기 위함이다.
- 중개사무소 상호는 새롭게 변경하는 것이 좋고, 상호에는 온라인 검색을 위해 키워드를 넣는 것이 좋다.

중개사무소 인테리어는 어떻게 할까?

　인테리어는 주변 중개사무소 수준과 맞추는 게 좋다. 과거에 필자는 주변과 다르게 고급스럽게 인테리어를 한 적이 있었는데 몇 달 후 뜯어낸 적이 있다. 그 이유는 너무 고급스러운 나머지 고객이 잘 들어오지 않았기 때문이다. 설사 들어온다 해도 과감히 문을 열고 들어오는 게 아닌 중개사무소 문을 빼꼼히 열어보며 "사장님, 혹시 여기 월세도 중개하나요?"라고 묻는 경우가 많았다. 고급스러운 인테리어 탓에 가격대가 높은 부동산 거래만 취급할 것이라는 선입견이 생긴 이유다. 그러므로 인테리어 수준은 주변 중개사무소와 비슷하게 맞추는 게 좋다. 반대로 주변이 부촌이라면, 이 기준에 맞게 인테리어를 해야 한다. 인테리어를 보고 격에 맞지 않는다고 생각해서 손님이 방문하지 않는 경우도 있기 때문이다.

　참고로 일반적인 인테리어는 전용면적 15평 기준 2,000~2,500만 원이면 충분하다. 다만 코너에 위치한 곳은 간판이 2개 설치되니 비용이 약간 더 상승한다. 고급스럽게 인테리어를 하는 경우 8,000~1억 5,000만 원 정도 소요되는데, 목공작업이 기본으로 들어가고, 조명부터 LED와 고급 샹들리에를 사용하는 경우가 많다(참고로 1층 중개사무소가 고객들의 눈에 더 잘 띄게 하려면 값비싼 인테리어로 큰 비용을 지출하는 것보다 저렴한 비용으로 고객의 눈길을 사로잡을 수 있는 디자인에 투자하는 것이 더 효과적이다).

| Point |
- 중개사무소 인테리어는 인근 지역 중개사무소의 수준에 맞추는 것이 좋다.
- 가격을 낮추면서 디자인으로 고객의 눈길을 끄는 것이 필요하다.

중개사무소 간판에도 트렌드가 있다

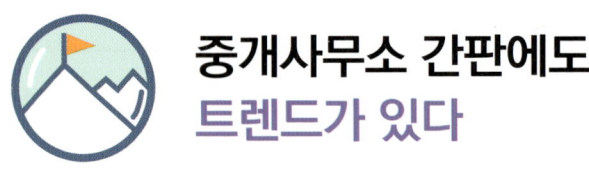

20여 년 가까이 중개업을 한 필자는 중개사무소 간판만 봐도 이곳이 계약을 잘하고 있는지, 그렇지 않은지 짐작이 된다. 인터넷에서 흔하게 찾을 수 있는 사진의 예를 보면서 잘하고 있는 점과 아쉬운 점을 이야기해보자.

1. 잘하고 있는 점

| 예시 | 부동산 중개사무소 간판

- **LED** : 테두리에 LED를 설치해서 시선을 집중시킬 수 있어 좋다.

- **실내조명** : 퇴근 후에도 불을 켜놓는 것은 좋은 자세다. 실제 개업하면 6개월 이상 밤에도 조명을 끄지 말자. 주변이 어두운데 홀로 밝으면 광고효과가 더 살아난다. 전기세가 걱정되면 형광등을 LED전구로 바꾸면 된다. 무조건 아끼는 것만이 능사는 아니다. 효과적이고 효율적인 투자를 통해 더 많은 기회를 만들어낼 수 있어야 한다. 그만한 전기세도 들이지 않고 중

개업을 하겠다는 발상은 그만하자. 만약 여러분의 중개사무소가 서향이라면 중개사무소 안에 조명이 켜져 있어도 해질녘에는 영업을 하지 않는 것처럼 어두워 보인다. 따라서 문 앞에도 전구를 달아 따로 불을 켤 수 있도록 하자. 특히 여름에는 낮이 길고 햇빛이 세서 안이 더욱 잘 안 보인다. 낮에도 밖의 전구에 불을 켜 영업하고 있다는 신호를 주는 게 좋다.

- **부동산 글자를 크게 쓴 것** : 상호가 크게 들어가는 것보다 '부동산'이란 글자를 크게 해야 좋다. 고객들이 중개사무소를 선택하는 데 중요하게 여기는 요소는 부동산인지, 그리고 믿을 만한지다. 다만 중개사무소가 일렬로 나열된 아파트 단지 내 상가라면 상호가 도드라지는 것이 좋다.

- **물건광고** : 같은 색상의 물건광고를 일률적으로 붙여 놓는 것보다 알록달록 붙이면 고객들의 시선을 더 쉽게 끈다.

- **전화번호** : 4989란 전화번호가 기억하기 쉽고 누르기 쉽다.

- **휴대폰번호** : 요즘 젊은 고객들은 전화 통화보다 문자 연락을 더 선호한다. 연락처를 휴대폰번호까지 적어 고객이 쉽게 접근하도록 한다.

- **덧문** : 입간판을 설치하면 오가는 고객들에게 쉽게 눈에 띄지만 과태료 대상이고 바람이 불면 쓰러져서 세우기에 바쁘다. 하지

만 덧문을 달아놓으면 지나는 길에 눈에 잘 띄는 효과는 물론, 관리에 대한 불편함도 사라진다. 다만, 지역에 따라 못하게 하는 곳도 있으니 설치 전 사전에 알아보는 게 좋다.

2. 아쉬운 점

- **LED** : 광원을 고객 눈으로 비추면 불법이다.

- **물건광고** : 서울 및 수도권은 창문에 물건광고를 부착하는 것 자체가 불법이다(지방의 경우 가능한 지역과 개수 제한이 있는 경우도 있으니 확인이 필요하다). 지역별로 요건에 맞춰 가능한 곳은 하고, 가능하지 않은 곳은 다른 방법으로 광고한다(LED 간판으로 응용).

- **전화번호** : 전화번호 앞에 지역번호 표기가 없다. 이 경우 그 지역 시장에는 가능하나 사진을 찍어 인터넷이나 유튜브에 올렸을 때 지역번호가 없으니 고객은 바로 전화를 걸 수 없고 지역번호를 따로 찾아봐야 하는 수고를 해야 한다.

- **휴대폰번호** : 공인중개사 표시·광고의 저촉을 받으니 반드시 등록된 개업 공인중개사 번호만 적도록 한다. 그런데 개업 공인중개사에게만 전화가 오면 고객 상담을 하면서 경험을 쌓고 싶은 소속 공인중개사가 난감해한다(참고로 중개보조원 번호로 광고하면 불법이다). 소속 공인중개사 번호로 광고하면 개업 공인중개사 입장에서는 좋지 않다. 소속 공인중개사가 그만두면 휴

대폰 안에 저장된 고객의 연락처도 모두 없어지는 셈이다. 따라서 이때 전략은 사무실용 휴대폰을 제공하는 것이다. 그만뒀을 때는 휴대폰을 놓고 나가니 그대로 사용할 수 있고, 또한 gmail ID와 비밀번호만 알면 모든 연락처 및 문자 내용도 열람 및 백업이 가능하다.

- **아파트 분양광고 현수막** : 전면 유리창에 아파트 분양광고인 작은 현수막을 걸었는데 이는 비싼 임대료를 내면서 타 아파트 분양홍보를 해주는 격이다. 실제로 필자의 경험상 이런 현수막을 붙였다고 계약하는 경우는 없다고 봐도 무방하다. 그러므로 이 자리에 본인의 중개업 광고를 하는 게 훨씬 낫다. 5,000~10,000원이면 현수막을 제작할 수 있다. 문제는 무슨 내용을 붙일 것인가 하는 구상이 필요하다. 가급적 고객들을 위한 프로모션을 진행하는 것이 좋다.

- **틀에 박힌 문구** : 전면 유리창 하단에 '건물, 상가, 주택, 원룸/임대수익용 건물 투자 상담/건물 신축, 리모델링 전문'이 적혀 있다. 다양한 중개를 취급할 수 있다는 생각으로 적은 듯하나 고객 입장에서 보면 전문적이란 생각이 들지 않는다. 마치 음식점에서 갖은 메뉴를 나열해놓은 것과 같다. 또한 '책임중개, 친절 상담' 등의 문구는 더는 쓰지 말자. 식상한 문구는 그저 그런 중개사무소로 인식되어 고객이 외면하게 된다. 그러므로 자신만의 독창적인 문구, 고객을 감성적으로 접근하게 만들 퍼스널 문구를 만들어 활용하기 바란다.

| **Point** |

- 차별화 없이 틀에 박힌 방법으로는 고객의 관심을 받기 어렵다.
- 지속적인 변화를 통해 꾸준하게 관심을 받도록 만들어야 한다.

네오비 대구 수성범어
더블유 공인중개사무소 전면 LED 모습

네오비 부동산 중개법인 전면 LED 모습

Plus Tip 고객을 사로잡는 문구는 따로 있다

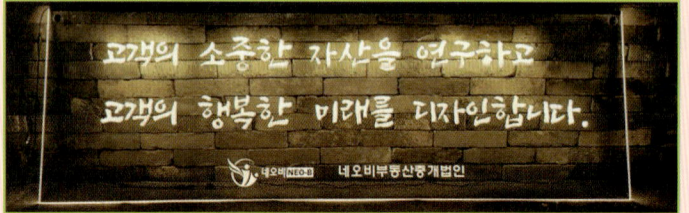

필자의 중개사무소에 걸린 문구

개업 공인중개사로서 창업을 준비 중이라면 이 내용을 토대로 준비해도 좋고, 그렇지 않다면 필자가 준비한 것을 그대로 이용해도 좋다. 또한 중개사무소를 운영 중이라면 지속적인 변화를 통해 고객들의 관심을 받는 것이 중요하므로 하나씩 변경해 나가는 것도 좋은 방법이다.

중개업 운을 만드는 가장 쉬운 방법

사람과 사람의 만남에서 좋은 이미지를 만드는 것은 매우 중요한 일이다. 부동산 중개업도 좋은 이미지가 계약 성사에 중요한 영향을 미친다. 이미지는 대화에서 표정이 기여하는 정도가 55%, 음성적인 요소가 기여하는 정도가 38%, 단어가 기여하는 정도가 7% 정도 된다는 연구결과가 있다.

사람의 표정만 보고도 대화가 가능하므로, 좋은 이미지를 만드는 데 표정이 가장 중요한 역할을 한다고 봐도 과언이 아니다. 또한 미소는 표정에서 중요한 역할을 담당한다.

미소에도 품질이 있다. 밝고 환하게 웃는 미소가 있는 반면 입은 웃고 있지만 실제로는 웃고 있지 않은 미소도 있다. 일명 가짜 미소다. 대표적으로 사진을 찍을 때 '치즈'나 '위스키' 등의 단어를 말하면서 웃는 웃음이 가짜 웃음일 것이다. "사진만 잘 나오면 되지 그게 무슨 대수냐?"라고 묻는 분들도 있을 텐데 차이가 있다는 연구결과가 있다.

미세표정의 대가인 미국 임상심리학자 폴 에크만(Paul Ekman) 박사는 인간의 웃음 중에서도 긍정적 정서가 반영된 환한 웃음을 '뒤센(Duchenne)의 미소'라고 이름을 지었다. 광대뼈 근처와 눈꼬리 근처의 얼굴 표정을 결정짓는 근육을 발견해 낸 뒤센을 기려 그의 이름을 따서 명명한 것이다(뒤센의 미소는 그저 이쁜 미소가 아닌 무방비 상태에서 웃는 자연스러운 미소다). 뒤센의 미소를 짓는 사람들의 뇌는 기본적으로 긍정적 정서를 타고났다고 볼 수 있다. 긍정적 정서는 상당 부분 유전적으로 결정되는 것이지만, 후천적인 훈련과 노력을 통해서도 얼마든지 향상시킬 수 있다. '이 긍정적 정서를 지닌 사람은 평생 좋은 시절을 누리게 될 것이다'라고 예측할 수 있는데, 여기에는 충분한 과학적 근거가 있다.

뒤센의 미소와 생활 관계

미국의 학자 하커(Harker)와 켈트너(Keltner) 교수의 30년간에 걸친 추적 연구조사가 있다. 이들은 1958년과 1960년에 켈리포니아 오클랜드에 있는 대학 졸업생 141명을 대상으로 조사를 시작했는데, 우선 졸업 앨범 속에 나타난 사람들의 표정을 전문가들이 정밀 분석했다. 50명의 졸업생은 눈꼬리의 근육이 수축되어 눈이 반달 모양이 되는 환한 뒤센의 미소를 짓고 있었고, 나머지는 카메라를 보며 인위적인 미소를 지어 보였다. 이 졸업 사진의 주인공들이 각각 27세, 43세, 52세가 되는 해에 인터뷰를 통해 그들의 삶의 모습들을 수집해서 비교했는데, 그 결과는 매우 놀라웠다.

뒤센 미소 집단은 인위적 미소 집단에 비해 훨씬 더 건강했으며, 병원에 간 횟수도 적었고, 생존율도 높았다. 결혼생활에 대해서도 훨씬 높은 만족도를 보였고, 이혼율도 낮았으며, 평균 소득 수준 역시 훨씬 높아 훗날 더 좋은 삶을 살고 있음이 밝혀졌다. 이런 결과가 나올 수 있었던 까닭은 자연스러운 뒤센의 미소 뒤에는 긍정적인 마인드가 자리 잡고 있어 일상생활에 좋은 영향을 끼친 듯 보인다.

젊은 날 한순간의 표정만으로도 그 사람의 인생이 얼마나 행복할지를 어느 정도 예측해볼 수 있음을 알려주는 뒤센의 미소는 많은 점을 시사한다. 따라서 이 책을 읽는 여러분도 인위적 웃음보다 자연스러운 뒤센의 미소를 지어보길 바란다. 이가 4개 이상 보이도록 하며 마음속에 진짜 기뻤던 순간을 생각하며 미소를 짓는 연습을 해보자. 이게 반복되면 의도하지 않아도 자연스럽게 뒤센의 근육이 움직일 것이다.

| **Point** |
- 좋은 이미지는 밝고 환한 미소에서 결정된다.
- 뒤센의 미소는 훈련으로 충분히 가능하다.
- 미소를 바꿔 행복해질 수 있다면 포기할 이유가 없다.

 공인중개사도 결국 이미지, 좋은 이미지 만드는 방법

좋은 이미지를 어필할 때 사진만큼 좋은 수단도 없다. 한 예로, 선거 유세 기간이 되면 여기저기 후보들의 포스터와 현수막이 붙는다. 유권자가 후보들의 얼굴을 직접 보는 것보다 선거 사진으로 먼저 만나는 경우가 많다. 선거 사진이 후보들에게 중요한 이유는 여러 가지가 있겠지만, 가장 중요한 차별점은 글자보다 강렬하고 빠르게 후보를 어필할 수 있다는 점이다. 이미지는 후보 개인의 성격은 물론, 그가 추구하는 정치에 대한 의지와 열정까지도 표현한다. 바쁜 현대인들에게 이미지보다 빠르고 확실한 어필도 없기 때문에 선거 캠프에서는 보이는 사진에 많은 공을 들인다.

여러분도 인물 사진을 찍어 봤을 것이다. 이때, 인물 사진은 내 마음에 드는 사진과 남의 마음에 드는 사진으로 구분할 수 있고, 구분에 따라 선택이 달라진다. 집 안에 걸어둘 사진이라면 내 마음에 드는 사진을 고르면 된다. 보통 잘생기게(예쁘게) 나온 사진을 선택할 것이다. 하지만 밖에 걸어두는 사진이라면 이 사진을 보는 사람의 관점에서 생각해봐야 한다. 잘생기고 못생기고의 문제가 아닌, 보는 사람에게 내가 보여주고 싶은 이미지를 어필할 수 있느냐의 문제다.

> **| Point |**
> - 사진만으로 상대방에게 좋은 이미지를 심어줄 수 있다.
> - 좋은 이미지는 상대방에게 빠르고 강하게 긍정적인 어필이 가능하다.

중개사무소에서 사진의 의미

부동산 중개업은 신뢰를 거래하는 직업이다. 부동산 중개사무소에서 전 재산인 부동산 계약을 하는 고객들의 입장에서는 아무리 물건이 좋아도 개업 공인중개사를 믿을 수 없다면 거래는 성사될 수 없다. 어떻게 하면 고객들이 나를 신뢰하도록 만들 수 있을지, 무엇을 통해 나의 부동산 중개사무소를 다른 중개사무소와는 차별화시킬 수 있는지 고민해야 한다. 필자가 생각하는 가장 좋은 방법은 개업 공인중개사가 자신을 브랜드로 만드는 것이며, 이를 퍼스널 브랜드라고 한다.

개업 공인중개사가 브랜드가 되기 위한 가장 기본적인 요건이자 활용하기 쉬운 방법은 바로 자신의 이름과 얼굴을 고객들에게 알리는 것이다. 이 세상 어느 사업보다 고귀하고 가치 있는 부동산 중개업에서 당신의 도움을 기다리는 고객들에게 나의 이름과 얼굴을 알리는 일은 절대 부끄러운 일이 아니다.

> | Point |
> - 공인중개사는 자존감을 가지고 자신이 하는 일에 자부심을 느껴야 한다.
> - 지역에 나의 이름과 얼굴을 알리는 일은 결코 부끄러운 일이 아니다.

얼굴을 알리는 데 어떤 사진이 좋을까?

| 예시 | 필자의 사진 1

예시 사진은 녹화방송이 끝난 후 사진기자 및 PD와 포장마차에서 술잔을 기울일 때 모습이다. 특별한 포즈 없이 자연스럽게 찍힌 사진인데, 역시 사진기자라서 그런지 솜씨가 남달랐다. 이 사진을 보면 친근하고 거리감이 없어 보인다. 또한 인간미가 느껴진다. 지나치게 고급스럽거나 부유한 이미지가 아니며, 고집스럽거나 안하무인의 이미지도 아니다. 고리타분한 이미지도 아니며 너무 어린 이미지도 아니다. 그야말로 누구나 스스럼없이 말을 붙일 수 있는 편안한 이미지다. 웃고 있는 얼굴이 가식적이지 않은 진짜 웃음이어서 '무슨 재미있는 이야기를 할까?'라는 호기심도 생긴다. 이처럼 사진 한장이 많은 것을 대변한다.

하지만 모든 사진이 처음부터 완벽하지 않다. 실제 원본사진은 다음과 같은 모습이다. 포장마차에서 찍은 사진이라 술병이 그대로 드러나 있다. 그래서 보기 좋지 않은 부분은 없애거나

| 예시 | 필자의 사진 1 원본

가려야 했다. 어떻게 하는 게 가장 좋을까? 포토샵을 배워 없앨 수 있지만 굳이 배우라고 추천하진 않는다. 어쩌다 한번 사용하는 기능을 배우기 위해 시간을 허비하지 말고 다른 그림으로 가리면 된다. 여기서 말하고 싶은 포인트는 자연스러움을 강조하기 위해 보여주고 싶지 않은 부분은 노출시키지 말라는 것, 이를 위해 꼭 필요하지 않은 것(포토샵 등)을 배우기 위해 시간과 노력을 낭비하지 말라는 것이다. 내 생각보다 사진을 보는 상대방의 입장에서 어떻게 해석할 것인가를 먼저 생각해서 사진을 찍은 그대로 사용하지 말고, 적절하게 효율적으로 이미지를 승화시키라는 것이다.

| 예시 | 필자의 사진 2

그렇다면 앞서 본 사진을 중개사무소에 걸어둬도 될까? 친근하고 인간미가 느껴지니 고객들에게 어필이 잘 될까? 그렇지 않다. 고객들은 친근하고 수더분한 공인중개사를 원하는 게 아닌 내 물건을 제대로 팔아줄 전문가, 내 물건을 제대로 사줄 전문가를 찾는다. 따라서 중개사무소에 걸어둘 사진은 전문가의 느낌이 물씬 풍겨야 한다.

자, 어떤가. 앞서 포장마차에서 본 사진과는 달리 전문가의 느낌이 들지 않는가? 이처럼 공인중개사는 중개사무소의 차별화를 위해 사진 한 장에도 공을 들여야 한다.

> **| Point |**
> - 편안하게 다가갈 수 있으면서도 전문가다운 이미지로 어필하는 것이 필요하다.
> - 중개업무를 할 때 시간은 효율적으로 사용해야 한다.

사진을 어디에 어떻게 활용할 것인가?

부동산 중개사무소를 홍보하기 위해 가장 좋은 부분은 중개사무소 전면 유리창이다. 그래서 중개사무소는 안쪽으로 긴 중개사무소보다 전면이 넓은 중개사무소가 더 좋으며, 길모퉁이 코너 자리가 가장 선호하는 중개사무소 자리가 된다. 양쪽 길에서 모두 노출되어 잘 보이고, 찾기 편하기 때문이다. 그래서 공간 효율 면에서는 불리해도 권리금이 비싸다. 다만, 모두가 이 같은 장소에서 창업할 수 있는 것은 아니므로, 현재의 상태에서 최대한 고객들의 눈에 띄도록 만들어야 하고, 나아가서 신뢰까지도 심어줄 수 있어야 한다. 간판은 가까이에서는 잘 보이지 않고, 중개사무소 내부는 들어와야만 볼 수 있기 때문에 가장 효과적인 방법은 프로필 사진을 이용해서 사무실 유리창을 선팅하는 것이다.

중개사무소 외관 디자인(간판, 선팅)이 효과를 보려면 아주 세련되어 눈에 띄거나 또는 촌스러워 눈에 띄는 것이다. 다만 아무리 세련되게 만들어도 시간이 지나면 촌스러워지기 마련이고, 인테리어도 큰 비용이 들어가기 때문에 항상 세련된 것이 정답은 아니다. 오히려 부동산 중개사무소의 전면 넓이가 작다면 파스텔톤보다는 원색을 이용하는 것이 더욱 눈에 잘 들어온다.

필자는 프로필 사진을 통해 신뢰를 높여주면서, 원색을 이용해서 눈에 잘 띄고, 시간이 지나도 촌스럽지 않도록 만드는 방법을 오랜 기간 고민해서 다음과 같이 선팅했다.

필자의 중개사무소 전면 모습

프로필 사진을 이용한 선팅의 장점은 지역 내 거의 모든 사람들이 나를 알아본다는 점이다. 개업 공인중개사면서 동시에 지역 부동산 전문가인 나를 많은 지역 주민들이 알아봐 준다는 것은 참으로 고마운 일이다. 부동산 중개사무소의 문을 열고 들어오기 전 고객들은 이미 어떤 사람을 만나게 될지 미리 알고 편안한 마음이 되고, 첫 만남이지만 수차례 나를 미리 본 고객들은 친근감을 느끼고 들어온다. 나아가서 나를 당당하게 드러낼 수 있다는 것은 개업 공인중개사로서 고객을 맞을 충분한 준비가 됐다는 자신감의 표현이다.

다만, 프로필 사진을 이용한 선팅에는 애로 사항도 있다. 다른 사람들이 하지 않는 일을 처음 하면 부끄러울 수 있다. 간혹 선거에 나가려고 준비하는 것이냐고 비아냥거림 내지는 조롱하는 사람들도 있다. 하지만 부끄러운 마음은 딱 사흘이다. 이후에는 익숙해져서 내 눈에는 보이지 않고, 오직 고객들의 눈에만 내가 보이게 되므로 적극적으로 활용하길 바란다. 덧붙여 프로필 사진으로 방송 출연(고객들이 신뢰할 만한 매체) 사진을 게시하는 것도 좋다. 이런 경우 한번 게재하면 다른 방송국에서도 인터뷰를 위해 방문하는 경우가 많다. 이러한 것들이 쌓이면 부동산 전문가로서 인지도는 자연스럽게 올라갈 수밖에 없다.

| Point |
- 프로필 사진을 활용한 선팅이 효과가 좋다.
- 자신감이 부족하면 프로필 선팅을 할 수 없다.
- 프로필 사진 선팅으로 부끄럽다는 생각은 단 사흘이지만, 그 효과는 매우 오래 지속된다.

고객에게 효과적으로 다가가는 방법

필자의 경력을 적은 두 가지 시안을 보고 어느 것이 더 한눈에 들어오고 이해하기 쉬운지 알아보자.

조영준
- 공인중개사
- 한국공인중개사협회(중앙회, 서울지부) 전임교수
- 실무(사전)교육, 연수교육 교수
  - 중개업 중개 및 경영 실무, 중개업 마케팅, 부동산거래정보망(한방), 개인정보보호법, 전자계약서 등
- 한국공인중개사협회 중개 실무 전문 과정 교수
  - 유튜브 전문교육, 중개업 매출 상승 비법 등
- 국토교통부, 서울특별시 인가 전임교수
- 서울시 지정 글로벌 공인중개사
- 한국자산관리사
- ㈜미래자산플러스 대표이사
- ㈜네오비비즈아카데미 대표이사
- ㈜네오비 대표이사

- 네오비북스 출판사 대표
- 다음카페 젊은 공인중개사의모임 회장
- (전)박문각 중개 실무 과정 교수
- (전)KT NBP 과정 교수

〈중개업경력〉
 - 중개법인 대표이사 및 감사/개업 공인중개사
 - 송파구 잠실(재건축)
 - 마포구/서대문구/종로구(뉴타운/재개발)
 - 입주장 및 중개사무소 운영 다수

〈운영채널〉
- 다음/네이버 카페, 블로그 운영
- 유튜브 채널 운영자
 - 네오비TV, 네오비부동산동서남북 운영자
- 트위터, 페이스북, 구글+ 운영
- 카카오채널 '네오비' 운영자
- 네이버 밴드 운영자
 - 행복한 중개업 네오비
 - 젊은 공인중개사의 모임

〈수상〉
- 2018 대한민국브랜드대상
- 부동산 산업의 날 박람회 초청

〈방송경력〉
- SBS 뉴스
- 머니투데이 뉴스
- 부동산경제TV
  - 중개업 고수의 한 수 진행
  - 투자의 신, 시세S 라인
  - 부동산이 보인다
  - 재테크의 발견(수익형 부동산 분석 및 컨설팅)
  - 부동산투데이
  - 생생부동산
- 《불황을 이기는 공인중개사 중개 실무》, 박문각

자, 어떤가! 일일이 읽고 싶은가, 아니면 너무 길어 지나치기 쉬운가? 고객 입장에서는 지나치기 쉽다. 공인중개사의 경력이 아무리 뛰어나도 구구절절 적어놓으면 고객의 눈에 들어오지 않아 의미가 없다. 따라서 필자는 개인을 브랜드화 하기 위해 경력을 적극적으로 어필할 필요가 있고, 글자보다는 이미지가 한눈에 들어와 더 빠르고 강력하게 전달되는 인포그래픽을 추천한다. 인포그래픽은 인포메이션(Information, 정보)과 그래픽(Graphics, 그림)의 합성어로, 정보를 한 눈에 보이도록 그림으로 만든 것이다. 따라서 경력이 들어간 인포그래픽을 만들어 중개사무소에 걸어두면 좋다.

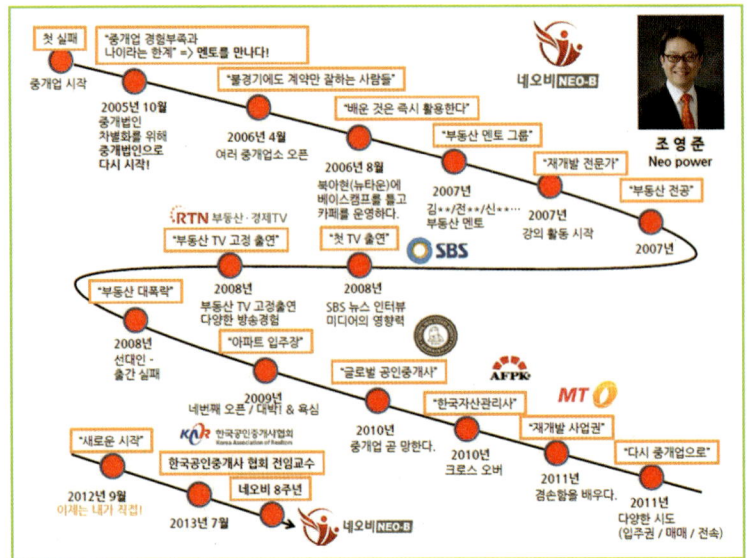

| 예시 | 필자의 인포그래픽

  많은 개업 공인중개사들이 중개사무소 매출 향상을 위해 블로그 및 유튜브 같은 SNS를 운영한다. 이와 같은 SNS(블로그, 유튜브)에 고객들과의 신뢰를 쌓기 위해서는 첫 화면이나 공지글에 자기소개를 하는 것이 필요하고, 이때 인포그래픽을 활용하는 것이 좋다. 하지만 블로그 어디를 찾아봐도 운영하는 사람에 대해서는 찾아볼 수가 없다. 블로그 운영의 효과를 제대로 보기 위해서는 상위노출도 중요하지만, 결과적으로 운영하는 사람에 대한 믿음을 줄 수 있어야 한다.

| Point |
- 온라인에서도 운영하는 사람에 대한 신뢰를 쌓는 것이 중요하다.
- SNS에서는 인포그래픽으로 프로필을 만들어 활용한다.
- 글자보다 이미지가 빠르고 강하게 전달된다.

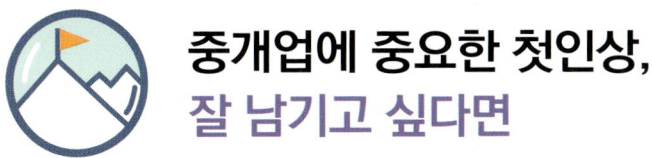

중개업에 중요한 첫인상, 잘 남기고 싶다면

첫인상이 결정되는 시간은 5초라는 연구결과가 있다. 사람은 5초라는 짧은 시간 동안 상대방이 솔직한지, 똑똑한지, 긍정적인지 판단을 내린다. 5초 만에 내려진 첫인상을 바꾸는 것은 쉽지 않다. UCLA 교수인 앨버트 메라비언(Albert Mehrabian) 교수는 한번 결정된 첫인상을 바꾸려면 60번 가량의 추가적인 만남이나 정보가 더 필요하다고 했다. 그러므로 우리는 고객에게 첫인상(사진)을 잘 남겨야 한다. 첫인상이 본인을 대변하기 때문이다. 따라서 상대방에게 긍정적인 첫인상을 남겨야지, 부정적인 첫인상을 남기면 자칫 엉뚱한 결과를 초래하기도 한다.

한 예로, 부정적인 인상으로 큰 피해를 불러왔던 사건은 1992년에 일어난 미국 LA폭동이다. 사건의 발단은 이렇다. 1991년 3월, 미국 LA에서 몇 명의 백인 교통경찰관이 과속으로 질주하는 흑인 운전수를 체포하는 과정에서 백인 교통경찰관들의 집단구타가 있었다. 피해자가 평생 청각장애인이 될 만큼 심각한 사건이었는데도 법정에서 백인 교통경찰관들은 배심원들에 의해 가볍게 처리됐다. 이로 인해 흑인들은 상대적 빈곤과 박탈감에 젖어 시위를 벌였다. 이후 이 시위에 급격히 기름을 붓는 일이 발생했으니 바로 한인 타운에서 일어난 사건이다.

한인 상점에서 흑인 소녀가 오렌지 주스를 훔치는 것으로 오인(실제로는 훔치지 않았음)한 주인은 흑인 소녀와 실랑이를 벌이게 됐다. 흑인 소녀가 주인의 안면을 수차례 강타하자 생명에 위협을 느낀 주인이 권총을 발사해 소녀가 사망했다. 이후 판결문에서 정당방위를 인정받아 집행유예로 석방되자 흑인들의 분노를 촉발시켰다. 흑인을 무시한다는 이유로 한인 타운을 주로 약탈 타깃으로 삼아 방화를 하는 등 치안 부재의 무법천지를 만들었다. 이때의 약탈·방화로 LA 한인 사회는 정신적·경제적으로 엄청난 손실을 입었다. 50~60명이 사건 중 살해당한 것으로 추정되며 백여 명 이상의 부상자가 발생했고, LA 한인 타운의 90%가 파괴되어 피해액이 3억 5,000만 달러에 이르렀다.

너무도 끔찍한 사건이지만 돌이켜 보면 이는 모두 부정적인 이미지에서 시작된 사건이다. '흑인에 대해 부정적인 인상 = 훔치는 행위로 오인'하게 만들었다. '한인에 편파적인 판결이란 부정적인 인상 = 폭동'으로 이어졌다. 따라서 부정적인 인상은 개인을 넘어 사회적으로도 큰 사건으로 비화될 수 있다는 점에서 매우 신중해야 한다.

| Point |
- 부동산 중개업은 사람을 만나는 직업이므로 첫인상이 매우 중요하다.
- 첫인상을 바꾸려면 60번을 만나야 한다.
- 첫인상은 자연스럽게 보이는 것도 중요하지만, 보여주고 싶은 모습을 보여주는 것이 더 중요하다.
- 보여주고 싶은 모습이 고객들이 기대했던 모습일 때 가장 효과가 좋다.

기다림의 시간을 유용하게 보내자

기업의 채용과정에서 면접관에게 잘 보이고 싶은 것은 응시자들의 공통된 마음이다. 그래서 당일 옷차림에도 더욱 신경을 쓴다. 이는 긍정적인 이미지를 심어주기 위함이다. 하지만 옷차림이 전부가 아니다. 인사담당자들은 지원자의 면접 대기 중의 행동도 평가에 영향을 미친다고 말한다. 면접 대기 중 가장 긍정적인 인상을 주는 지원자의 행동으로는 회사 홍보물 열람, 담당자에게 회사나 면접에 대해 질문, 조용히 자기 순서를 기다림, 책 또는 신문이나 메모를 보는 등의 행동이었다. 반면 부정적 인상을 주는 지원자의 행동으로는 졸거나 잠을 잠, 음식물을 먹거나 껌을 씹음, 전화 통화를 하거나 문자 메시지를 보냄, 다리를 꼬거나 삐딱하게 앉아 있는 행동 등이 꼽혔다.

중개사무소도 마찬가지다. 손님이 없는 시간에 열심히 홍보물을 만들거나 블로그나 유튜브 자료를 준비하는 곳이 있는 반면, 의자를 뒤로 젖히고 조는 경우도 있기 때문이다. 첫인상은 순간 결정되므로 고객이 문을 열고 들어오는 순간의 모습에 이미 해당 중개사무소의 이미지가 각인된다는 점을 잊지 말자.

| Point |
- 첫인상의 중요성은 아무리 강조해도 지나치지 않다.
- 중개사무소의 업무태도는 첫인상에 중요한 영향을 미친다.
- 긴장감을 놓아버리지 않도록 마음자세를 늘 바로잡는 것이 좋다.

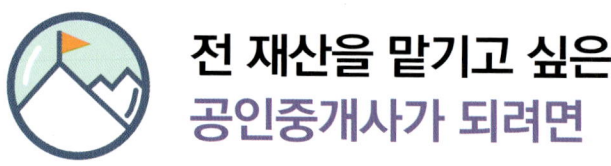
전 재산을 맡기고 싶은 공인중개사가 되려면

학창시절 졸업사진 찍을 때를 생각해보자. 사진 촬영 당일, 빗었던 머리카락을 몇 번씩이나 다시 빗고, 옷매무새도 여러 차례 신경 쓰는 모습을 보였을 것이다. 한번 사진에 남으면 오래간다는 인식 때문이다. 그렇다면 이번엔 장소를 중개사무소로 옮겨 생각해보자. 사진 촬영이라도 있는 날이면 어지간히 외모와 옷매무새에 신경을 쓸 것이다. 그렇다면 사진 촬영이 없는 날의 평소 중개사무소 안의 모습은 어떨까? 사진 찍는 날과 큰 차이가 없다면 매우 바람직한 모습이다.

하지만 현실에서는 등산 가려다 또는 골프 치러 가려다 출근한 게 아닌가 할 정도로 중개업에 어울리지 않는 복장이 많다. 심지어 트레이닝복을 입고 있는 경우까지 있으니 경악할 노릇이다. 편한 인상을 주라고 한 것이지, 고객에게 편한 옷차림을 보이라고 한 것은 아닌데 말이다. 여러분이 은행에 가서 예금(또는 대출)상담을 하는데 담당자가 등산복, 골프복, 트레이닝복을 입고 있다면 과연 상담받고 싶을까? 아마도 담당자의 정신 상태가 해이해졌다며 혀를 끌끌 찰 것이다. 중개사무소를 찾는 고객도 똑같이 생각할 것이다.

한 가지 덧붙이자면, 개량한복은 중개업에 좋은 복장이 아니다. 개량한복은 고객에게 자칫 '고집스럽다'는 인상을 남길 수 있기 때문이다. 실제 한 네오비 회원 공인중개사분이 늘 개량한복을 입고 계셔서, '양복으로 바꿔 입으시면 매출에 훨씬 긍정적인 영향을 줄 것입니다'라고 조언해드린 적이 있었다. 이분은 개량한복이 멋스럽고 고풍스러워 고객에게 좋은 이미지를 남길 것으로 알았다고 하셨다. 실제 필자의 조언을 듣고 양복으로 바꿔 입으신 후 계약서를 자주 쓰게 되었다는 연락을 받고, 필자도 뿌듯한 마음이 들었다.

옷은 사람의 마음가짐이다. 복장이 흐트러지면 마음도 흐트러지게 마련이다. 따라서 옷을 바꿔 입어서 매출이 상승했다고 생각하기보다 마음가짐이 바뀌어 매출이 상승했다고 생각하면 더욱 정확하다. 중개업은 단거리 경주가 아니라 장거리 마라톤에 더 가깝다. 한번 흐트러진 마음을 다잡는 것은 매우 어려운 일이니 처음부터 흐트러지지 않도록 자기 관리에 신경 써야 한다.

| Point |
- 옷은 사람의 마음가짐이다.
- 장소와 격식에 맞는 복장이 필요하다. 중개사무소의 격식에 어울리는 복장은 무엇인가?

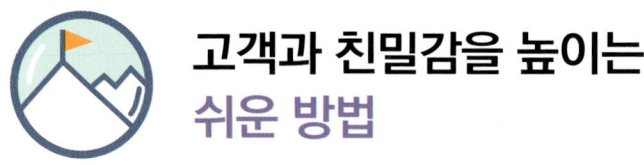
고객과 친밀감을 높이는
쉬운 방법

고객과 친밀감을 유지하기 가장 좋은 방법은 스킨십이며, 대표적인 종류로는 악수다(다만 상황이나 장소에 따라 가려서 할 것을 추천함). 참고로 남성은 여성에게 악수를 청하지 않는 게 예절이며, 반면 여성은 남성에게 악수를 청해도 된다. 이런 점에서도 아파트 중개는 여성 공인중개사가 더 수월하다. 남성 고객에게 쉽게 악수를 청할 수 있기 때문이다. 겉으로 보기엔 악수가 별것 아닌 것처럼 보여도 큰 의미가 있다. 이는 중개뿐만 아니라 모든 인간관계에서도 통용될 수 있다. 예를 들어, 상대방이 유명인사일수록 친밀감을 유지하고 싶은 마음이 있다. 이럴 때 상대방과 악수하는 것만으로도 친밀감이 표현될 수 있다. 이때는 "사장님, 제가 평소에 존경하던 분을 직접 만나 뵈니 영광입니다. 악수를 꼭 하고 싶습니다. 악수를 청해도 되겠습니까?"라고 미리 허락을 구하면 좋다.

악수의 효과

1. 악수는 무장해제를 의미한다

악수는 오랜 시간 인사의 형태로 자리 잡아 왔다. 악수의 기원을 연구한 결과 가장 지배적인 설은 서로 아무런 무장을 하지 않았다는 뜻으로 인사하는 문화라는 것이다. 즉, 손에 어떤 무기도 들고 있지 않음을 보여주는 악수는 상대방에게 공격적이지 않음을 표현하는 수단이다.

2. 악수를 하는 것만으로도 호감을 살 수 있다

신경 과학 저널에 게재된 한 논문에 따르면, 악수를 할 때 인간관계가 더 가까워지는 것으로 나타났다. 악수했을 때 뇌의 사회성을 담당하고 있는 부분에서 상대방에 대한 호감도를 높이는 신호를 보냈고, 그와 동시에 상대방에 대한 부정적인 해석을 멀리하는 신호를 보냈다.

3. 악수하는 시간은 2초가 가장 좋다

악수하는 시간을 너무 오래 끌면 상대방이 불편할 수 있다. 반면에 너무 빨리 악수를 끊으면 무례해보이거나 상대에 대한 무관심으로 보일 수 있다. 이에 한 조사 기관은 가장 적절한 악수 시간으로 1초에서 2초 사이를 제시했다.

4. 매너 있는 악수법

악수는 오른손으로 하며 서로 엄지와 검지 사이가 잘 닿도록 손을 맞잡는 것만으로도 충분하다. 손을 너무 세게 잡거나 반대로 너무 느슨하게 잡는 것, 손끝만 가볍게 잡는 것은 악수 매너에 어긋난다.

올바른 악수법

| Point |
- 고객과의 스킨십은 좋은 관계를 만드는 데 긍정적인 역할을 담당한다.
- 공인중개사가 고객과의 친밀감을 높이는 좋은 방법은 악수다.
- 부동산 중개에서 악수는 개업 공인중개사의 자신감을 표현하는 것이며, 동시에 고객과 동등한 관계설정을 의미한다.

부드러운 손에 담긴 비밀

 필자의 지인 중에 강남에서 오랫동안 부를 유지하신 분들이 있다. 필자보다 나이가 많은 분들인데, 이분들을 만나면 내 손에 꼭 핸드크림을 발라주신다. 그러면서 한마디 덧붙이신다. "조 대표, 사업상 다양한 사람들을 만나니 항상 손은 부드럽게 유지해야 해요"라고 말이다. 필자는 평소 손을 자주 씻는 습관이 있는데 미끈거리는 느낌을 싫어하는 탓에 핸드크림을 잘 바르지 않아 손이 다소 건조한 편이다. 그래서 가족 같은 마음에 직접 핸드크림을 꺼내주며 바르라고 권하는 것이다.

 그렇다면 사업과 핸드크림이 무슨 상관관계가 있을까? 언뜻 보기엔 크게 연관성이 없어 보이지만 그렇지 않다. 많은 자산가들을 만나본 결과, 부는 대물림되는 것이지 새로 창조되지 않는다고 생각하는 사람이 많다. 물론 '개천에서 용 난다'는 속담이 있듯, 어려운 환경에서도 성공하는 사례가 있지만 현실적으로 확률이 희박하다. 자산가 10명 중 9명은 대물림받은 사람이고, 그중 1명이 자수성가하는 식이다. 그렇다면 공인중개사가 자산가를 상대로 사업을 할 때, 자수성가한 사람보다는 대물림받은 사람과 접할 기회가 더 많다.

원래부터 부자였던 사람들은 고생한 흔적이 별로 없어 손이 매끈하다. 이들은 상대가 고생을 했는지 여부를 손을 보고 판단하는 경향이 높다. 아직 그 사람을 제대로 알지 못하는 상태에서 악수하면 가장 먼저 접하게 되는 손의 상태로 가늠하는 것이다. 손이 거칠다면 힘들고 어렵게 살아왔다고 판단해 자신이 당할 수 있다고 생각한다. 반면 손이 부드러우면 편안하게 살아왔다고 생각해 좋은 관계를 만들 수 있다고 인식한다. 자산가들은 자신의 돈을 노리는 사람들이 많다는 생각에 일반인보다 사람을 더 경계하는 경향이 있다.

혹자는 '나는 손이 거칠든, 부드럽든 상관없는데 이렇게까지 할 필요가 있을까?' 또는 '나는 거친 손이 더 열심히 살아온 손 같아서 더욱 호감 가는데'라고 말할 수 있다. 하지만 이건 자신의 생각이다. 부동산이 아무리 소유자 마음에 들어도 상대 마음에 들어야 팔리는 법이다. 자신에게는 거친 손이든, 부드러운 손이든 상관없어도 상대방이 그렇게 생각하지 않는다면 내 생각을 바꾸는 것이 빠르고 효과적이다. 자산가와 같이 사업을 하지 않을 거라면 상관없지만 사업을 할 거라면 손의 컨디션을 최상의 상태로 만들자. 손 상태가 사업의 전부는 아니지만 좋을수록 일차적인 벽을 허물 수 있다.

| **Point** |
- 부자인 자산가일수록 더 의심이 많다.
- 상대방 입장에서 먼저 생각해보자.
- 내 생각과 고집을 가지는 것보다 고객이 생각하는 대로 맞춰주는 것이 더 쉬운 일이다.

커피 한잔만 봐도 알 수 있다

여러분은 어떤 차를 선호하는가? 어떤 분들은 여전히 달달한 믹스커피를 선호하는 분들도 있겠지만, 대부분은 건강을 위해 원두커피를 선호한다. 수요가 있으니 공급이 있는 법, 한 건물 건너 하나의 커피전문점이 존재하고, 스타벅스가 유행하는 요즘이다. 이제는 믹스커피의 시대가 막을 내리고, 원두커피의 시대로 완전히 접어들었음을 의미한다.

부동산 중개사무소는 고객들이 방문하면 자연스럽게 차를 대접하는 문화가 오래전부터 자리 잡았다. 하지만 시대는 변했는데 중개사무소는 변하지 않았다. 커피나 녹차 아니면, 심지어 자신은 믹스커피를 마시지 않으면서 고객에게는 믹스커피를 대접하기도 한다. 더불어 그에 못지않게 중요한 것이 하나 더 있는데, 어떤 잔에 가져오느냐는 것이다. 일부 중개사무소는 아직도 종이컵에 플라스틱 컵받침을 사용하고서도 쟁반에 받쳐서 내왔으니 고객을 대접했다고 착각한다. 고객을 대하는 태도가 느껴지는 대목이다.

최소한 자신이 좋아하는 수준으로 격식을 갖추는 것은 고객뿐만 아니라 더불어 본인의 격도 한 단계 올라가는 것을 의미한다. 반드시 원두커피여야 하고 종이컵에 차를 대접하면 안 된다는 것이 아니다. 상황에 따라 불가피하게 믹스커피에 종이컵을 사용해야 하는 경우도 있기 마련이다. 그런 경우 말 한마디가 센스를 더할 수 있다.

"사장님을 위해 제가 직접 특별히 타는 커피예요. 오늘은 준비된 것이 믹스커피밖에 없지만, 다음에는 더 좋은 차를 준비하겠습니다. 대신 제가 마음과 정성을 담아서 타고 있으니 맛은 더 좋으실거예요."

어떤가? 이런 긍정적인 말을 들으면 비록 믹스커피를 좋아하지 않아 마시지 않는 고객이라도 마음만은 그대로 전달받는다. 꼭 좋은 차를 멋진 커피잔에 대접해야 한다는 것이 아니라 정말 중요한 것은 고객을 위하는 마음을 전달하는 것이다.

자, 오늘부터 우리 중개사무소의 사소한 결점이 무엇인지 찾아보자. 나아가 다른 중개사무소와 다른 작은 차이를 만들어내야 한다. 그것이 명품이 되는 길이요, 경쟁에서 이기는 지름길이다. "뭐 그런 것까지 신경 쓰냐?"고 말하는 사람은 아직 멀었다.

| **Point** |
- 고객을 대하는 태도가 서비스의 수준을 만든다.
- 서비스는 내 기준이 아니라 상대방의 기준에 맞추는 것이다.
- 아무리 좋은 마음이라도 상대방에게 전달되지 못하면 의미가 없다.

명품 중개를
시작하라

> **깨진 유리창 법칙(Broken window theory)**
> 미국의 범죄학자인 제임스 윌슨(James Wilson) 조지 켈링(George Kelling)은 실험을 한다. 이들은 구석진 골목에 2대의 차량 모두 보닛을 열어둔 채 주차시켰다. 그중 차량 한 대는 앞 유리창이 깨진 채로 두고, 일주일을 관찰했다. 그 결과 보닛만 열어둔 멀쩡한 차량은 일주일 전과 동일한 모습이었지만, 앞 유리창이 깨져 있던 차량은 거의 폐차 직전으로 심하게 파손되었다. 이 결과를 바탕으로 발표한 이론이 바로 '깨진 유리창 법칙'이다.

유리창 하나 깨진 차이밖에 없었던 이 두 자동차가 일주일 만에 이런 결과를 보여준 이유는 무엇일까? 이는 깨진 유리창은 '아무도 관심을 갖지 않으니 당신 마음대로 해도 좋다'는 메시지를 전달하기 때문이다. 사소해 보이지만 사람들에게 중요한 메시지를 전달한 포인트가 된 것이다. 따라서 작은 실수를 놓치면 결과는 결코 작지 않다는 것을 명심해야 한다. 깨진 유리창의 법칙과 일맥상통하는 말로는 '작은 차이가 명품을 만든다'가 있다.

중개업도 마찬가지다. 고객들은 하찮은 것, 작고 사소한 것, 잘 드러나지 않는 것들도 인식하며 그것으로 인해 공인중개사에 대한 이미지를 만들어간다. 앞서 말한 인포그래픽도 작은 차이지만 고객에게는 크게 와닿는다. 반면 고객이 겪는 단 한 번의 불쾌한 경험, 한 명의 불친절한 직원, 건물의 더러운 벽이나 꺼져버린 전등 따위의 작은 차이가 결국은 중개업의 흥망을 좌우할 수 있다. 간단한 예를 보자. 점포에 들어가기 위해 문을 열려는 순간 '당기시오'라고 써 붙인 글귀를 보면 고객은 멈칫한다. 당긴다는 것은 들어가려는 동작과 반대의 것이기 때문에 당황하게 된다. 고객을 생각하고 명품이 되길 지향한다면 어떤 방향으로 문을 열더라도 거리낌 없게 만들어야 옳다.

| **Point** |
- 명품은 디테일이 만든다.
- 명품 중개는 디테일까지 신경 쓴 중개를 의미한다.

Plus Tip 명품 중개를 위해 갖춰야 할 덕목

1. **대표는 사소한 결점에 대해서도 심각히 인지해야 한다** : 방치하지 말고 항상 더 나아질 수 있도록 관리해야 한다.
2. **가장 사소한 결점은 사람이다** : 직원의 잘못을 방치하면 중개사무소 전체에 심각한 영향을 미친다.
3. **물리적 환경은 매우 중요하다** : 고객의 시선이 미치는 모든 곳의 환경을 항상 관리하자.
4. **고객이 어떤 경험을 하고 있는지 느끼기 위해서 스스로 고객이 되어보자** : 고객의 입장에서 다른 중개사무소에 방문해보자. 고객과의 상담 대화를 녹음해 들어보는 것도 매우 유용하다. 본인이 고객이라면 어떤 느낌을 받았을지 생각해보자.

시대의 흐름에 따라 대처하는
중개 요령

　부동산 시장에는 끊임없이 이슈와 변화가 존재한다. 코로나19 시대가 1년 넘게 지속되고 있다. 처음에는 여느 바이러스처럼 '곧 사라지겠지'라고 생각했던 게 무색하게 길어지고 있다. 코로나19로 인한 가장 큰 변화는 비대면이 의무화되면서 사람들이 예전처럼 활발하게 접촉하지 못한다는 것이다. 이것은 매출 감소로 이어졌다. 어딜 가나 "이놈의 코로나19 때문에…"라는 하소연이 들린다. 하지만 위기 속에 기회가 있다는 말이 있다. 어차피 하소연한다고 달라지는 게 아니다. 현실을 받아들이고 극복하는 정신이 필요하다.

　코로나19로 생긴 고객들의 불안감은 부동산 중개업에도 영향을 미쳤다. 상담 시 마스크를 착용하는 것을 시작으로 임장 활동에도 제약이 생겼다. 그렇지만 코로나19 탓만 할 뿐 대처에 나선 공인중개사는 드물었다.
　각종 식당은 안전하게 식당을 이용하고 싶어 하는 고객들의 니즈에 맞춰 자체 방역활동을 적극 어필하면서 다른 식당과의 차별화를 위해 노력했다. 하지만 중개사무소는 어떤가? 부동산 중개서비스가 다른 사업에 비해 뒤떨어지고 있다는 평판은 공인중개사 스스로 만들어낸 결과다. 이런 방식의 대처로 인해 결국 다른 중개사무소에만 고객들이 방문하고, 나의 중개사무소에 고객이 오지 않는 상황도 개선될 여지가 보이지 않는 것이다. 그럼에도 오직 상황 탓만 하면서 불평불만만 가득하다.

> | Point |
> - 세상이 변하면 그 변화에 맞춰 나도 변해야 한다.
> - 하소연을 많이 해도 변하지 않을 상황이면 빨리 대안을 찾아야 한다.

대처를 위한 적극적 움직임

코로나19 대처 포스터1

중개사무소 유리창에 포스터를 붙인 모습

코로나19 위기가 시작되자 필자는 포스터를 만들어 회원들 중개사무소에 배포했다. 하단의 빈 네모 칸에 회원 중개사무소 명칭을 적어 붙여 놓을 수 있도록 말이다.

자, 어떤가. 여러분이 매수(임차)고객이라면 아무 포스터도 붙어 있지 않은 중개사무소와 이렇게 대응방침을 적은 포스터가 붙은 중개사무소 중 어디로 들어가고 싶은가? 당연히 적극적 대처방법이 있는 중개사무소일 것이다.

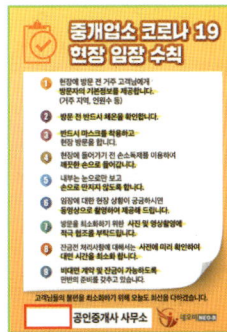

코로나19 대처 포스터2

매도(임대)고객을 위해 포스터를 붙인 모습

여러분이 매도(임대)고객이라면 어느 공인중개사에 중개의뢰를 하겠는가? 당연히 이렇게 대응방침을 붙이고 적극적인 노력을 하는 중개사무소를 먼저 선택할 것이다. 누군가는 코로나19로 힘들다고 아우성인데, 그 이면에서 이렇게 고객의 마음을 파고드는 중개사무소가 있다. 이런 작은 차이들이 쌓이면서 고객의 수가 점점 늘어나는 명품 중개가 가능한 것이다. 저절로 생기는 것은 아무것도 없다.

| Point |
- 현 상황에 본인이 할 수 있는 것이 무엇인지 확인하고 즉시 실행에 옮기자.
- 중개사무소를 알리는 방법에는 제한이 없다. 환경과 상황에 맞춰 고객을 위한 노력을 적극 어필하자.

Part 5

매출 상승으로 연결되는 중개기법

접수된 물건조차 모르는
공동중개 현실

필자가 유학시절 편의점(컨비니언스 스토어)에서 아르바이트를 한 적이 있다. 훗날 중개업을 하면서 뒤돌아보니 어찌 보면 편의점주보다 개업 공인중개사가 더 안이하게 대응하는 게 아닌가 하는 의문이 들 때가 많았다.

편의점은 늘 상품진열에 신경을 많이 쓴다. 뒷면이 보이는 진열 상품은 앞면이 보이도록 바르게 정리하고, 모자란 상품은 채워 넣으며 유통기한이 짧은 상품은 앞에 놓고 긴 상품은 뒤로 배치하는 등 전시에 신경을 쓴다. 부족한 상품은 바로 주문하고 재고가 쌓이는 상품은 진열 위치를 바꿔보는 등 손님의 손이 제품에 잘 닿을 수 있도록 신경을 많이 쓴다.

하지만 개업 공인중개사를 보면 그렇지 않은 경우가 많다. 심지어 보유 물건조차도 파악이 안 되어 공동중개를 하는 경우도 있다. 예를 들어 물건을 접수받아 보유하고 있어도 손님이 오면 공동중개망에 올라온 물건을 보고 그 중개사무소에 연락해 공동중개를 하는 것이다. 단독중개(양타)를 할 수 있는데도 스스로 기회를 놓치는 것이다. 필자의 말이 안 믿기겠지만, 이런 일은 중개사무소를 홀로 운영하는 곳보다 소속 공인중개사, 중개보조원 등 여럿이 근무하는 곳에서 더욱 빈번하게 일어난다. 물건 접수를 받는 사람이 여럿이니 체계적으로 물건 관리를 하지 않으면 모른 채 지나가는 경우가 많은 것이다. 실컷 공동중개하고 나중에 보니 해당 중개사무소에도 버젓이 접수된 물건임을 알았을 때 얼마나 허탈할까? 이런 실수를 줄이기 위해 우리는 중개사무소에 출근해서 퇴근하기 전까지 중개업무 프로세스가 필요하다.

| Point |
- 중개사무소는 시행착오를 줄이기 위한 체계적인 중개 프로세스가 필요하다.
- 체계적인 물건 관리가 기본이다.

중개사무소만의 정확한
시세파악 방법

　부동산 중개를 시작하면 가장 어려운 일이 시세를 파악하는 일이다. 일반인이 시세파악하는 방법은 크게 두 가지다.

　첫째, 실거래가 신고를 통해 알아본다. 다만 실거래가 신고는 계약 후 30일 이내 신고하면 되므로 현재 시세가 아닌 과거의 시세다. 매도자 우위 시장에서는 실거래가가 최저가이므로 이 가격에 거래될 가능성은 거의 없다. 그러므로 이를 시세라고 보긴 어렵다. 따라서 '실거래가+알파=시세'가 된다.

　둘째, '네이버 부동산'을 통해 확인한다. 다만 여긴 호가(미래 가격)라 볼 수 있다. 매도자 우위 시장에서 호가는 최고가가 되므로 시세는 '호가-알파=시세'가 된다.

　중개사무소에서 시세파악하는 방법은 한 가지다. 물건이 중개사무소에 접수가 되고 접수된 물건이 거래되면 이 가격이 시세가 된다. 타 중개사무소에서 거래했더라도 거래가가 정확하게 확인이 되면 시세가 되는 것이다. 이는 일반인이 실거래가를 통해 추정해보는 시세에 비해 30일 가량 빨리 시세를 알 수 있다(거래사례비교법). 특히 개별성 및 특수성이 약한 아파트인 경우 3개월이면 시세파악이 가능할 정도로 쉽다. 다만, 상가, 토지, 단독주택, 다세대주택(빌라) 등은 개별성 및 특수성이 강해 접수된 후 거래됐다는 이유만으로 시세파악이 어렵다. 따라서 이 경우 시세파악만 6개월 가량 소요된다.

고객이 "제가 10년 동안 살았던 단독주택을 전세 놓고 싶어요"라고 문의했을 때, "네, 3억 원에 전세 놓을 수 있습니다"라고 나올 정도가 되어야 한다. "제가 5년 동안 보유한 상가를 팔고 싶어요"라고 했을 때 "네, 그 상가는 5억 원에 매도할 수 있습니다"라고 말할 수 있어야 시세파악이 끝난 것이다. 그래서 이제 갓 개업한 공인중개사는 시세파악이 급선무라 할 수 있고, 이 과정이 간단치 않다는 점을 말하고 싶다.

물론 일반인처럼 실거래가나 네이버 부동산의 정보를 참조하면 일부 도움은 되지만, 절대적이지 않기 때문이다. 필자가 개업할 때는 실거래가 신고제나 네이버 부동산 시스템이 없었다. 접수받은 후 거래한 내역도 없으니 시세를 확인할 수도 없었다. 그래서 필자가 생각한 방법은 고객을 통해 시세파악을 하는 것이었다. 고객들의 이야기를 잘 들으면 ○동 ○호의 민수네 집이 얼마에 팔렸고, ○동 ○호의 인희네 집은 얼마에 팔렸는지를 알 수 있었다.

| Point |
- 개업 공인중개사의 시세파악은 거래사례비교법에 의해 진행된다.
- 거래 사례를 빠르게 파악하는 정보력을 갖추어야 한다.

Plus Tip 초보 공인중개사 시세파악 꿀팁

시세를 빨리 파악하기 위해서는 인근 개업 공인중개사와의 정보 교류가 필수다. 하지만 얼굴만 아는 정도에서는 이러한 고급정보를 알기 어렵다. 계약했다고 하면 고춧가루를 뿌리는 일이 많아 대부분 잔금까지 쉬쉬하기 때문이다. 따라서 이러한 정보를 정확하게 인지하고 시세를 빠르게 파악하기 위해서는 인근 개업 공인중개사와의 관계가 매우 친밀해야 하며, 이를 위해서는 일정 시간이 필요한 일이다. 가까워지기 위해 무엇보다 가장 좋은 방법은 공동중개가 성사되는 것이다. 그러기 위해서는 확실한 손님이 있어야 한다. 자칫 손님이 없으면서 있는 것처럼 물건 정보만 물어보고 시간이 지났는데도 결과가 없으면 실력 없는 중개사로 낙인찍히게 된다. 따라서 손님을 어떻게 끌어들이고, 어떻게 확실한 고객으로 만들지에 대한 노하우가 필요하다.

손님에게 몇 개의 물건을 보여줘야 할까?

중개사무소를 개업한 지 얼마 안 되는 공인중개사는 아직 시세파악이 안 된 경우가 많다. 접수된 물건도 많지 않은 상태에서 매수 또는 임차 고객이 오면 다른 중개사무소에 연락을 취해 공동중개를 한다. 이때, 고객에게 몇 개의 물건을 보여줘야 좋을까? 대다수 사람들은 3개라고 말한다. 하지만 이 수치는 일관적이지 않다. 초보 개업 공인중개사가 공동중개를 하는 경우 가급적 고객에게 많은 물건을 보여주면 좋다. 그 이유는 공인중개사도 물건을 살펴보면서 매매 및 임대차 시세를 알아볼 수 있는 좋은 기회기 때문이다. 따라서 초보 공인중개사는 고객이 계약할 때까지 최대한 많은 물건을 보여드리는 것이 필요하다.

그 후 수준이 높아진 공인중개사라면 고객에게 3개 정도의 물건을 보여드리는 게 좋다. 그 이유는 4개 이상 물건을 보여드리면, 고객들이 순서가 헷갈려 기억하지 못하는 경우가 많기 때문이다. 3개의 물건을 보여드리는 순서는 좋은 물건일수록 뒤에 보여준다. 그런 의미에서 첫 번째 물건은 보여주기식 물건을, 뒤로 갈수록 좋은 물건을 배치하면 좋다. 만약 반대로 첫 번째에 좋은 물건을 보여주고 뒤로 갈수록 좋지 않은 물건을 보여주면 마지막에 본 물건이 더 오래 기억에 남게 되면서, 해당 중개사무소는 좋은 물건이 없다는 인식을 하게 된다.

덧붙여 물건을 보러 가는 동선은 미리 짜놓기 바란다. 어느 분은 이동시간을 고려해서 먼 거리부터 먼저 보여주는데, 별로 좋은 방법이 아니다(물건의 우선순위에 따라 동선을 설정해야 한다). 고객은 동선을 잘 알지 못하므로 공인중개사가 정하기 나름이다. 다만, 이 방법은 아직 물건을 보지 않은 고객에게 통하는 방법이다. 이미 다른 중개사무소에서 물건을 많이 보고 온 고객이라면 이런 방법은 통하지 않으니 좋은 물건을 먼저 보여줘도 좋다. 그러니 처음 상담할 때 "집을 좀 보고 오셨어요?"라고 먼저 툭 던져보자. "네, 몇몇 집을 봤어요"라고 대답하면 어떤 집을 봤는지, 어떤 부분이 마음에 들거나 들지 않았는지 먼저 물어보고 그 외의 좋은 물건을 바로 보여줘도 좋다. 그러니 고객에 따라 응대방법을 달리하는 융통성을 발휘하자.

| Point |
- 초보 공인중개사가 물건을 보여주는 개수는 많을수록 좋다(고객들과 함께 공부할 수 있는 좋은 기회가 된다).
- 고객이 알고 있는 정보 수준을 먼저 확인한다.
- 전략적으로 물건을 보여주는 방법과 순서를 정하자.

최악의 입지에서도 살아남는
고객 확보 및 응대방법

필자가 초창기 개업했을 때 있었던 일이다. 입지가 좋지 않은 곳 2층에 위치한 A중개사무소의 계약 건수가 높다는 소문이 돌았다. 입지 좋은 곳의 쟁쟁한 1층 중개사무소를 제치고 밖에서 보이지도 않는 곳의 2층 중개사무소가 어떻게 계약 건수가 많을 수 있을까? 이런 의문에 해당 중개사무소를 자주 방문했고, 알게 모르게 얻은 노하우가 많았다(물론 그곳에서 직접적으로 노하우를 알려준 적은 없었다).

1. 매도고객을 모으는 방법

나중에 알게 된 사실이지만, A중개사무소는 인터넷을 통해 해당 아파트 동호회 운영자로서 적극적인 활동을 했다. 그 후 중개사무소에서 각종 세미나 주최를 많이 했는데, 대표적으로 해당 아파트 인근 은행의 PB(Private Banking) 담당자를 초청해 자산 포트폴리오 구성에 관한 강의를 주최하곤 했다. 당시 자산 비중이 대부분 부동산에 치중되어 있던 때라 이를 안정적으로 운용하기 위해선 포트폴리오 구성을 통해 부동산 자산을 안정적인 수익을 추구할 수 있는 채권 등에 재분배할 필요가 있다는 점을 피력했다. 또한 세미나가 끝난 뒤에는 개별 상담이 진행되었고, 상담을 받은 사람은 결국 부동산 매도고객이 됐다. 부동산을 팔아야 자산 재분배가 가능하기 때문이었다.

| **Point** |
- 매도고객을 확보하는 방법은 한 가지로 정형화되어 있는 것이 아니다.
- 마케팅의 한 종류인 세미나 마케팅의 방법 및 유형을 배우자(차별화의 지름길이 된다).

2. 매수고객을 모으는 방법

A중개사무소는 인터넷 등을 통해 보유 물건의 장점, 투자 가치 등을 광고했다. 광고를 보고 관심 있는 고객의 전화가 오면, 날짜와 시간을 정해 해당 고객을 직접 모시러 갔다. 지하철 이용고객은 지하철역으로, 버스 이용고객은 버스정류장으로, 자동차를 타고 오는 고객은 주차장으로 모시러 간 것이다. 이는 매우 중요한 점을 시사한다. 사람의 심리는 비교를 통해 자신의 선택에 대한 당위성을 부여하고자 한다. 이는 매수고객도 마찬가지다. 해당 중개사무소로 오는 길목엔 다른 중개사무소들이 있기 마련이다(입지가 좋지 않을수록 다른 중개사무소들을 더 많이 지나와야 한다). 그러면 일찍 출발해 오는 길에 인근 중개사무소에 들려 해당 물건에 대해 물어보는 경우가 발생한다. 그러면 다른 중개사무소에서 과연 "어서 가서 계약하세요"라고 말할까? 그렇지 않다. 아직 계약이 성사된 것이 아니므로 "그것보다 더 좋은 물건이 저희 중개사무소에 있어요"라는 등의 말로 고객의 마음을 흔들어 놓을 것이다.

따라서 찾아오는 고객이 다른 중개사무소에 들리는 것을 최대한 막아야 한다. 그렇지 않으면 고객을 놓치거나 경쟁관계 속에 공동중개가 되는 경우가 많고, 양쪽 중개보수가 아닌 반쪽 중개보수만 받고 끝나기 때문이다. 따라서 A중개사무소는 고객이 새는 걸 막기 위해 직접 모시러 가서 중개사무소로 바로 들어올 수 있도록 했으며, 계약이 끝난 후에도 처음 만났던 장소(지하철역, 버스정류장, 주차장 등)로 모셔다드려 바로 떠날 수 있도록 했다. 지하철역 계단 아래까지 내려가는 걸 확인한 후 다시 중개사무소로 돌아오는 자세, 이는 간단해 보이지만 매우 중요한 포인트다.

| **Point** |
- 고객이 중개사무소에 찾아올 때까지 기다리는 것은 하수다.
- 입지가 좋지 않은 중개사무소는 고객들이 다른 중개사무소를 많이 지나와야 도달할 수 있다.
- 고객을 밀착 마크해서 관리할 수 있어야 한다.

여러분은 이런 정신으로 임하고 있는가?

A중개사무소는 매도고객이 손쉽게 중개사무소 위치를 알 수 있도록 세미나 등을 통해 적극적인 모습을 보였다. 세미나를 통해 매도 계획을 세운 고객은 계약서를 쓸 때 스스로 중개사무소를 찾아올 수 있으므로, 입지가 1층이든 2층이든 상관이 없다. 또한 매수고객은 중개사무소 위치를 몰라도 얼마든지 영업이 될 수 있다는 점을 시사한다. 인터넷 등을 통해 광고 및 홍보를 하면, 고객이 그 물건을 접한 후 연락을 취해 찾아오는 구조

이기 때문이다. 게다가 다른 중개사무소로 빠지지 않도록 직접 모시러 가는 적극적인 자세까지 갖췄으니 성공할 수밖에 없다.

앞선 적극적인 행동을 보이는 중개사무소와 요즘 중개사무소의 업무 형태와 비교해보면 안타까울 때가 많다. 계약 전날과 아침에 고객에게 확인 전화를 거는 일조차 빠뜨리는 경우도 있으니 모시러 간다는 것은 언감생심, 중개사무소에 앉아 고객이 오기만을 기다리고 있다. 더욱이 고객을 배웅할 때 중개사무소 밖이 아닌 안에서 인사하는 경우도 흔하다. 지하철역, 버스정류장까지 배웅은 못 할망정 최소한 밖에서 인사를 하면서 혹시나 있을지 모를 다른 중개사무소로 들어가는지 바라보는 노력은 필요하지 않을까? 이 글을 읽는 공인중개사 여러분도 가슴에 손을 얹고 생각해보길 바란다. 과연 여러분은 어느 모습인지 말이다.

고객의 마중과 배웅은 고객의 입장(심리)에서 생각해야지 자신의 입장에서 생각하면 절대 안 된다. 이게 중개업무의 기본 중의 기본임에도 지켜지지 않는 경우가 많다. 중개업무의 기술과 능력은 탄탄한 기본기 위에 자리 잡는 것이다. 지금이라도 기본부터 다시 정립하는 자세를 갖추자.

| Point |
- 중개업무도 다른 스포츠처럼 탄탄한 기본기가 중요하다.
- 공인중개사의 적극성은 매출에 중요한 영향을 미친다.

성공할 수밖에 없는
공인중개사

　앞서 2층에 위치한 A중개사무소는 아파트 동호회 활동을 적극적으로 했다고 말했다. 이를 현재 관점에서 보면 인터넷 카페와 유튜브라고 볼 수 있다. PB담당자를 초빙해 주최했던 세미나는 '부동산 정책변화에 관한 동향과 대처법' 등의 강의로 볼 수 있다. 실제 모 공인중개사는 아파트 커뮤니티 공간에서 입주민들을 대상으로 강의를 하고 있다. 물론 인근 공인중개사들의 질투를 받겠지만 사실 능력 없으면 애초 강의조차 할 수 없는 현실일 터이니 이 대목에서 공인중개사 간의 실력 차이가 나게 된다(입주민을 대상으로 진행하는 강의는 불법이 아니다). 다만 강의할 정도의 실력이 되지 않는다고 해서 지레 포기하지 말고 다른 대안을 찾아보자. 그중 대표적인 게 '스마트폰'이다.

　요즘 스마트폰 쓰지 않는 사람이 없을 정도로 전 연령대에서 스마트폰을 사용하고 있다. 당연히 부모님 세대도 스마트폰을 사용하고 있는데, 문제는 사용방법을 몰라 전화와 문자만 하는 분들이 의외로 많다. 처음엔 자녀들이 한두 번 설명을 해주지만, 그걸 제대로 기억하고 이용하는 부모님은 많지 않다. 그러다 보니 바쁜 자녀들에게 여러 번 물어보기 미안해진 부모님은 그냥 사용하는 경우가 많다. 이런 틈을 공인중개사가 파고들면 어떨까? '스마트폰 특강', '카카오톡 사용법' 등을 해당 중개사무소에서 무료로 강의해준다는 전략 말이다. 다과를 준비하고 무료로 강의를 해드리면 얼마든지 호의적인 마케팅이 가능하다.

그러므로 마케팅을 대단한 기법이 필요하다고 어렵게 보지 말고 고객의 입장에서 뭐가 가려운 부분인지를 파악해 적절히 긁어드리면 좋다. 이런 의미에서 마케팅을 한 단어로 표현하자면 '역지사지(易地思之, 상대 입장에서 생각하라는 뜻)라고 생각한다.

| **Point**
- 모든 사업은 소비자의 니즈를 정확하게 이해하는 것으로부터 시작된다.
- 자신이 할 수 있는 것부터 시작해보자.

고객에게 나의 중개사무소는 어떤 유형일까?

필자는 세 종류의 부동산 중개사무소가 있다고 생각한다. 그 종류는 1. 물건도 내놓고 싶지 않은 중개사무소, 2. 중개보수 깎고 싶은 중개사무소, 3. 중개보수 다 주고 밥도 사주고 싶은 중개사무소다. 여러분의 중개사무소는 과연 어느 곳에 속할지 냉정하게 고민해보길 바란다.

세 종류의 부동산 중개사무소

1. 물건도 내놓고 싶지 않은 중개사무소 : 창업을 준비 중인 공인중개사는 그전에 여러 중개사무소에 들려보길 권한다. 왜냐하면 그분들이 고객을 대하는 모습을 보면 느끼는 것이 많기 때문이다. 고객이 문을 열고 들어갔을 때 위아래로 훑어보며 슬쩍 떠보는 분들이 있다. 고객 입장에서는 매우 기분이 나쁜데, 이런 공인중개사는 고객 생각은 조금도 안 하고 자신만을 위해 일하는 느낌을 받는다. 요즘 고객은 바보가 아니다. 굳이 이런 곳에서 거래하고 싶지 않기에 이렇게 말하고 나온다. "사장님, 오늘은 지나가는 길에(또는 밖에 사람이 기다리고 있어서) 잠깐 들렀는데 다음에 다시 올게요" 하고 전화번호도 주지 않는다면, 이는

당신이 싫다는 뜻이다.

2. 중개보수 깎고 싶은 중개사무소 : 서비스가 만족스럽지 않다는 의미다. 한 일 없이 물건 한번 보여주고 중개보수를 받거나, 공인중개사의 일 처리가 매끄럽지 않을 때 고객은 이런 생각이 든다. 따라서 고객에게 어떤 서비스를 제공할지 먼저 고민해야 한다. 설사 공인중개사가 중개보수를 깎아주고 싶더라도 미리 깎지 말고 다 받고 나서 일부를 돌려주는 방법이 더 좋다. 처음부터 깎아주면 고마운 줄 모르기 때문이다.

3. 중개보수 다 주고 밥도 사 주고 싶은 중개사무소 : 쉽게 와닿도록 필자의 경험담을 통해 알아보자.

필자가 타 지역의 다가구주택을 경매로 낙찰받아 명도하고 통으로 임대를 내놓은 적이 있었다. 하지만 주변 부동산 중개사무소에서는 경매로 사서 인식이 안 좋다는 둥, 비싸다는 둥, 낡았다는 둥 별별 평계를 다 댔다. 기분이 썩 좋지 않은 상태에서 마지막으로 한 중개사무소에 들렸는데, 그분께서 물건 접수를 받으시며 최선을 다해 임대가 잘 나갈 수 있도록 하겠다고 말씀하셨다. 나중에 알고 보니 은행지점장으로 퇴직하신 분이었는데, 권위의식 없이 어쩜 그렇게 살갑게 대해 주셨는지 참으로 노력을 많이 한 분이었다.

물건을 내놓은 지 얼마 되지 않아 비가 억수같이 쏟아지는 날이었다. 문자가 와서 확인해보니 중개사무소 대표님이 다가구주택 우편함의 사진을 2장(전후 사진) 찍어 글과 함께 보내왔는데, 글의 내용은 "지나가는 길에 들렸는데 비로 인해 우편함의 우편물이 모두 대문을 타고 흘러내렸습니다. 첫인상이 좋아야 집이 잘 나가니 제가 깨끗이 정리해 치웠습니다. 혹시 중요한 우편물이 있을지 모르니 버리지 않고 제가 잘 보관하고 있겠습니다. 우편물이 필요하시면 언제든 사무실에 들려주세요"라고 했다. 이 문자를 받은 필자는 "정말 감사하다"는 답장을 얼른 보냈다.

며칠 후에는 "창문의 방충망이 구멍 뚫려 있어 제가 방충망 수리 접착제를 사다 고쳐놨습니다. 작은 하자라도 손님에게 크게 보일 수 있으니까요" 하고 전후 사진을 첨부해 문자를 보내왔다. 또 한번은 "문틈에 붙인 문풍지가 시간이 오래돼 삭고 누렇게 변색됐는데, 겨울이 오기 전에 제가 다시 깨끗하게 만들어놓겠습니다"라는 문자가 왔다. 이렇게 성심성의껏 신경을 써주니 필자의 마음이 어떻겠는가? 그 후로 필자는 대표님께 모든 걸 위임했다. 통장사본, 도장 등을 맡겨두고 사전에 연락만 주고 알아서 임대를 놓으시라고 일임했다. 그렇게 그 대표님이 전체 임대를 맡아 진행했으며, 얼마 지나지 않아 모든 계약이 다 이뤄졌다.

당시 필자도 개업 공인중개사였지만, 이분을 보면서 많은 걸 배웠다. 임대가 빨리 안 되어 애타는 고객의 마음을 알아주는 정성에 감복했다. 중개보수를 깎기는커녕 더 주고 싶은 마음이 절로 생겨 식사까지 대접했다. 이후로 필자도 이런 노하우를 실생활에 활용했다. 만약 공실인 부동산이 나오면 실장들을 통해 청소를 깨끗이 했다. 조명이 어두우면 사비를 들여 형광등을 바꿨다. 물론 전후 사진을 임대인에게 보냈다.

중개란 이렇게 하는 것이다. "고객이 원하는 게 뭔가?"를 고민하면 쉽게 답이 나온다. 임대인은 빨리 임대가 되는 게 소원이므로 그렇게 되도록 도움을 주면 좋다. 이렇게 고객 입장에서 생각하고 행동하니 물건 접수가 늘어나기 시작했다. 부동산 경기가 좋지 않을 때는 더 많은 물건이 접수됐다. 시간이 지나 경기가 호전되면서 더 많은 물건을 중개할 기회를 얻었다. 그렇다면 우리 중개사무소 실장은 가여운 것일까? 다른 중개사무소에서 근무했으면 이런 고생 안 해도 되는데, 늘 청소기며 수건을 들고 다니는 게 힘겨워 보일까? 그렇지 않다. 다른 중개사무소는 계약이 없어 실장 월급을 못 주는 사태가 오고 있는데, 우리 중개사무소 실장은 성과급을 포함, 꽤 두둑한 급여를 받았으니 말이다.

| Point |
- 말로만 고객 중심의 중개를 주장하는 것은 아닌지 경계해야 한다.
- 눈에 보이는 서비스가 더 효과가 좋다.

고객의 신뢰를 얻는 게 먼저다

시세 5억 원인 아파트를 고객이 6억 원에 물건을 내놓으려 한다. 이때 여러분의 반응은 어떨까? 아마추어는 그 즉시 "이거 가격이 너무 비싸요. 지금 5억 원에도 물건이 많이 나와 있어 6억 원에는 불가능해요"라고 말한다. 그러면 고객은 '이 사람은 날 위해 6억 원에 팔 노력은 하지 않고, 5억 원으로 깎을 생각부터 하네'라고 생각해 기분이 나빠진다.

프로 공인중개사는 고객의 마음을 먼저 헤아린다. 비싸게 내놨다고 그 자리에서 면박을 주는 게 아닌, 나름대로 6억 원에 내놓은 이유가 있음을 먼저 생각한다. "사장님, 6억 원에 거래하길 원하시는 이유가 있으신가요?"라고 말이다. 그러면 고객은 여러 가지 이유를 댈 수 있을 것이다. 우리 집은 로얄동 로얄층이니 그 정도는 받고 싶다거나, 우리 단지에서 최고가로 거래되길 원한다거나, 예전에 6억 원에 샀기 때문에 그 가격을 원한다는 등의 이유 말이다. 고객의 말이 끝나면 6억 원에 물건 접수를 받으면서 "네, 알겠습니다. 최선을 다하겠습니다"라고 말하면 된다.

물론 6억 원에는 거래가 되지 않을 것임을 공인중개사도 잘 알고 있다. 어차피 거래가 안 되는데, 고객 기분까지 나쁘게 해서 보낼 이유가 없다. 고객은 우리 중개사무소에만 물건을 접수하는 게 아닌 옆 중개사무소에도 갈 것이다. 그런데 옆 중개사무소는 "그 가격은 너무 비싸다"라는 반응을 보였다. 이러면 고객은 '옆집은 열심히 노력해서 6억 원에 팔아준다는 데 여긴 뭐야? 팔지도 않고 비싸다고만 하네' 하고 다시 찾아가지 않는다. 그리고 또 그 옆집에서도 같은 이야기를 들으면 결국 돌고 돌아 6억 원에 물건을 접수 받아준 중개사무소로 다시 온다. 이곳은 내 의견을 받아줘 기분이 좋기 때문이다.

아마추어 공인중개사는 계약을 너무 서두르는 경향이 있다. 매도인에게 6억 원짜리 물건을 5억 원에 내리면 당장 계약해줄 수 있다는 듯 말한다. 설령 그렇게 5억 원에 내려 물건을 내놨고, 매수인이 바로 나타났더라도 매도인이 순순히 계좌번호를 알려줄까? 그렇지 않을 것이다. 그러므로 서두르지 말자. 뜸이 들어야 밥이 되듯 부동산 거래도 시간이 필요한 일이다. 뜸이 들어야 고객도 수긍하며 계좌번호를 알려주지, 번갯불에 콩 볶아 먹듯 급히 일 처리를 진행하면 오히려 고객의 반감을 사게 된다. 앞서 말한 6억 원의 물건은 우리 중개사무소에서 접수받은 뒤 훗날 시세대로 거래됐다. 그러니 처음부터 고객의 기분을 나쁘게 할 이유가 뭐가 있겠는가!

| **Point** |
- 부동산 거래는 시간을 요구하는 일이다.
- 부동산 중개는 고객만족, 고객감동을 제공하는 서비스업이다.
- 프로 공인중개사는 고객의 마음을 헤아리는 서비스를 먼저 제공한다.

> **Plus Tip 따지지 말자. 옳고 그름은 중요하지 않다**
>
> 일반적으로 공인중개사는 넓고 얇게 알고, 고객은 좁고 깊게 아는 경우가 많다. 그러니 모르는 것은 고객에게 물어보고, 그 외 공인중개사가 도움을 줄 수 있는 방안을 찾아 대처하면 된다. 모르는 분야가 나올 때 억지로 아는 척 해봐야 고객도 뻔히 안다. 예를 들어 임대사업자가 아닌 공인중개사가 임대사업자인 고객의 마음을 헤아릴 수 있을까? 그러니 잘 모르겠다면 솔직히 물어보는 게 더 현명하다.
>
> 세일즈의 기본은 상대의 기분이 상하지 않게 설득하는 것이 중요하다. 여기서 누가 옳고, 누가 그른지는 중요하지 않다. 설사 고객이 틀렸더라도 "그건 아니에요"라고 말하는 게 과연 좋을까? 그렇게 말해서 공인중개사가 얻는 게 뭐가 있을까? 고객의 틀린 점을 지적해 더 우월하다는 기분이 들 순 있겠지만, 결과적으로 계약은 불발이다. 더 많은 물건을 접수받고, 더 많은 매수고객을 끌어야 더 많은 계약이 성사되어 수익을 더 크게 만들 수 있지 않을까?

고객을 사로잡는
상담스킬

　우리가 눈을 뜨고 있다고 해서 모든 것을 보는 것은 아니다. 우리가 귀를 열고 있다고 해서 모든 것을 듣는 것은 아니다. 우리가 '본다는 것'과 '듣는다는 것'은 다양한 요소들에 영향을 받는데 그중 하나가 바로 우리의 주의와 관심이다. 즉, 우리가 관심을 가지고 봐야 보이는 것이고, 우리가 관심을 가지고 들어야 들리는 것이다. 이런 현상이 나타나는 것은 사람이 가지고 있는 기본적인 심리적 성향 중 하나인 '확증편향(Confirmation bias)' 때문이다.

　확증편향이란 심리학 용어로 자신의 견해와 일치하거나 자신의 주장을 뒷받침하는 정보는 쉽게 받아들이지만, 자신의 견해나 주장에 위배되는 정보는 무시하거나 자신의 의견에 맞게 왜곡해버리는 현상을 말한다. 출퇴근 지하철 안에서 스마트폰을 들여다보는 사람들이 많다. 생각해보면, 여러분이 기사를 볼 때 어느 기사는 유독 정독을 하고, 어느 기사는 대충 넘기는 경우가 있을 것이다. 이 또한 확증편향 때문이다. 본인의 관심이 있는 기사는 눈에 크게 보이고, 관심 없는 기사는 눈에 들어오지 않는 것이다.

이 같은 확증편향은 부동산 중개 시 고객들에게도 나타난다. 부동산 시장은 가격이 오른다는 이야기와 떨어진다는 이야기가 늘 공존한다. 그중 어느 이야기를 믿을 것인지가 중요하다. 똑같은 상황을 보고도 매도자는 떨어진다는 이야기만 들리고, 매수자는 올라간다는 이야기만 들린다. 이론적으로 부동산 가격이 계속 올라가는 상황에서는 매도 물건이 나올 수가 없다. 그런데도 물건이 꾸준히 나오는 이유는 떨어질지도 모른다는 불안감에 내놓는 것이다(간혹 갈아타기 위해 내놓는 경우는 사정이 약간 다를 수 있다). 그럼 반대로 매수자는 왜 부동산을 살까? 이들은 시중에 유동자금이 계속 풀렸고, 이 돈은 부동산으로 계속 몰려가니 자산 가격이 앞으로도 상승할 수밖에 없다는 판단으로 부동산을 사들인다. 부동산 가격이 계속 하락하는 시장에서도 상황은 유사하다.

| **Point** |
- 사람들은 누구나 보고 싶은 것만 보고, 듣고 싶은 것만 듣고, 믿고 싶은 것만 믿는다.
- 부동산 거래는 부동산 시장 상황과 무관하게 늘 발생한다.

> **Plus Tip** **고객의 빠른 결정을 만드는 비법**
>
> 홈쇼핑을 보면 '이번이 가장 좋은 기회다, 이렇게 좋은 기회는 없다, 마지막 기회다'라는 말로 판매를 촉진한다. 그러면 이 같은 기회가 다시 오지 않을까? 그렇지 않다. 얼마 후 같은 상품을 판다. 게다가 더 좋은 조건으로 말이다. 그렇다면 사람들이 기다리지 못하고 방송을 보면서 당장 필요하지 않은데도 물건을 구입하는 이유는 무엇일까? 이는 미래에 대한 불안감으로 결정을 마무리 짓고 싶은 사람의 심리다.

부동산 계약을 만드는
지름길

　매도자가 물건을 내놓으려고 와서 공인중개사에게 향후 부동산 가격이 올라갈지, 내려갈지를 물었다. 이때 공인중개사가 "가격이 올라갈 거예요. 그러니 기다리세요."라고 말하면 과연 매도자는 기다릴까? 그렇지 않다. 옆 중개사무소에 가서 물건을 내놓는다.
　매수자도 마찬가지다. 공인중개사에게 향후 부동산 전망을 물었을 때 "가격이 떨어질 것 같으니 기다리세요."라고 말하면 안 사고 기다리는 게 아닌 옆 중개사무소에 가서 계약한다. 이는 이미 팔아야겠다, 사야겠다고 맘먹은 사람이 공인중개사의 말을 듣고 생각을 바꾸지는 않는다는 뜻이다. 고객은 이미 여러 데이터를 근거로 팔거나 사야겠다고 결정을 내렸다. 그런 후 부동산 전문가인 지역 공인중개사에게 묻는 이유는 자신의 생각에 확신을 가지기를 바라는 마음에서다.

| Point |
- 고객들이 중개사무소를 방문하는 이유는 정보를 몰라서가 아니라 본인의 생각에 확신을 얻기 위해 방문하는 경우가 많다.
- 공인중개사가 고객들의 믿음까지 바꿀 수는 없다.

생각을 지켜주자

어느 날 부인이 사 온 물건을 남편에게 자랑하며 "이거 내가 제일 싸게 샀어"라고 말했는데, 이를 두고 남편이 "아니야, 저 사거리 옆의 마트에서는 그보다 5,000원 더 싸게 살 수 있어"라고 말하면 부인은 기분이 매우 나빠진다. 이는 맞고 틀리고의 문제가 아닌 기분상의 문제다. 따라서 행복한 가정생활을 하려면 부인의 확신을 공감해주고 지켜주는 게 중요하다. 부동산 중개도 마찬가지다. 고객들이 가장 싫어하는 말은 '당신이 틀렸다'다. 설사 고객이 틀렸더라도 그걸 지적하는 게 아닌 고객의 생각을 공감해주고 지켜주는 게 중요하다.

노벨경제학상을 받은 분야 중 하나가 행동경제학이다. 이 학설에 의하면, 사람들은 논리적이고 이성적으로 행동하지 못한다. 다만 그렇게 믿고 싶을 뿐이다. 미래를 알 수 없으니 실제론 부동산을 싸게 살 수도 비싸게 팔 수도 없지만, 사람들은 싸게 샀다고 믿고 싶고, 비싸게 팔았다고 믿고 싶다. 공인중개사는 고객의 생각에 공감해주고 그 믿음을 지켜주는 게 중요하다.

| Point |
- 사람들은 이미 결정하고 나면, 그 결정이 옳다고 믿는 경향이 있다.
- 고객들의 믿음은 바꾸고 싶다고 쉽게 바뀌지 않는다.
- 고객들이 부동산 거래에서 느끼는 만족은 기분 문제다.

Plus Tip 아주 간단하면서 효과 높은 매출 상승 비법

고객과 처음 만나 상담이 종료될 때까지의 과정을 녹음해서 최소 3번 들어보길 바란다. 그러면 무엇이 문제인지가 보인다. 자신의 입장만 나열하기 바빴는지, 지식만 전달하기 급급했는지, 자신도 모르게 고객을 무시하진 않았는지 등 말이다. 이런 식으로 고객과의 상담 내용을 반복해서 녹음하고 들어보면 문제가 인식되고 개선할 사항이 보인다.

그런데도 이 같은 조언을 실행하지 않는 분들도 많다. 그 이유는 '본인의 녹음 목소리를 듣고 있자니 부끄럽다', '잘하고 있는데 녹음까지 할 이유가 뭐가 있느냐?'는 것이다. 월수익이 수천 만 원 이상인 분들은 이렇게 하지 않아도 된다. 하지만 한 달에 한두 건도 계약하기 어렵고, 개업한 지 몇 달이 되도록 실적이 늘지 않는 분들은 꼭 해보길 바란다(이 글을 읽고 곧바로 시도하는 사람은 매출이 높은 프로 공인중개사일 것이다. 매출이 낮은 공인중개사들은 아는 것으로 만족하지 절대 실천하지 않는다). 여러 고객과 녹음했고, 이를 반복해서 들은 후 나름대로 개선했음에도 매출이 오르지 않으면 녹음본을 들고 필자를 찾아오길 바란다. 무엇이 문제인지 같이 해결해주겠다.

매도인 심리 vs 매수인 심리, 양타 중개

　매도인은 자기 집이 제일 좋아 보인다. 한번은 고객이 "우리 집은 3,000만 원을 들여 전체 리모델링을 했어요. 그러니 적어도 다른 집보다 1,000만 원은 더 받아야 합니다"라는 말을 듣고 고객을 모시고 갔다. 집을 보러 가면서도 고객에게 리모델링이 다 되어 있다는 말을 강조했는데 현관문을 열어보고 아뿔싸, 10년 전 인테리어라 이미 유행이 지난 모습이었다. 결국 신뢰는 바닥에 떨어지고 계약은 물 건너갔다.

　반면 매수인은 물건 자체가 없는 상황에도 "급매물 있나요?"를 묻는다. 이런 경우 "요즘 같은 때에 급매물이 어딨어요?"라고 말하는 사람은 중개업 자격이 없다고 본다. 적절한 답변은 "아직 나온 물건은 없지만 제가 최선을 다해 찾아보겠습니다"라고 해야 한다. 고객이 급매물을 찾고자 하는 마음에 공인중개사도 동의한다고 표현하는 것이다. 그러면 고객은 '나를 이해하는 사람이다'라고 생각해 좋아한다.

| Point |
- 처음 고객들의 의사표현은 현실이 반영되지 않은 희망사항으로 이해하면 좋다.
- 고객의 마음을 이해하고 동의하면 고객들로부터 호감을 얻을 수 있다.

입장에 따라 관점이 바뀐다 내로남불

　아들과 딸을 둔 중년 부인이 있었다. 두 자녀 모두 애지중지 길렀고, 잘 자라서 자녀들은 모두 결혼해 자신들의 가정을 꾸렸다. 하루는 부인이 분가한 딸과 아들이 보고 싶어 두 자녀의 집을 방문했다. 먼저 딸의 집을 찾아갔는데, 초인종을 누르자 때마침 사위가 문을 열고 나오는데 앞치마를 두르고 있었다. 손에는 빨간 고무장갑을 끼고 있었고, 설거지하느라 수세미를 손에 쥐고 있었다. 부인은 사위의 모습을 보자 대견한 마음이 들었다. 자신의 딸을 얼마나 사랑했으면 아내의 손에 물 한 방울 묻히는 것이 싫어서 설거지를 해줄까라는 생각에 사위가 멋있어 보이고 고마웠다. 딸은 무엇을 하고 있는지 궁금해 조용히 안방으로 가보니, 엄마가 온 줄도 모른 채 침대에 벌렁 누워 포도를 먹으면서 TV를 보며 깔깔거리고 있었다. 편하고 행복해 보이는 딸의 모습에 부인은 흐뭇한 마음이 들었다.

　딸의 집에서 하루를 지내고 다음 날, 부랴부랴 아들 집으로 갔다. 아들도 행복하게 잘살고 있을 것이라고 믿었다. 초인종을 누르려던 찰나 마침 문을 열고 나오는 아들과 마주쳤다. 허리에

앞치마를 두른 아들이 쓰레기 봉지를 버리려고 나온 것이다. 손에는 빨간 고무장갑을 끼고 있었고, 물방울이 뚝뚝 떨어지는 것을 보니 금방 설거지를 마친 것 같았다. 한눈에 봐도 익숙한 모양새로 보아 한두 번 한 것이 아닌듯 했다. 이 모습을 본 부인은 '내가 너를 어떻게 길렀는데' 하는 마음에 화가 치밀었다. 씩씩거리며 안방에 달려가 문을 열어보니 벌렁 침대에 누워 포도를 먹으며 깔깔거리며 TV를 보던 며느리가 놀라서 급히 일어나 인사를 했다. 화가 치밀어 뺨이라도 한 대 내리치고 싶었지만, 아들을 위해 이를 악물고 참았다. 그 자리에서 집으로 되돌아온 부인은 울화통이 터져 잠을 이룰 수 없었다.

내로남불의 심리를 인정하자

자, 이 이야기가 어떤가! 부인의 성격이 이기적일까? 여러분도 같은 상황이라면 이런 마음이 들지 않았을까? 내로남불이란 말이 있다. 언뜻 보면 사자성어 같지만 '내가 하면 로맨스, 남이 하면 불륜'이란 뜻의 줄임말이다. 내로남불은 사회적으로 널리 회자되고 있는데, 이는 사람의 인식이자 보편적 패러다임을 보여주고 있다. 즉, 항상 옳고 그른 것은 없고, 입장에 따라 바뀐다는 말이다. 앞서 두 자녀를 바라보는 부인의 입장이 내로남불이다.

부동산 중개업도 마찬가지다. 집을 파는 사람은 자신의 집이 참 좋다고 생각하는 사람이 많다. 저층은 저층대로 장점을, 탑층은 탑층 나름의 장점을 나열하면서 최고가는 아니더라도 비슷한 수준의 가격을 원한다. 즉, 내 집은 좋아서 비싸게 팔고 싶고, 남의 집은 어떻게든 싸게 사고 싶어 하는 내로남불의 전형적인 모습을 보인다. 하지만 이것을 비판만 할 일은 아니다. 사람의 본성이 내로남불임을 빠르게 인정하고 이해하는 게 좋다. 입장을 이해한다면 그 속에서 해답을 찾을 수 있다.

| **Point** |
- 사람들은 누구나 내로남불이다. 부동산 중개업에서는 고객들도, 공인중개사들도 모두 내로남불이다.
- 중개는 옳고 그름을 따지기보다 상대방의 마음을 이해하는 것에서 시작해야 한다.

Plus Tip 고객은 누구나 자신의 이익만 생각한다

고객은 모두 자신의 이익만 생각한다. 과거에 업계약서, 다운계약서, 불법 분양권 전매, 미등기 전매 등이 있었던 이유가 무엇일까? 공인중개사가 나서서 그렇게 하자고 말하는 적은 거의 없었다. 매도자 또는 매수자가 그렇게 거래하길 원하기 때문에 공인중개사는 어쩔 수 없이 고객이 원하는 방법으로 거래를 도와줬던 것이다(현재는 불법 거래를 중개하는 공인중개사는 거의 없으며 대부분 컨설팅업자 또는 미등록업자들이다). 거절하면 분명 다른 중개사무소에서 거래하거나 컨설팅업체로 찾아갈 것이므로 어차피 고객을 뺏기는 일은 시간문제다.

결국 공인중개사는 살아남기 위해 고객이 원하는 방법으로 거래를 성사시켜 줬는데, 문제는 모든 질타를 공인중개사가 받는다는 점이다. 정부는 이 같은 행위를 불법행위로 규정하면서도 불법 거래를 통해 가장 큰 이익을 보는 매도자 및 매수자가 받는 제약은 상대적으로 미미한 반면 공인중개사에게는 큰 규제를 가하고 있다. 정부 정책의 방향에 의구심을 가지게 되는 부분이다. 정말 규제하고 싶다면 먹고살기 위해 어쩔 수 없는 선택을 하는 개업 공인중개사보다 매도자 및 매수자에게 더 큰 제약을 가해야 그런 행위를 시도조차 하지 않을 것이다. 하지만 현실은 마치 공인중개사가 고객을 꾀어 그런 계약을 유도하는 것으로 바라보는 등 모든 불법의 근원을 중개사무소로 지목하고 있다는 점이 참으로 안타깝다.

# 중개업은 결과에 책임지는 직업이 아니다

　부동산 중개업을 하자면 같은 물건을 갖고도 매도자에게는 앞으로 떨어질 것 같다고 맞장구쳐주고, 매수자에게는 앞으로 오를 것 같다고 맞장구쳐줘야 한다. 고객의 생각에 공감해줘야 계약이 성사되기 때문이다. 그런데 가만히 보면 양측에 전혀 다른 말을 하고 있으니 이게 사기가 아닌가 하고 양심의 가책을 느끼는 분들이 있다. 결론부터 말하자면, 공인중개사는 미래를 예언할 수 있는 전문가가 아니다. 그것은 무속인 몫이다. 중개업이라는 직업의 특성상 양측에 이야기를 다르게 할 수밖에 없다. 공인중개사의 역할은 비싸게 팔아주고 싸게 사주는 게 아닌, 팔아주고 사주는 것이라는 점을 잊지 말자.

　미래는 아무도 모르기에 공인중개사는 미래의 결과를 가지고 중개하지 않는다. 대신 미래의 꿈과 희망 그리고 가능성에 대해 중개한다. 중개는 서비스업이다. 서비스의 시작은 고객만족이다. 고객의 기분을 좋게 만들어야 좋은 서비스를 받았다는 마음에 기분 좋게 문을 나선다. 고객의 기분을 좋게 만드는 방법은 '당신이 맞다'라고 공감해주는 것이다. 그래서 진정한 부동산 중개란, 공인중개사가 해박한 지식을 전달하는 것도 중요하지만 고객이 듣고 싶은 이야기를 해주는 것이 더 중요하다. 고객이 듣고 싶은 말을 듣게 해주려면 질문을 잘해야 하며, 원하는 대로 리드해야 한다. 그러면 고객은 "저는 이렇게 생각하고 있어요(제 생각은 이래요)"라고 이야길 한다. 그러면 "맞아요, 저도 그렇게 생각해요"라고 공감해주면 된다.

초보 공인중개사의 실수는 상대방이 무엇을 원하는지도 모르면서 말이 너무 많다는 점이다. 프로 공인중개사는 고객이 원하는 것을 공감하면서 정보서비스를 제공하며 믿음을 쌓는다. 그러면 고객은 '나를 위해 일할 사람이구나'라는 신뢰가 시작된다. 신뢰는 얼굴 한번 봤다고 생기는 것이 아니다. 만나자마자 계약을 하게 되는 경우는 이미 고객이 충분한 정보를 가지고 있는 상황에서 기대했던 것보다 더 좋은 조건의 물건을 소개받았을 때 가능하다. 하지만 항상 좋은 물건을 가지고 있거나 그런 고객을 만난다는 보장도 없으므로 현장에서는 자주 발생하지 않는 일이다. 또한 좋은 물건이 있을 때만 계약할 수 있다면 중개업 매출이 올라가는 것도 어렵다. 중개업은 이미 결정된 것만을 중개하는 것이 아닌 결정하는 과정부터 시작되는 것이다. 손님도 시간을 들여 정보를 파악하고 익혀야 계약할 손님이 되고, 물건도 정보를 파악하고 시장을 받아들여야 비로소 계약할 물건이 된다. 프로 공인중개사들이 평소에 물건 및 손님 개선작업에 정성을 쏟는 이유다.

| Point |
- 중개는 현재 시점에서 최선의 노력을 다하는 것이지 결과에 책임지는 직업이 아니다.
- 공인중개사의 미래예측은 어떻게 예측해도 거짓말이 아니다.
- 부동산 중개는 이미 결정된 것을 중개하는 것이 아니라 결정하는 과정까지 중개하는 것이다.

Plus Tip 절대 부동산 시장을 예측하려 하지 말자

부동산 시장은 앞으로 어떻게 될까? 개업 공인중개사는 중개업 운영 때문에, 창업을 준비 중인 공인중개사는 창업 타이밍 때문에 가장 궁금해하는 이슈다.

첫째, 시장 예측은 변수가 많아 어느 누구도 정확한 예측이 불가능하다.

둘째, 만일 부동산 가격이 올라간다고 예측해보자. 매도예정자에게 가격이 올라갈 부동산 매도를 부추기는 행위는 양심에 어긋나는 일이다.

셋째, 만일 부동산 가격이 떨어질 것이라고 예측해보자. 매수예정자에게 가격이 떨어질 부동산 매수를 권하는 일은 불가능한 일이며 만일 그렇게 이야기할 수 있다면 떨어지는데 사라고 부추기는 사기꾼이 된다.

결국 시장을 예측하고 싶은 마음이 생기는 순간, 단독중개(양타)는 불가능하다. 정확하게 알지도 못하고 알 수도 없는 일에는 관심을 가지지 말자. 고객은 항상 옳다. 고객이 듣기를 원하고 기대하는 답변이 공인중개사가 해야 하는 말이다.

Part 6

서로 윈윈하는
공동중개 노하우

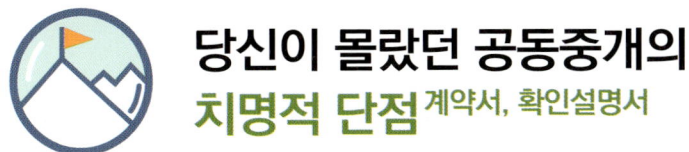

당신이 몰랐던 공동중개의
치명적 단점 계약서, 확인설명서

  중개사무소를 새로 개업하면 일반적으로 첫 계약은 공동중개로 이뤄지는 경우가 많다. 아직 물건을 많이 확보하지 못한 상태로 손님이 찾아오면 공동중개망에 올려진 물건을 검색해 해당 중개사무소와 공동중개를 하게 된다. 손님(매수인, 임차인) 측 중개사무소는 물건지(매도인, 임대인) 측 중개사무소에 비해 하는 일이 거의 없다. 임장 활동부터 계약서 작성까지 물건지 중개사무소에서 진행하는 경우가 대부분이므로 이곳에서 확인설명서 작성부터 설명까지 모든 업무를 일임하는 경우가 많다. 그래서 실제 손님 측 중개사무소 대표는 등록된 인장과 공제증서만 가지고 가는 경우가 많다.

  계약서를 작성할 때 손님 측 중개사무소에서 '이 문구 넣어 달라, 저 문구도 넣어 달라, 이 서류도 발급해 달라' 등의 간섭을 하면, 물건지 개업 공인중개사의 심기가 매우 불편해진다. 이번엔 어쩔 수 없이 같이 공동중개를 하겠지만, 다음에는 절대 그 중개사무소와 공동중개를 하지 않으려고 할 것이다. 이런 이유에서 물건지 중개사무소가 계약서를 작성하는 사이 특별한 이유가 없다면 손님 측 중개사무소는 아무 말없이 기다리는 게 업계의 매너다.

> **| Point |**
> - 공동중개 시 물건지 중개사무소에서 거의 모든 업무를 처리하므로 손님 측 중개사무소는 어깨너머로 잘못된 계약서 및 확인설명서 작성을 배우는 경우가 많다.
> - 계약서 및 확인설명서 작성은 관행보다는 법이나 판례가 우선한다.

확인설명서에 하자가 발생했다면?

그 지역에서 오랫동안 영업하며 다수의 물건을 보유하고 있는 중개사무소가 계약서를 작성할 때 관행적으로 해온 습관으로 작성을 할까, 아니면 끊임없이 노력하면서 계약서 및 확인설명서 작성에 온 힘을 쏟을까? 현실적으로 전자인 경우가 많다. 자, 이렇게 작성된 계약서 및 확인설명서에 문제가 전혀 발생하지 않을까?

계약을 마치고 계약금도 수수한 상태에서 모두 헤어졌는데 문제는 그 후에 매수인이 계약을 파기하고 싶을 때도 발생한다. '생각해보니 너무 비싸게 산 것 같다든지', '그 물건 말고 다른 물건이 눈에 들어온다든지' 등의 개인적인 이유로 말이다. 매수인 입장에서 단순 변심으로 계약을 파기하자니 10%에 달하는 계약금이 날아가므로 어떻게든 꼬투리를 잡아 계약을 파기하고 싶다. 지인 또는 온라인 카페 등에 "어떻게 하면 계약을 파기할 수 있을까요?"라는 질문을 하면, 대다수가 "가장 먼저 확인설명서부터 확인하세요"라는 답변을 한다. 자, 이제 일은 벌어졌다. 확인설명서에 아무 문제가 없으면 다행이지만, 문제가 있으면 매수인은 서류를 들고 구청에 신고하는 일이 발생한다. 그러면 구청에서 중개사무소로 연락을 하게 되고, 결국 구청의 조사를 받는 일이 벌어진다. 물건지 중개사무소는 손님 측 중개사무소를 향해 "손님 한 명 제대로 컨트롤하지 못해 일을 이 지경까지 만드느냐?"며 언성이 높아지고 이 일은 지역에 소문이 쫙 퍼지게 된다. 그러면 인근 중개사무소는 이 중개사무소와 공동중개하길 꺼리게 되어 결국 왕따 아닌 왕따가 된다.

| Point |
- 중개업계 매너도 지키고 법도 잘 지키는 것은 쉽지 않은 일이지만 반드시 해야 하는 일이다.
- 본인 고객은 본인이 확실하게 관리할 수 있어야 한다.

계약서 및 확인설명서 재확인은 필수

계약서를 처음 써 본 공인중개사든, 많이 써 본 공인중개사든 문제가 발생하는 경우의 대다수는 확인설명서 기재 누락 및 미확인설명 때문이다. 예전엔 확인설명서를 두고 코에 걸면 코걸이 귀에 걸면 귀걸이라는 말이 흔했다. 그만큼 작성하는 방법이 모호했기 때문이다. 하지만 수많은 법원 판례에서 이미 작성방법에 대한 기준을 분명하게 하고 있으며, 시·군·구청에서도 확인설명서 작성방법에 대해 엄격하게 관리하고 있다. 하지만 연수교육 등의 기회가 있는데도 변경된 확인설명서 작성방법에 대해서는 제대로 교육하지 못하고 있다. 또한 확인설명서가 실제로는 공인중개사를 처벌하려는 목적으로만 사용된다. 심지어 부동산 거래를 결정하는 데 그다지 중요하지 않은 항목인데도 미확인설명 및 기재 누락 등을 이유로 250만 원의 과태료(공인중개사법 제51조2항1호의 5)를 처벌한다는 데 있다. 대표적인 사례가 다세대 전세 계약서를 작성하는데 토지대장의 근거자료를 제시하지 않은 경우다.

따라서 물건지 중개사무소에서 계약서 및 확인설명서를 작성했더라도 손님을 그대로 보내지 말고 같이 중개사무소로 돌아오자. 확인설명 의무는 물건지 중개사무소에만 있는 게 아닌 손님으로부터 보수를 받는 중개사무소에도 있다. 편의상 계약서 및 확인설명서를 물건지 중개사무소에서 썼지만, 계약을 마무리할 의무는 본인(손님 측 공인중개사)에게 있는 것이다. 그러므로 다시 중개사무소로 돌아와 보완할 내용이 있음을 알린 후 계약서와 확인설명서를 꺼내서 추가로 설명 및 수정해주고, 수정 날인해주면 해결된다. 이 대목에서 "매도인(임대인)이 가져간 확인설명서는 수정 없이 그대로인데 문제가 없나요?"라고 묻고 싶을 텐데, 문제가 없다. 왜냐면 확인설명의 의무는 권리를 취득하고자 하는 중개의뢰인만이 대상이기 때문이다(공인중개사법 제25조). 간혹 "이미 지나간 계약은 어떻게 하나요?"라고 묻는 공인중개사가 많은데 이미 엎질러진 물이다.

> **공인중개사법 제25조(중개대상물의 확인·설명)** 개업 공인중개사는 중개를 의뢰받은 경우에는 중개가 완성되기 전에 다음 각 호의 사항을 확인하여 이를 해당 중개대상물에 관한 권리를 취득하고자 하는 중개의뢰인에게 성실·정확하게 설명하고, 토지대장 등본 또는 부동산종합증명서, 등기사항증명서 등 설명의 근거자료를 제시하여야 한다.
>
> 1. 해당 중개대상물의 상태·입지 및 권리관계
> 2. 법령의 규정에 의한 거래 또는 이용제한사항
> 3. 그 밖에 대통령령으로 정하는 사항

이처럼 나중에 꼬투리 잡히지 않으려면 미리 하자를 바로잡은 후 손님을 돌려보내야 한다. 그런 노력도 없이 그저 '물건지 중개사무소에서 계약서와 확인설명서를 썼으니 알아서 하겠지' 하고 안일하게 대응하면, 앞선 경우와 같이 구청에 고발당하는 일이 발생한다. 신규 중개사무소에서 이렇게 현명하게 처신하면 손님의 단순변심으로 계약이 파기되는 일도 없고, 인근 중개사무소에도 일 잘하는 공인중개사로 소문이 난다. 결과적으로 개업 공인중개사는 계약도 중요하지만, 완벽한 확인설명서 작성이 기본 중의 기본이다. 그렇지 않으면 의무를 해태한 경우이므로 올바른 공인중개사라 볼 수 없다.

> **| Point |**
> - 개업 공인중개사의 완벽한 확인설명서 작성은 아무리 강조해도 지나치지 않다.
> - 중개업무에서는 사소한 부주의가 사건 사고로 연결된다.

Plus Tip **완벽한 확인설명서 작성방법**

공인중개사라면 당연히 완벽한 확인설명서를 작성할 줄 알아야 하는데 실상은 전혀 그렇지 않다. 단속 나오면 문 닫고 도망가는 중개사무소라는 오명은 결국 잘못된 확인설명서 작성 때문에 발생하는 일이다. 이러한 오명에서 빨리 벗어날 수 있도록 업계의 변화가 절실히 필요하다. 하지만 하자 없는 확인설명서 작성은 생각보다 쉽지 않으며, 생각보다 시간이 오래 걸리는 일이다. 따라서 시간을 내어 본인이 거주하는 주택을 기준으로 한 번쯤 꼼꼼하고 정확하게 작성해보는 것을 강력하게 추천한다(가급적 주택 매매계약서로 연습해보면 좋다).

1. 관련 공부는 모두 발급해서 확인 설명한다.
   - 등기사항증명서(토지 및 건물, 집합건물) 집합건물도 토지 등기부등본이 존재하므로 초보 공인중개사는 확인 필요(별도 등기)
   - 부동산 종합증명서 또는 토지대장등본
   - 건축물대장(표제부, 전유부)
   - 토지이용계획확인서
   - 지적도 또는 임야도

2. 기타 서류(법률 및 판례 근거)를 확인하고 설명한다.
   - 신분증(진위여부 확인)
   - 개인정보활용동의서
     공제증서(앞, 뒤)
   - 채무내역, 선순위 임대차 내역 확인(전입세대열람원)
   - 대리인 계약 시 인감도장이 날인된 위임장(위임내용 확인), 인감도장(인감증명서와 인영 대조 후 확인), 인감증명서(3개월 이내), 대리인 신분증
   - 국세 완납증명서

3. 확인설명서에 빈칸은 남겨두지 않는다.

4. 계약서 작성시간은 짧을수록 좋으므로 작성하는 사람과 서류 준비하는 사람이 각기 팀워크를 이뤄가며 진행한다.

* 확인설명서 작성방법은 네오비 비즈아카데미 홈페이지(www.neobacademy.com)에서 강의로도 만나볼 수 있다.

당하지 않는
공동중개 방법 중개사무소 상도덕

공동중개를 하다 보면 상도덕에 어긋나는 행동으로 인해 상대 중개사무소에 피해를 주기도 하고, 피해를 입기도 한다. 필자가 생각하는 상도덕이란, 자신이 했을 때 마음이 불편하지 않아야 하고, 반대로 자신이 같은 방법으로 당했을 때도 기분 나쁘지 않아야 하는 게 기준이다. 상도덕을 어기면 중개사무소 간에 다툼이 생기기도 하며, 심하면 고소·고발 사태까지 번질 수 있다. 이 페이지에서는 서로 윈윈하는 공동중개 방법을 소개하니 이렇게 따라 해보면 좋을 것이다.

공동중개 순서

1. 공동중개를 할 수 있는 인근 중개사무소 리스트를 작성하자. 공동중개를 하면서 상호, 전화번호, 개업 공인중개사와 실장의 이름 및 전화번호, 담당업무, 업무처리 스타일 등을 함께 기록하며 보완하는 것이 좋다(상도덕에 문제가 있는 중개사무소도 구체적으로 기록해뒀다가 다음에 활용한다).

2. 손님이 온 경우 인근 중개사무소에 전화해 물건 문의를 한

다. 이 경우 상대 중개사무소는 물건이 있는 경우와 없는 경우로 나뉠 수 있다. 또한 물건이 있는 경우에도 주소 공개 여부에 따라 나뉠 수 있다. '101동 101호' 식으로 주소를 공개해주면 무조건 공동중개를 해야 한다(이걸 몰래 단독중개하면 상도덕에 크게 어긋난다). 반대로 상대 중개사무소에 주소를 요청할 때는 반드시 '직접 물건'만 알려달라고 해야 한다. 직접 물건이란 상대 중개사무소가 보유하고 있는 물건을 말한다. 간혹 직접 물건 외에 타 중개사무소에서 보유하고 있는 물건들까지 줄줄이 말하는 경우 큰 혼란을 초래할 수 있기 때문이다.

3. 손님과 해당 부동산을 보러 갈 때(임장 활동), 물건지 중개사무소와 공동으로 가는 경우도 있지만, 물건지 중개사무소의 요청으로 단독으로 갈 때도 있다. 손님과 단독으로 임장활동을 갔는데 마침 현장에서 매도인을 만나는 경우가 있다. 그때 매도인이 "어느 부동산 중개사무소에서 왔어요? 명함 한장 줘보세요(연락처를 달라는 의미)"라고 말하면 어떻게 해야 할까? 먼저 주겠다고 나선 것이 아닌 매도인이 먼저 말을 꺼낸 것이니 줘도 될까? 그렇지 않다. 이때는 절대 연락처를 줘서는 안 된다. 차라리 물건지 중개사무소의 이름을 대며 그곳에 연락하시면 된다고 말하는 게 낫다.

4. 임장 활동을 했지만 계약이 불발됐다. 이후 중개사무소에 있는데 마침 매도인이 지나가다가 우연히 우리 중개사무소에 들어와 물건을 접수했다. 즉, 매도인을 꾀어 접수를 받은 게 아닌 매

도인이 스스로 물건을 접수한 것이다. 이 경우 단독중개(양타)를 해도 상관없을까? 아니면 꼭 공동중개를 해야 할까? 이런 경우엔 단독중개를 해도 괜찮다. 다만, 애초 물건을 알려준 중개사무소에서는 매도인과 내통해 물건을 빼돌렸다고 오해할 수 있으므로 물건을 접수받은 즉시 전화를 해 알려야 한다. "대표님, 방금 101동 101호 소유자가 오셔서 저희 사무실에 물건을 접수하고 가셨어요. 제가 소유자에게 따로 연락드리는 등의 행동을 한 적이 없으니 소유자께 직접 확인하셔도 좋으세요"라고 말이다.

5. 아마추어 공인중개사는 통보를 하고 양타를 하지만, 진정한 프로 공인중개사는 이 경우에도 공동중개를 한다. 왜냐하면 계약 한번 하고 말 것이 아니기 때문이다. 물건을 빼돌린 것은 아니지만, 솔직히 먼저 알려준 중개사무소 대표의 마음이 썩 좋지는 않을 것이다. 그런 상태에서 매도인이 직접 찾아와 물건을 접수했음에도 의리를 지키고 공동중개를 한다면 얼마나 고마운 마음이 들겠는가. 또한 이런 상황을 계기로 식사 자리를 마련하면 더욱 친목도 도모되어 향후 중개에도 긍정적인 영향을 줄 것이다.

6. 공동중개 시 중개보수 배분의 기본 원칙은 1/n이다. 수수료를 다 합해놓고 인원 수대로 나누는 것이다. 다만 실무에서는(사전에 합의하지 않았다면) 각자의 고객에게 중개보수를 받는 경우가 대부분이다. 하지만 중간에 또 다른 사람이 참여했을 때가 관건이다(업계에서는 흔히 '교통'이라고 한다). 예를 들어 물건은 A중개사무소가 가지고 있고, 손님은 B중개사무소에 있을 때 A와 B

가 서로 연락하면 공동중개지만, 이를 C중개사무소가 연결해줘 (A-C-B) 계약이 성사된 경우는 어떻게 해야 할까? 이런 경우 총 중개보수에서 1/3씩 나누는 게 원칙이다. 다만, 사전 합의가 있는 경우 합의가 먼저이므로 1/n이 아닌 합의대로 보수를 나누면 된다(각자의 고객을 통해서만 중개보수를 받는 것도 결국 암묵적인 사전 합의에 의해 진행된 것이다). 따라서 공동중개 시에는 계약 체결 전 중개보수 배분 합의를 먼저 하는 것이 필요하다. 합의하지 않고 계약을 체결한 경우 이해관계에 따라 섭섭한 중개사무소가 생기기 때문이다.

7. 인근 중개사무소가 매물을 물어보는 연락이 오는 경우에는 언제 어떤 중개사무소에서 어떤 매물을 알려주었는지 기록하고, 진행 여부에 대해 체크할 수 있어야 훗날 당하지 않는다. 다만, 시중에 존재하는 부동산 중개 프로그램으로는 사실상 이러한 관리가 불가능하므로 본인만의 데이터베이스(DB)를 구축해서 이용하는 것이 좋다.

| Point | 당하지 않는 공동중개 방법
1. 공동중개 중개사무소 리스트 만들기
2. 공동중개 매물 물어보는 방법 "직접 매물"
3. 물건지 중개사무소 고객에게는 연락처를 알려주지 않는다.
4. 중간에 매물이 접수되는 경우에는 단독중개가 가능하다.
5. 초보 개업 공인중개사는 단독중개보다 공동중개가 더 좋다.
6. 중개보수 배분의 기준은 1/n 이다.
7. 반대의 상황에 대비하려면 꼼꼼한 물건 관리가 필요하다.

프로 공인중개사의 계산법

중개보수가 작은 계약에서는 대부분 교통이 발생하지 않는다. 하지만 거래금액이 크고 중개보수가 큰 계약에서는 여러 명의 교통이 개입되는 경우가 많다. 중개의뢰인의 의사가 여러 명을 거쳐 상대방에게 전달되면, 그 의미가 정확하게 전달되지 않는 경우가 많아 계약이 성사되기 어렵다. 개업 공인중개사 혼자 단독으로 중개할 때도 매도인과 매수인의 의사 전달과 조율이 어려운데, 같은 조건의 계약이라도 개입되는 개업 공인중개사가 늘어나면 결과는 뻔한 것이다.

따라서 프로 공인중개사는 매도인과 매수인 사이에 있는 모든 개업 공인중개사(교통)를 불러 모아 먼저 계약서 날인 여부와 중개보수 협의를 정리하고, 최종적으로 매수인과 매도인 공인중개사만 남고 교통은 전부 배제한 상태에서 계약을 진행한다. 복잡한 이해관계를 줄이고 직접적으로 의사를 전달하는 것이 계약 체결에 더욱 용이하기 때문이다.

Plus Tip 신규 임대차 계약의 계약금 전액은 기존 임차인에게 지급

임대차 중개 계약을 할 때, 사전에 기존 임차인과 이사 날짜가 조율된 상태에서 새로운 임차인이 임대인에게 보낸 계약금 전액은 기존 임차인에게 주도록 임대인에게 알려줘야 한다. 그래야 기존 임차인이 그 돈으로 다른 집의 계약금을 걸 수 있고, 동시에 배액상환의 책임에서 자유로울 수 있기 때문이다. 수도권에서는 이렇게 진행하지만 지방에서는 이 단계를 빠트리는 경우가 많다. 이 경우 기존 임차인이 "전 계약된 줄 몰랐는데요. 그래서 나갈 수 없어요."라고 하는 사태가 올 수 있다. 계약금 전액을 전 임차인에게 돌려주지 않았다면 책임의 소재에 있어 매우 난감하게 된다. 하지만 전 임차인에게 계약금 전액을 돌려주었는데 잔금 시일까지 이사를 나가지 않으면 녹취 또는 문자, 계약금 입금 정황 등이 다 있기 때문에 기존 임차인이 배액상환의 책임을 져야 한다(보증금이 증액된 경우에도 배액상환의 책임을 피하려면 받은 계약금을 전 임차인에게 전액 지급하는 것이 좋다).

# 공동중개, 지나친 욕심이 화를 부른다

　오피스텔 등 수익형 부동산 월세 임대차를 주로 하시는 분들은 이 내용을 잘 새겨듣길 바란다(특히 강남 지역의 오피스텔 월세 임대차하는 분들은 필수적으로 숙지할 내용이다).

　보증금이 매우 큰 오피스텔을 임대하는 경우를 제외하고 일반적으로 어느 한 중개사무소가 도맡아 전속으로 관리하는 경우가 많다. 이미 임대인과 신뢰 관계가 쌓인 중개사무소가 오랫동안 계속 임대차를 관리해주는 것이다. 임차인이 나가면 다시 새 임차인을 물색해주는데, 계약서 작성 및 잔금 시기에도 임대인이 나오지 않는 경우가 많다(나온다 해도 공인중개사가 알아서 처리하겠다고 못 나오게 하는 경우도 많다). 임대차계약서는 임대인에게 우편으로 발송하며, 계약금은 임대인 명의 통장으로 입금되도록 처리하고 확인문자를 받으니 착오가 없다.

　공동중개인 경우 물건지 중개사무소와 임차 고객을 대동한 중개사무소(임차인 중개사무소라 칭함)가 있다. 이때, 계약서는 보통 물건지 중개사무소에서 작성하는데 임대인란의 전화번호는 비워두는 경우가 많다. 만약 임차 고객이 임대인란의 전화번호를 적어달라고 요청해도 물건지 중개사무소의 대표는 "제가 다 관리하므로 제게 연락하시면 됩니다"라고 말한다. 그런데도 임대인란의 전화번호를 적어달라고 우기면 연락처를 적어주는데, 이때 연락처는 중개사무소 관계자의 번호인 경우가 많다 (반대 입장에서 상대 중개사무소를 신뢰할 수 없는 상황이라면 본인도 빈칸으로 두는 것이 좋다). 이런 상황을 모르는 임차인 중개사무소에서 한 발 더 나가면서 문제가 발생한다. 공동중개의 계약은 끝났지만, 다음에는 이 임대 물건을 직접 의뢰받고 싶은 임차인 중개사무소에서 계약서에 적힌 임대인의 전화번호로 전화를 거는 것이다.

"안녕하세요, 사장님. 이번에 계약하신 오피스텔을 공동중개한 A중개사무소예요."
"네, 그런데 어쩐 일이세요?"
"사장님, 다음에는 저희 중개사무소에도 물건을 내놓아 주시면 제가 성심껏 중개해드릴게요."
"아, 그래요? 고마운 말씀이네요. A중개사무소라고 했지요?"
"네, 사장님. A중개사무소 맞아요."
"네, 알겠습니다. 다음 임대차 때 연락드릴게요."
"감사드려요, 사장님."

전화를 끊은 공인중개사는 적극적인 자신의 행동에 뿌듯함이 밀려온다. 하지만 전화 통화한 상대방이 물건지 중개사무소 관계자였단 사실은 꿈에도 알지 못한다. 전화를 끊은 물건지 중개사무소는 A중개사무소의 행동에 괘씸한 생각이 들었다. 이는 물건을 빼가는 행위기 때문이다. 물건지 중개사무소 대표는 숨을 고른 뒤 인근 회원 중개사무소에 전화를 걸었다.

"A중개사무소 말이지, 거기 참 괘씸하네. 나랑 공동중개했는데 다음엔 자기에게 물건을 내놔달라고 임대인에게 직접 전화해 버젓이 물건을 빼가는 행동을 하더라고. 자네도 당하지 않으려면 A중개사무소와 공동중개는 신중히 하는 게 좋겠어."

이 소문은 얼마 지나지 않아 일대 중개사무소에 쫙 퍼져 결국 다들 A중개사무소를 외면하는 일이 발생한다.

이 말을 하는 이유는 중개업을 오래 하고 싶으면 상도덕을 지키라는 의미다. 임대인란에 적힌 전화번호가 정말 임대인 번호라고 순진하게 믿고 전화하는 일은 하지 말아야 한다. 또한 진짜 임대인 번호가 맞더라도 이는 물건을 뺏는 행위로 하지 말아야 할 행동이다. 입장을 바꿔 본인이 물건지 중개사무소였는데, 임차인 중개사무소가 이런 행동을 했다면 기분 나쁘지 않겠는가.

어느 행동이 옳은지, 그른지는 입장을 바꿔서 생각해보면 쉽다. 본인이 한 행동을 반대로 본인이 당했을 때 기분이 나쁘지 않으면 그건 상도덕에 크게 어긋나는 일이 아니지만, 기분이 나쁘다면 상도덕에 어긋나는 일이다.

| Point |
- 부동산 중개업에서 영원한 비밀은 없다.
- 적극적인 의지가 넘쳐 상도덕을 위반하면 초보 공인중개사는 살아남기 어렵다.
- 상도덕의 기준이 헷갈릴 때는 입장을 바꿨을 때 기분이 상하면 상도덕 위반이다.
- 계약서에 있는 임대인의 연락처에 물건 접수를 부탁하는 전화는 상도덕에 반하는 일이다.

Plus Tip 공인중개사, 영원한 동지도, 영원한 적도 없다

중개 현장에서는 다양한 상황들이 벌어진다. 매수인(임차인)이 A중개사무소에서 먼저 물건을 소개받고 임장활동까지 마친 상태에서 같은 물건을 B중개사무소에서 동일한 조건으로 소개받아 계약하기도 한다. 또한 A중개사무소에서 물건을 먼저 보고 B중개사무소에 물건 정보를 넘겨주면서 중개보수를 저렴하게 받는 조건으로 B중개사무소에서 계약하는 일도 있다. A중개사무소의 물건 광고를 보고 직접 매도인(임대인)을 찾아가서 나에게도 물건을 중개의뢰해달라 요청하는 일도 있다(부동산 물건 광고는 허위 물건 광고도 문제지만, 지금은 부동산 표시 광고 규정에 따라 물건 정보가 과다하게 노출되어 실력 있는 공인중개사는 마음만 먹으면 얼마든지 찾아낼 수 있다).

이렇듯 중개사무소 간 신뢰에 금이 가는 일이 수없이 많이 발생한다. 심지어 중개사무소 간 중개보수 청구권이 누구에게 있는가를 법정에서 다투기도 한다. 그래서 중개사무소 간의 관계는 어제의 동지가 내일의 원수가 되기도 한다. 끝까지 모를 것 같지만 부동산 중개업에 비밀은 없다. 상도덕을 잘 지키는 중개사무소가 오래갈 수 있다.

Part 7

중개보수
잘 받는 노하우

당신이 중개업을 하는
진짜 이유

   남들이 할 수 없는 것을 할 수 있어야 성공할 수 있다. 남들이 하는 것도 못 하면서 성공을 꿈꿀 수는 없다. 강한 자가 살아남는가, 살아남은 자가 강한가에 대해 의견은 분분하나 강한 자가 살아남을 확률이 더 높은 건 사실이다. 더불어 강해지려면 당장 할 수 있는 일부터 시작하는 게 먼저다.

   "왜 중개업을 하려고 하세요?"라고 물으면 많은 분이 "돈 벌려고 하죠. 당연할 걸 물으세요?"라고 반문한다. 사업의 목적이 이윤 추구라는 건 누구나 아는 사실이다. 그런데도 진짜 문제는 '이윤만 추구하려고 하는 것'이다. 중개보수를 주는 사람은 고객이다. 고객으로부터 중개보수를 받기 위해선 먼저 고객들이 필요로 하는 것을 제공할 수 있어야 한다. 집 몇 번 보여주고 계약서 썼으니 당연한 듯 중개보수를 요구하는 건 올바른 자세가 아니다. 고객들은 합당한 서비스를 받았을 때 기꺼이 중개보수를 제공할 마음이 생길 것이다.

   갑을 관계로 나눴을 때 고객과 공인중개사 중 누가 갑일까? 필자의 경험으론 돈을 들고 있는 사람이 갑이 되는 경우가 많았다. 그러니 중개업에서도 고객이 갑이 되고, 공인중개사는 자신을 을이라 생각하고 갑이 원하는 것을 들어줄 수 있는 실력을 쌓아야 한다. 그런데도 현실은 특별하게 더 해주는 것은 아무것도 없으면서 더 받을 생각만 하는 공인중개사가 많으니, 이는 '떡 줄 사람은 꿈도 안 꾸는데 김칫국부터 마신다'는 속담을 떠오르게 한다.

| Point |
- 초보들이 사업에 실패하는 가장 큰 원인은 오직 이윤만을 추구하려는 것이다.
- 받기 전에 무엇을 줄 수 있는지 먼저 생각해야 한다.

나만의 필살기가 있어야 한다

모든 사업의 시작은 같다. 돈 들고 있는 소비자가 원하는 제품을 만들어야 그 제품이 팔릴 수 있는 것이지, 소비자의 의견은 무시하고 제조사의 취향에 맞게 제품을 만들면 팔리지 않는다. 이는 소비자가 원하는 제품을 제공할 수 없으니 당연히 이익을 낼 수 없다. 게다가 누구나 제공하는 것으로는 생색이 나지 않는다. 공기를 제공한다고 돈을 받지 않듯 말이다.

나만이 해줄 수 있는 필살기가 필요하다. 고객에게 '그 공인중개사만이 해결해줄 수 있어'라는 인식이 있어야 쉽게 거래가 되고 중개보수를 받을 수 있다. 다시 강조하지만 돈을 들고 있는 사람이 갑이고, 갑의 지갑을 열려면 갑의 마음을 움직여야 한다.

| Point |
- 부동산 중개업에서 고객들의 마음을 움직이려면 고객들이 필요로 하는 것을 먼저 제공해야 한다.
- 중개보수를 잘 받고 싶다면 나만 제공할 수 있는 서비스가 있어야 한다.

프로 공인중개사들의 전략
'심리'

　매도자가 원하는 건 한 푼이라도 비싸게 파는 것이고, 매수자가 원하는 건 한 푼이라도 싸게 사는 것이다. 공인중개사는 비싸게 팔아주고 싸게 사줘야 중개 잘했다는 소릴 들을 텐데, 문제는 비싸게 팔아줄 방법이 없고, 싸게 사줄 방법도 없다. 개업 공인중개사가 거래하는 가격이 실거래가다. 현실적인 실거래 가격으로 중개할 수밖에 없는데도 매도자에게는 비싸게 팔아줬다는 만족감을, 매수자에게는 싸게 샀다는 만족감을 줘야 한다. 즉, 가격을 움직일 수는 없지만 그런 기분을 느끼도록 만들 수 있느냐가 아마추어와 프로의 차이다.

　신문기사에 간혹 "받은 서비스에 비해 너무 많은 중개보수를 요구한다"는 말이 나온다. 고객의 관점에서 보면 표면적으론 요구하는 것은 서비스며, 공인중개사는 고객이 원하는 서비스를 줘야 원하는 중개보수를 받을 수 있음을 의미한다. 고객이 원하는 서비스는 단연 가격에 대한 만족감을 느꼈는지 여부가 관건이다. 실제는 가격을 조정할 수 없더라도 고객에게 그런 만족감을 줄 수 있어야 한다는 것이다.

프로는 고객이 원하는 것을 주고 중개보수를 주지 않을 수 없을 정도로 만든다. 요즘에는 다양한 부동산 정책의 시행으로 세금 때문에 머리가 지끈한 분들이 많은데, 적극적으로 해결책을 제공해주면 고객은 모이게 되어 있다. 증여가 필요한 분, 양도가 필요한 분을 파악해 적절한 방법을 제공해주면 그 방법을 몰랐을 때보다 훨씬 세금을 아낄 수 있으니 중개보수를 주지 않을 수 없다. 즉, 합법적인 범위 내에서 컨설팅이 필요하다. 한 예로 필자가 아는 분은 중개사무소를 운영하며 컨설팅 용역 수수료가 월 5,000만 원 가까이 될 정도로 높은 수익을 올리고 있다. 그런데도 다른 분들은 그런 수익을 올리는 분들이 많지 않다. 왜 그럴까? 방법을 몰라서다. 공인중개사 시험을 공부할 때는 컨설팅하는 방법을 배우지 않기 때문이다. 그래서 전문 중개업 교육이 필요한 것이다.

| Point |
- 프로는 고객이 원하는 것을 제공하고 대가를 지불하도록 만든다.
- 중개업도 본인만의 전문 컨설팅 영역을 가져야 한다.

Plus Tip 차별화된 고객 서비스를 만드는 방법

- **매도인이 원하는 포인트**
  1. 믿을 만한 중개사무소
  2. 빠르게
  3. 비싸게

- **매수인이 원하는 포인트**
  1. 믿을 만한 중개사무소
  2. 좋은
  3. 싸게

- **프로 중개사들의 전략**
  1. 믿을 만한 중개사무소
     → 어떻게 해야 고객으로부터 신뢰를 얻을 수 있을까?
  2. 빠르게, 좋은
     → 어떻게 해야 빠르게 팔아줄 수 있고, 좋은 부동산을 사줄 수 있을까?
  3. 비싸게, 싸게
     → 어떻게 해야 비싸게 팔았다고 느끼고, 싸게 샀다고 느낄까?

고객을 내 편으로 만드는 방법

고객의 이익을 먼저 챙겨줘야 공인중개사에게 이익이 돌아온다. 하지만 대다수 공인중개사는 고객의 이익에는 관심 없고 자신의 이윤창출(중개보수)에만 관심이 있으니 사업이 제대로 돌아갈 리 없다. 그러다 보니 고객들도 공인중개사를 슬쩍 시험해 보는 경우가 많다. 솔직히 고객이 좋아하는 공인중개사는 누구일까? 모든 고객들에게 중립적인 입장에서 객관적이고, 합리적으로, 형평성을 가지고 중개해주는 곳을 좋아할까? 전혀 그렇지 않다. 어느 중개사무소가 내 편에서만 일해줄 수 있느냐를 따져보고 선택한다. 바로 이 점이 중개의 본질이며, 여러분들이 부동산 소개업이 아닌 중개업을 해야 하는 이유다.

| Point |
- 고객들의 중개사무소 선택의 기준은 내 편에서 일해주는 공인중개사를 선호한다.
- 부동산 중개업은 소개업이 아니다.

소개와 중개는 다르다

"온 마음을 다해 열심히 상담해줬는데 계약은 다른 중개사무소에서 하네요"라는 하소연을 많이 한다. 왜 그런 일이 발생할까? 한마디로 말하자면, 소개만 하고 중개를 하지 않아서다. 중개를 안 했는데 어떻게 계약으로 연결될 수 있겠는가!

> **소개 vs 중개**
> - **소개** : 있는 물건을 고객에게 보여주는 것
>   정보만 주고 결정은 스스로 하도록 하는 것
> - **중개** : 고객이 원하는 것이 무엇인지를 파악하고 그에 맞는 해결책을 제시해 주는 것, 정보를 주고 의사결정에 적극적인 개입을 하는 것(영향을 미치는 것)

중개를 했는지, 안 했는지는 고객이 의사결정을 하는 데 공인중개사가 적극적인 권유를 했는지 여부다. 이를 업계에서는 '푸시'라고 표현하는데, 계약은 푸시를 했는지 안 했는지, 세게 했는지 약하게 했는지, 몇 번을 했는지에 따라 성패가 나뉜다. 만남 → 상담 → 계약에 이르는 일련의 과정이 세일즈인데, 계약서를 쓰지 못하면 결과적으로 패배. 성격 좋다고 능력 있는 게 아니다(판례에서도 공인중개사의 권유 여부를 중요하게 여긴다).

> **| Point |**
> - 소개를 하고 중개를 했다고 착각하지 않아야 한다.
> - 적극적인 권유가 계약체결로 이어진다.

Plus Tip 기네스북에 오른 자동차 세일즈맨, 조 지라드

조 지라드(Joe Girard)는 1928년, 미국의 빈민가에서 태어났다. 가난과 아버지의 구타를 못 이겨 학교를 중퇴하고 구두닦이를 시작, 35세까지 40여 개의 직업을 전전하며 방황을 거듭했다. 그러나 그는 이후 접한 자동차 세일즈 분야에서 뛰어난 능력을 펼쳐 하루 평균 18대, 한 달 174대, 1년 1,425대라는 경이적인 판매 기록을 세워 12년 연속 기네스북에 세계 최고의 세일즈맨으로 올랐다. 그의 누적 판매량은 15년간 13,000여 대로, 말 그대로 그는 세일즈계의 살아 있는 전설이었다. 조 지라드가 높이 평가받은 이유는 타고난 세일즈맨이 아닌 노력형 세일즈맨이란 점이다. 사실, 그도 자동차 세일즈에 입문한 지 한 달 동안은 한 대도 팔지 못했다. 이런 그가 그 많은 자동차를 팔 수 있었던 비결이 무엇인지 사람들은 궁금해 한다. 그에게 여러 비결이 있겠지만 가장 중요한 점을 꼽으라면 다음과 같은 두 가지다.

1. 나는 세계 제일의 물건, 즉 '나'를 판다. 자동차 한 대를 팔 때마다 조 지라드라는 이름을 함께 파는 것이다.
2. 성공의 열쇠는 결국 고객이 당신을 좋아하고 당신을 믿을 수 있어야 한다. 그렇지 않으면 고객이 굳이 당신에게 물건을 살 이유가 전혀 없다.

또한 고객이 구매 결정을 스스로 하는 것에 부담을 느낀다면 '우리'라는 주어와 '합시다'라는 어미를 사용해 적극적인 결정을 독려했다. 더불어 고객이 "얼마나 빨리 배달되죠?", "할부로 하면 한 달에 얼마씩 내죠?"라고 말하는 것을 놓치지 않고 구매 신호로 받아들여 계약서를 작성했다.

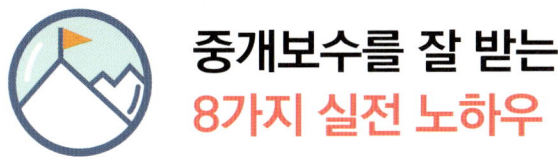

중개보수를 잘 받는
8가지 실전 노하우

중개보수를 깎는 고객을 만났을 때 여러분은 어떤 생각이 드는가? 그저 쩨쩨한 고객 만나서 다 못 받았다고 한탄할 것인가? 아니면 '어떻게 하면 다음에는 깎이지 않을까?'를 고민할 것인가. 필자는 여러분이 후자였으면 한다.

개업 공인중개사와 소비자들의 공통적인 가장 큰 불만은 단연 중개보수이며, 이 중 가장 큰 문제는 1천 분의 9이내 '협의'로 되어 있는 법 규정이다. 협의로 깎을 수 있다고 생각하니 점점 더 주고 싶지 않은 것이다. 이는 주는 사람 입장에서는 금액이 많고 아깝지만, 받는 사람 입장에서는 금액이 적고 부족하다고 느껴진다. 개업 공인중개사가 되면 중개보수는 사업의 원동력이면서 동시에 삶을 영위하는 데 기초가 되므로 예민할 수밖에 없다. 하지만 중개보수에 불만이 있어도 고객들과 소송까지 가면서 다투고 싶어 하는 개업 공인중개사는 그다지 많지 않다. 어떻게 하면 소비자들과 분쟁을 최소화하고 원하는 중개보수를 다 받을 것인가? 그 답은 소비자들의 생각에서 찾을 수 있다.

1. 웃지 말고, 묻지 말고, 당당하게 청구하라

계약을 마친 후 중개보수 청구할 때의 상황을 보자. 고객이 "사장님 중개보수 얼마나 드려야 돼요?"라고 물으면 초보 공인중개사는 웃음을 띤다. 그런데 여기서 왜 웃는지를 짚어보자. 부끄러워서일까? 쑥스러워서일까? 참고로 개업 공인중개사의 관점에서 중개보수를 청구하고 받는 행위는 고객을 위해 열심히 노력한 대가에 대해 평가받는 시간이면서 동시에 가장 신성하다 못해 숭고한 시간이다. 그런데도 공인중개사가 웃는 이유는 스스로 민망해서다. 민망한 이유야 여러 가지지만 돈 이야기를 꺼낸다는 게 어색해서일 수도 있다. 하지만 중개보수를 청구하는 일은 어색한 일이 아닌 내가 고객인 당신을 위해 최선을 다해 제공한 서비스에 대해 정당한 대가(평가)를 받는 숭고한 행위다. 먼저 웃는다는 뜻은 "제가 봐도 이 중개보수는 과하네요"라고 말하는 것과 다름없다. 그러므로 공인중개사가 중개보수를 잘 받으려면 절대 웃지 말아야 한다. 간혹 어색한 분위기가 싫어 습관적으로 웃는 분들이 있는데 반드시 고쳐야 할 버릇이다.

또한 초보 공인중개사들이 실수하는 부분은 고객이 "사장님 중개보수는 얼마나 드려야 하나요?"라고 물었을 때 "사장님은 얼마나 주실 생각인데요?"라고 물어보는 것이다. 고객을 위해 노력한 만큼 당당하게 청구하자. 중개보수 협의 과정도 클로징 대화법이 적용된다. 중개업 상담은 질문으로 시작하지만, 중개보수 협의 과정은 질문의 방식을 진행해서는 안 된다. 고객이 제시하는 중개보수가 마음에 드는 개업 공인중개사는 거의 없을 것이다.

2. 중개보수는 계약 시 받아라

> **공인중개사법시행령 제27조의2(중개보수의 지급 시기)**
> 법 제32조제3항에 따른 중개보수의 지급 시기는 개업 공인중개사와 중개의뢰인 간의 약정에 따르되, 약정이 없을 때에는 중개대상물의 거래대금 지급이 완료된 날로 한다.

중개보수는 잔금 시를 지급 시기로 하지만, 당사자 약정이 우선한다. 따라서 계약 시 중개보수를 받아도 된다. 부동산 거래금액이 크고 인근 공인중개사가 중개보수를 할인해서 받는 관행이 정착된 지역에서는 "잔금 시 지급하시면 다 주셔야 하는데 계약 시 지급하시면 20% 할인된 ○○○만 원만 지급하시면 됩니다"라는 멘트를 구사하면서 계약 시 지급할 것을 청구하면 된다. 인근 중개사무소 수준에 비해 낮게 받는 것도 아니고, 중개보수 할인을 조건으로 계약한 것도 아니므로 이렇게 청구해도 된다. 만일 여러 사정에 의해 계약 시 받지 못한다 하더라도 잔금 시에는 전액을 지급해야 한다는 것을 암시했으므로 더 좋은 위치에서 중개보수 협의를 진행할 수 있다.

3. 무엇을 줄 것인가 먼저 고민하라

소비자들의 중개보수 불만 중 가장 큰 비중을 차지하는 부분은 앞서 언급했던 것처럼 '받은 서비스에 비해 지급하는 대가가 너무 많다'라는 부분이다. 즉 서비스의 부재가 가장 큰 원인이다. 기브앤테이크(Give&Take)는 먼저 주고 나서 받는 것이다. 세상에 그 반대는 없다. 따라서 많이 받으려면 먼저 많이 줘야 하고 무엇을 먼저 줄 것인가 고민하는 것이 순서다. 인근 중개사무소와 똑같이 임장 활동을 하고 계약서를 작성하고 권리분석을 했다면 같은 서비스를 제공한 것이므로 다른 중개사무소보다 중개보수를 더 많이 받을 수 없다. 또한 고객의 입장에서는 같은 서비스를 받는다면 당연히 중개보수를 적게 받는 공인중개사를 선택할 것이므로 경쟁력을 상실하게 되는 것이다.

개업 공인중개사들의 가장 큰 문제는 제공할 수 있는 차별화된 서비스가 없다는 것이다. "무엇을 줄 것인가?"라고 묻는다면, 이 역시 소비자들의 필요를 채워주는 서비스를 제공하면 된다. 사람들은 이사에 대한 번거로움, 정해진 이사 날짜 안에 새로운 집을 구할 수 있을지에 대한 불안함, 잔금까지 문제없이 자금을 마련할 수 있을지에 대한 걱정, 그리고 낯선 지역에서 잘 적응할 수 있을지에 대한 심리적 불안을 갖고 있다. 따라서 개업 공인중개사는 소비자들의 이 4가지 불안에 대해 정보서비스를 제공함으로써 해결해줄 수 있다. 최근에는 다양한 부동산 정책의 시행으로 세금 문제가 복잡해졌다. 부동산을 계속 보유하자니 보유세가 부담되고, 양도하자니 양도소득세가 만만치 않고, 증여를 생각하니 합리적인 절세방법을 모르겠다는 분이 많다. 이처럼 공인중개사가 제공할 수 있는 서비스 중에는 정보서비스가 가장 많고 어필하기 좋다. 구체적인 방법은 고객의 입장이 되어 스스로 연구해보길 바란다.

4. 사소한 거짓말도 하지 마라

고객들과 중개사무소 간에 신뢰가 잘 만들어지지 않는 이유는 공인중개사들이 하는 사소한 거짓말 때문이다. 고객들이 중개사무소에 방문하는 이유는 본인이 잘되기 위함이다. 따라서 고객인 나를 위해서 열심히 노력해주는 공인중개사를 원한다(매수인은 싸고 좋은 물건을 사기를 원하고, 매도인은 비싸게 빨리 팔기를 원한다).

전세물건이 하나도 없는 지역에 전세물건을 찾는 고객이 왔을 때 상담 후 돌아가기 전 중개사무소는 대부분 막연하게 "연락 드릴게요"라고 상담을 마무리한다. 하지만 연락하는 중개사무소는 거의 없다. 왜냐하면 물건이 없고, 또한 언제까지 연락을 드린다는 약속도 하지 않았기 때문이다. 반면 연락이 올 것이라고 철석같이 믿고 기한도 없이 기다리는 고객도 없다. 연락이 올 것이라는 믿음이 없으니 다른 중개사무소에 방문한다. 개업 공인중개사의 관점에서 보면 악순환이 시작되는 것이다. 또한 임장 활동 이후 매도인과 임대인에게 "연락 드릴게요" 하고 이후 별도의 연락을 하지 않는 것도 같은 이치다. 약속을 소홀히 하는 중개사무소를 신뢰하지 못하는 것은 당연한 일이다. 따라서 연락을 할 때는 언제까지는 연락을 하겠다는 기한과 조건을 분명하게 전달하고, 반드시 그 약속을 지켜야 한다. 이러한 횟수가 많을수록 고객들에게 신뢰를 얻을 수 있다.

부동산 거래는 시간이 필요한 일이다. 마치 밥을 지을 때 뜸을

들이지 않고는 먹을 생각을 하지 않는 것처럼 부동산 중개 역시 중개의뢰한 후 일정 시간이 지나야 거래가 된다는 것은 누구나 알고 있다. 아마추어는 시간만 지나면 된다는 생각으로 그냥 기다리지만, 프로는 맛있는 밥을 위해 의미 있는 시간을 만들어가며 보낸다. 마치 뜸을 들일 때 냄비뚜껑에 돌멩이를 올려놓는 것과 같은 이치다. 의미 있는 시간이란 고객들의 요구에 맞춰 얼마나 열심히 노력하고 있는지 어필하는 것을 의미한다.

고객으로부터의 신뢰는 기대하는 바를 4번 이상 충족했을 때부터 발생한다. 연락이 올 것이라는 기대를 하도록 하고 실제 4번 이상 연락으로 연결됐을 때, 그리고 '나를 위해 열심히 노력하고 있구나'라고 느꼈을 때 비로소 신뢰가 형성되기 시작한다.

5. 눈에 보이는 서비스를 준비하라

고객의 이익을 챙겨줘야 계약이 성사될 수 있다. 또한 고객은 다른 곳에서 받지 못한 기대 이상의 서비스를 받았을 때, 제공받은 서비스가 많았을 때 중개보수를 덜 깎는다. 고객에게 제공하는 서비스의 가장 큰 핵심은 정보 서비스(눈에 보이지 않음)로, 가장 다가가기 쉬운 서비스다. 만약 정보 서비스로 안 된다면 다음으로 물질적인 서비스(눈에 보임)가 있다. 이는 당장 눈에 보여 효과가 매우 좋다.

필자의 지인 공인중개사는 중개보수를 깎을 것 같은 고객에겐 미리 선물을 준비한다. 백화점에서 디퓨저 또는 향수 등을 구입한 뒤 포장코너에서 고급스럽게 포장을 해 준비한다. 이렇게 준비하는 선물가격은 10만 원 내외다. 그 후 중개보수를 청구하기 전 고객의 눈앞에 선물을 둔다. 다만 고객에게는 선물에 대한 어떤 말도 하지 않은 채 중개보수를 말한다. 자, 그럼 고객 입장에서는 어떤 마음이 들까?

'저 안에는 어떤 선물이 들어 있을까?', '저 선물은 나를 주려고 준비한 거겠지?', '내가 중개보수를 깎으면 저 선물을 주지 않을지도 몰라' 등 여러 생각이 들 것이다. 예를 들어, 100만 원의 중개보수를 줘야 하는 상태에서 원래는 20~30만 원 깎을 심산이었지만, 선물을 본 순간 받고 싶은 마음에 중개보수를 다 지급한다. 그 후 선물을 들고 기쁜 마음에 집으로 돌아가 포장을 열었을 때 10만 원 상당의 선물을 본 고객의 마음은 어떨까? '에잇, 이게 뭐야 속았네'라는 마음이 들까? 그렇지 않다.

사실 고객 입장에서는 100만 원의 중개보수를 다 지급해야 하는 게 맞다. 선물을 받으면 100만 원을 지급하고, 선물을 안 받으면 70~80만 원만 지급하는 게 아니다. 어차피 다 지급할 돈인데 덤으로 선물까지 받으니 기분이 좋다. 공인중개사 입장에서는 20~30만 원이 깎일 수도 있는 상황이었지만, 미리 센스 있게 선물을 준비해서 중개보수를 다 받을 수 있었다. 선물비용을 빼더라도 10~20만 원 이득이니 시도해보면 좋을 노하우다. 다만 모든 고객에서 선물을 준비하란 의미는 아니다. 까다로운 고객, 느낌상 중개보수를 깎을 것 같은 고객에게 미리 이런 전략을 사용하면 좋다는 의미다. 반면 중개보수가 적은 계약에서는 사용할 수 없는 전략이다.

6. 중개보수는 밀당이다

중개보수를 깎고 싶은 사람과의 협의 과정은 밀당(밀고 당기기)으로 표현될 수 있다. 그리고 중개보수 크기에 따라 난이도가 달라진다. 중개보수가 낮은 경우 단순한 밀당으로 마무리되지만, 중개보수가 큰 경우 계약 전 사전 협의 사항으로 가기도 한다. 각각의 상황에 따라 적용할 수 있는 방법이 다르지만, 절차상 개업 공인중개사의 중개보수 청구로부터 협의가 시작된다. 이때 중개보수는 개업 공인중개사의 확신에 비례한다.

일부 고객들 중에는 달라는 대로 다 주는 것에 불만인 사람들도 있다. 이런 고객들에게 만족감을 줌과 동시에 중개보수 협의에서 유리한 고지에서 시작하는 방법은 보상심리를 이용하는 것이다. 통상 양쪽에서 한 발씩 양보하면서 그 차이를 줄여나가는 방식이 협의 과정에서 이용된다. 이때 깎이지 않으려면 미리 치고 나가는 전략이 필요하다. 예를 들어, 10억 원 상가건물의 매수인과 중개보수 협의를 하는 과정이라면 "사장님 원래 이정도 거래 계약이면 예전에는 2,000만 원은 주셨어야 하는데 사장님께는 딱 법정수수료인 990만 원만 받겠습니다"라고 응대하며 한번 깎아주었다는 인상을 심어주는 것이 좋다. 이는 고객에게 시작가가 990만 원이며 이를 다 주고 샀다는(뭔가 손해인 듯한) 느낌을 주는 게 아니라, 시작가는 2,000만 원인데 조절해서 990만 원만 주면 된다는 의미로 고객 입장에서는 50% 이상 할인된 느낌을 받는다. 사실 똑같은 990만 원을 내더라도 고객은 기분이 좋은 게 사실이다.

7. 소송으로 응대하라, 오늘이 마지막이다

개업 공인중개사의 의무란 고객이 좋은 결과를 얻을 수 있고, 이에 따른 만족감을 느낄 수 있도록 최선의 노력을 다하는 것이다. 이에 고객은 개업 공인중개사에게서 받은 서비스에 상응하는 대가를 지불하는 게 의무다. 하지만 요즘 정말 해도 해도 너무한 고객들이 많다. 요구할 것들을 다 맞춰주고 오랜 시간 최선의 노력을 다 해줬는데, 중개보수까지 말도 안 되는 조건에 합의하자고 들며, 합의의 수준을 넘어 일방적인 통보까지 진행하는 것이다. 고객들과 중개보수 협의 과정에서 서로 감정이 상하는 수준까지 다다르면, 중개사무소는 그 고객을 더는 보고 싶지 않을 것이고, 동시에 그 고객도 더는 나를 찾지 않는다. 이렇게 되면 더는 고객이 아닌 것이다. 따라서 양보할 필요가 전혀 없다.

오늘이 마지막인 것처럼 끝까지 응수하라! 자신감도 없고 자존감도 없어서 응대하지 않으니까, 자신감도 잃게 되고 자존심도 상처받는다. 고객을 위한 노력을 많이 했을수록 회의감·패배감·절망감 같은 몹쓸 마음의 병까지 생긴다. 더럽다고 피해가고 치우지 않으니 다음에 다른 곳에서도 똑같은 상황이 되풀이되는 것이다.

권리 위에 잠자는 자는 보호받지 못한다. 이 말은 공인중개사 공부할 때부터 가슴속에 담아두었던 내용이다. 안하무인으로 중개보수를 깎는 사람에게는 내용증명을 보내고, 소액재판을 청구하며, 지급명령신청서를 작성하고, 전자재판을 진행하는 등 억울하지 않도록 적극적으로 임해야 한다. 만족할 만한 결과가 나온다면 좋겠지만, 만일 만족할 만한 결과가 나오지 않더라도 최소한 후회는 없다. 나아가서 대접받을 자격이 없는 고객도 차츰 줄어들고 업계의 권위도 향상될 것이다. 부동산 중개업계가 발전하지 못하고 무시당하는 이유는 당연히 누려야 할 권리조차 찾지 못하는 무능한 공인중개사들의 행동때문이다.

8. 기타

이외에도 부동산 중개업에는 중개보수를 잘 받기 위해 합리적 명분을 만드는 방법, 제3자를 내세우는 방법, 다리 끼워 넣는 방법, 펑계를 대는 방법, 질릴 때까지 종용하는 방법, 팅기는 방법, 은근하게 협박하는 방법, 나무라는 방법, 감는 방법 등 수많은 노하우들이 존재한다. 지면 관계상 다 다룰 수 없음을 양해하기 바란다. 또한 충분한 이해를 돕기 위해서는 20여 년 전의 편법적인 예도 들어야 하는 등 어려움이 있어 합법적인 수준에서 설명을 마무리했다. 중개보수 잘 받는 방법에는 정해진 규칙이 없다. 상황에 맞도록 각자의 노하우를 만들어나가는 것이 필요하다.

중개보수를 한 번도 깎여본 적 없다?

"저는 중개보수를 한 번도 깎여본 적 없는데요?"라고 말하고 싶은 분도 있을 것이다. 선물 준비 없이도 중개보수를 청구하는 대로 다 받았다는 것이다. 하지만 이런 분께 필자는 이렇게 말하고 싶다. "중개하는 지역의 부동산 가격이 그리 비싼 지역은 아닌가 보군요"라고 말이다.

필자의 경험상, 중개보수가 100만 원 이하면 별 분쟁이 없다. 중개보수가 500만 원 이하면 "사장님, 좀 깎아주세요"라고 말을 꺼내지만 "다 주셔야 합니다"라고 말하면 대개 다 지불하는 경우가 많다. 하지만 중개보수가 1,000만 원 이상이면 날카로워진다. 나아가 중개보수가 1억 원 이상이면 살기가 느껴질 정도다. 참고로 중개보수가 1억 원이 넘으면 계약의 조건(사전 협의 대상)이다. 이렇듯, 중개보수는 금액대별로 협상하는 난이도가 다르므로, 특히 고가 부동산을 거래하는 공인중개사는 자신만의 다양한 전략을 가지고 유용하게 활용하면 좋다.

다만, 중개보수를 잘 받으려면 먼저 출중한 실력으로 고객에게 여러 도움을 주기 바란다. 그렇지 않다면 기브앤테이크 심리를 잘 파악해 만족할 만한 서비스 개발에 투자하길 바란다. 투자하는 비용보다 얻는 기대 이익이 더 많다면 충분히 시도해볼 만한 부분이다.

| **Point** |

1. 웃지 마라
중개보수는 제공한 서비스에 대해 평가를 받는 중요한 시간이다.

2. 중개보수는 계약 시 받아라
계약을 체결했다면 중개보수 받을 준비를 시작하자.

3. 무엇을 줄 것인가 먼저 고민하라
먼저 고객의 입장에서 필요한 정보서비스를 제공하라.

4. 사소한 거짓말도 하지 마라
오직 나의 고객인 당신만을 위한 중개를 하라.

5. 눈에 보이는 서비스를 준비하라
서비스는 모든 가능성을 염두에 두고 준비하라.

6. 중개보수 협의는 밀당이다
협의 과정은 지혜로운 대처가 필요하다.

7. 소송으로 응대하라, 오늘이 마지막이다
모든 사람이 고객인 것은 아니다. 나의 고객이 되기 위해서는 고객도 기본적인 매너가 필요하다.

8. 기타
나만의 방식을 개발해나가는 것이 필요하다.

Plus Tip 협의가 필요 없는 중개보수 고정요율제(정찰제)

우리나라 국민이 부동산 중개업에 가지는 가장 큰 불만은 무엇일까? 서비스라고 표현하지만 실상은 중개보수 그 자체이며, 그중 중개보수 협의다! 공인중개사뿐만 아니라 소비자들 역시 협의로 인해 정신적 심리적으로 고통받고 있다.

정치나 정책은 이러한 현실적인 문제에는 관심이 없다. 말하기 좋아하는 사람들이 자율경쟁이나 시장 경제 같은 주장을 하지만, 옳고 그름을 떠나 분쟁을 줄이는 데 전혀 도움이 되지 않는다. 따라서 부동산 중개업에는 협의가 필요 없는 고정요율제(정찰제)가 필요하다.

중개보수요율을 높여달라는 요구도 아니고, 중개보수가 적다고 주장하려는 것도 아니다. 협의 과정을 생략하고 더 많이 받지도 못하고, 더 적게 받지도 못하도록 오직 분쟁을 줄여 달라 요청하는 것이다. 고정요율이 낮으면 공인중개사가 문을 닫으면 되는 것이고, 요율이 높으면 더 많은 공인중개사가 생기면 되는 것이다. 하지만 무엇보다 중요한 것은 공인중개사와 소비자들의 분쟁이 사라지고 쓸데없는 감정소비 및 법적 분쟁 그리고 행정수요가 감소된다는 것이다. 선거철에만 철새처럼 표심을 따라다니는 것이 아니라 진짜 민생을 살필 줄 아는 정치가 됐으면 좋겠다.

법정 중개보수보다 더 받았을 때 처신 방법

#상황 1.

"사모님, 중개보수는 100만 원입니다."
"사장님, 이번 계약 정말 감사드려요. 식사하시라고 제가 50만 원 더해 150만 원 보냈습니다."

자, 이런 상황에서 공인중개사는 어떻게 처신해야 할까? 고객이 선의로 더 보낸 50만 원을 법정수수료 초과라는 이유로 굳이 돌려줘야 할까? 만약 돌려줘야 한다면 고객은 선의도 베풀지 못하는 것일까?

#상황 2.

"사장님, 이번에 매매한 집 천장에서 누수가 발생해 벽지가 젖었어요."
"아, 속상하시겠네요. 우선 어느 지점에서 누수가 발생했는지 알아봐야 할 것 같아요. 그 후 책임소재를 정하는 게 순서일 듯 싶습니다."
"아, 속상해. 정말 기분 좋게 이사 왔는데 이게 웬일인가요?"

"사모님, 많이 속상하시겠지만 원인부터 찾는 게 급선무일 듯 싶습니다."

"혹시 원래 누수 있던 집을 소개한 거 아녜요?"

"그럴 리가요. 제가 사전에 누수를 알았다면 당연히 전 집주인께도 말씀을 드렸을 테고, 사모님께도 말씀드렸지요."

"아, 어쨌든 기분 상했어요. 중개보수 50만 원 더 드린 거 돌려주세요."

"네?"

이처럼 1, 2의 상황이라면 공인중개사는 어떻게 처신해야 할까? 각자의 입장에 따라 여러 가지 처신방법이 있겠지만, 필자의 경험상 올바른 처신방법은 이렇다.

▶ **상황 1의 처신법** : 중개보수 영수증을 발급할 때 반드시 부가가치세 포함 법정 중개보수인 100만 원만 발급해야 한다. 따라서 고객이 지급한 전체 금액인 150만 원은 중개보수 영수증 100만 원, 컨설팅 용역 수수료 50만 원으로 구분해 두 개의 영수증을 발행한다. 이때, 사업자등록증의 종목란에 '부동산 컨설팅'이 기재되어 있어야 한다.

> **Plus Tip** 중개사무소 운영 Tip, 부가가치세
>
> 일반사업자와 간이과세자를 구분해서 이해해야 한다. 일반사업자는 중개보수 이외에 10%의 부가가치세를 받고 일부는 공제받을 수도 있지만, 간이과세자는 부가가치세를 받을 수 있다, 없다 등 여러 가지 말들이 많다. 하지만 분명한 것은 간이과세자가 부가가치세를 받으면 반드시 세금으로 납부해야 한다. 그렇지 않으면 초과 중개보수 수수가 된다.

▶ **상황 2의 처신법** : 공인중개사가 누수 상태를 몰랐음에도 매수자가 감정이 상해 초과 지급한 50만 원의 반환을 요구할 때는 반환하는 게 좋다(법정 중개보수는 반환하지 않는다). 간혹 "고객이 먼저 줬고, 공인중개사의 잘못이 없는데 왜 돌려줘야 하나요?", "컨설팅을 했는데도 돌려줘야 하나요?"라고 묻는 분이 있는데, 중개보수는 어떠한 명목으로도 보수 또는 실비를 초과해서 금품을 받으면 초과중개보수로 간주되고 불법이기 때문이다.

반환하지 않으면 화가 난 고객이 시·군·구청에 민원을 제기할 수도 있고 또는 소송을 진행할 수 있다. 중개업무로 해야 할 일도 많은데 승패를 떠나 많지도 않은 금액 때문에 민원이 접수되고 해결해나가는 과정 또한 매우 피곤한 일이다. 금액이 적을수록 소송까지 비화되지 않겠지만 금액이 많을수록 소송으로 비화되는 경우가 많다. 소송으로 진행된 경우 공인중개사는 법정

중개보수를 초과 수수한 금액은 컨설팅 금액이라고 항변할 것이다(초기에 이런 문제를 대비해 영수증도 분리해서 발행했다). 자, 그럼 문제가 없을까? 그렇지 않다. 판사는 컨설팅에 대한 근거로 '부동산 용역 컨설팅 보고서'를 제출하라고 한다. 그런데 공인중개사에게 과연 이 보고서가 있을까? 보고서 없는 컨설팅은 컨설팅으로 인정받기 어렵다. 따라서 컨설팅 명목으로 받은 돈은 중개보수를 초과 수수한 것으로 되어 자격정지 6월에 달하는 매우 심각한 상황이 벌어질 수 있다. 그러므로 고객이 반환을 요구하면 다투지 말고 법정 중개보수를 초과한 금액은 반환하는 게 현명한 선택이다.

| Point |
- 중개보수 이외 컨설팅 수수료는 함정이다.
- 간이과세자가 부가가치세를 징수하면 세금으로 납부해야 한다.
- 컨설팅을 하려면 컨설팅 용역보고서를 작성할 수 있어야 한다.

중개보수 할인의
결말

　공인중개사들과 이야기하다 보면 공통적으로 본인이 본 공인중개사 시험 회차가 가장 어려웠다는 말을 한다. 같은 회차에 시험 본 사람들이 아닌데도 어쩌면 다들 똑같은 말을 하는지 신기할 정도다. 시험에 합격한 사람이 현장에서 일을 하기 시작하면 치열한 경쟁을 맛보게 된다. 거래는 한정적인데 공인중개사는 많다 보니 더는 공인중개사가 배출되는 일이 없었으면 좋겠다는 생각을 한다. 공인중개사 합격자 수급조절을 위해 절대평가가 아닌 상대평가를 해야 한다고 주장하기도 한다. 본인이 시험 볼 때는 절대평가여서 다행이란 생각이 들었으면서 막상 시험에 합격하고 보니 경쟁자가 줄었으면 하는 마음이 드는 것으로, 자기 입장에 따라 공인중개사 시험을 대하는 관점이 달라진다(최근 공인중개사 상대평가에 대한 입법이 추진되고 있지만, 상대평가가 되어도 상황은 변하지 않을 것이다).

과열된 경쟁 속에 해서는 안 될 행동이 나온다
　해마다 많은 공인중개사가 배출되어 중개사무소를 개업하면서 주변의 경쟁자가 더욱 많아진다. 경쟁이 치열하다 보니 해서는 안 되는 일도 빈번하게 일어난다. 다른 중개사무소의 물건을 빼내거나, 손님을 빼앗는 식이다. 또한 중개보수를 깎아준다는 말로 고객의 마음을 솔깃하게 만드는 일도 빈번하게 일어난다.

만약 같은 지역의 어느 중개사무소에서 '중개보수 50% 할인' 이란 현수막을 붙이면 어떨까? 나도 따라 50% 할인을 걸어야 할까? 그렇지 않다. 그건 다 같이 죽자는 소리나 마찬가지다(만일 그렇게 50%를 할인해줘도 다 같이 잘 먹고살 수 있다면 할인을 말리지 않는다. 하지만 할인의 본질은 나만 살면 되고 다른 것은 신경 쓰지 않겠다는 의미다. 이는 2018년 1월 네이버 부동산 매물광고 셋다운 실패와 동일한 결과다).

귤 상자 안에서 귤 하나가 썩어 있다면 얼른 제거해야 한다. 그렇지 않으면 상자 안의 귤 전체가 썩는다. 여담이지만, 얼마 전에 지인의 문병차 병원을 다녀온 적이 있다. 지인의 맞은편 침대에 누워 있던 환자를 보니 한쪽 발을 붕대로 감고 있었다. 그 연유가 뭔지 지인에게 물어보니 합병증으로 발가락이 곪아 잘라내는 수술을 받았다고 했다. 이처럼 깨끗이 잘라내야 더는 곪는 것을 방지할 수 있어 종국에는 목숨을 구할 수 있다. 발가락이 아까워 임시방편으로 대처한다면 종국에는 염증이 더 확산되어 발가락이 아닌 발 전체를 절단해야 하는 사태가 올 수 있고, 그마저도 시기를 놓치면 염증이 전신에 퍼져 목숨까지 잃을 수 있다.

중개업도 마찬가지다. 거시적인 안목 없이 단지 당장의 손님

끌기에 급급해 중개보수 인하에 나서고, 그에 질세라 다른 중개사무소도 따라 하면 어떻게 될까? 당장은 소비자가 박수 치며 좋아할 것이다. 적은 중개보수를 제시하는 곳에서 거래하면 비용을 아낄 수 있기 때문이다. 하지만 이게 과연 소비자를 위한 길일까? 중개보수 인하 경쟁이 붙으면 중개업 전체의 신뢰가 무너지며 제 살 깎는 식으로 출혈경쟁이 심화된다. 중개사고가 증가하고 수많은 분쟁이 발생할 것이다. 결국 '중개업 해봤자 남는 거 없다'는 자조적인 말을 남기며 폐업하는 사람이 늘어난다(나도 그러한 상황에 해당하지 않는다는 보장은 없다).

소비자들도 마찬가지다. 결과가 뻔하기에 신규 개업하는 사람도 적다. 이런 연유로 점차 개업 공인중개사가 줄어들면서 오히려 중개보수를 많이 지급하는 의뢰인과 거래하려고 할 것이다(부동산 시장이 뜨거울 때는 공감이 안 되겠지만, 매수자 우위 시장에서는 중개보수를 2배 지급하겠다는 의뢰도 빈번하게 발생한다).
결과적으로 소비자는 양질의 부동산 거래를 할 수 없다. 물론 직거래는 가능하겠지만, 한두 푼 하는 거래가 아닌데 직거래로 거래하는 게 과연 매도인과 매수인에게 도움이 될까? 아무런 사고가 안 생긴다는 보장만 있으면 도움이 되겠지만 세상 일이 그리 호락호락하지 않다. 결과적으로 우량 부동산을 사기 위해서는 중개보수보다 더 많은 비용을 지출해야 하는 일이 올 수 있다. 이를 거래비용의 증가라고 한다.

애초 하나의 공인중개사가 불러온 중개보수 인하의 결과는 결국 승자도 없이 다 같이 피투성이다. 그런데도 멀리 보지 못하고 바로 코앞의 중개보수를 갖고 소비자를 유치하려는 짧은 생각을 가진 공인중개사가 은근히 많다. 소탐대실(小貪大失)의 전형적인 유형이라 할 수 있다. 따라서 필자는 이런 중개사무소는 가차 없이 비판받아 마땅하다고 보며, 전체 개업 공인중개사와 고객을 위해 철저히 도려내야 한다는 입장이다. 그래야 전체 부동산 시장에 피해를 주는 일이 없기 때문이다.

| Point |
- 중개보수 할인을 미끼로 하는 영업 전략은 절대 용납해서는 안 된다.
- 중개보수 할인의 결과는 참혹하다. 기본적으로 지켜야 할 것은 지키는 상도덕이 필수다.
- 중개보수 할인을 전략으로 내세운 중개사무소는 과거에도 많았지만, 지금까지 지속적으로 잘 운영되는 곳은 단 한 곳도 없다.

Part 8

아무도 알려주지 않는 프로 공인중개사의 중개 비법

부동산 시장별 180도 달라지는
중개 노하우

중개를 하다 보면 다양한 문제가 발생하게 된다. 하지만 문제는 스트레스 받고 자포자기하며 주저앉으라고 있는 게 아닌 해결하라고 있는 것이다(해결할 문제가 있으니 얼마나 좋은 일인가?). 집에 쌀은 떨어져 가는데 얼굴만 보고 있으면 답이 나오지 않는다. 문제를 만나면 두려워 말고 방법을 찾자. 분명 어딘가에 방법이 있다.

문제해결능력을 갖추려면 절실함이 있어야 한다. 하지만 실제 문제에 부딪히고도 절실하지 않은 경우가 많다. 또한 문제가 해결될 때까지 포기하지 않는 근성이 필요하고, 나아가서 '절대 지지 않는다, 못 먹어도 고!'의 승부욕이 필요하다. 개업 공인중개사는 경쟁 구도에서 산다. 야생에서 살아남으려면 일등이 되어야 한다. 근성과 승부욕이 없으면 이 업계에서 살아남기 힘들다. '좋은 게 좋은 거지'라는 말은 허울 좋은 껍데기뿐이다. 공인중개사끼리는 이 말이 통하지 않는다. 능력 있으면서 가진 게 많고 강한 사람이 베풀 수 있으며 희생할 수 있다. 가진 것도 없으면서 희생한다, 베푼다, 아량을 보인다는 말은 도망가기 위한 핑계일 뿐이다.

개업 공인중개사가 되기로 결정했다면 성공하는 부동산 중개업을 꿈꿔야 한다. 그리고 무엇이 성공의 기준인지 목표가 분명해야 한다. 아마추어 공인중개사는 자신의 성공에만 관심이 있지만, 프로 공인중개사는 타인을 위한 성공에 관심이 많다. 그래서 프로 공인중개사는 충분히 존경받을 자격이 있다. 한편으로 지금까지 부동산 중개업이 존경받지 못한 이유는 진정한 프로 공인중개사가 되기 위한 준비가 부족했기 때문이다. 누군가로부터 존경받으려면 존경받을 만한 충분한 이유가 존재해야 한다. 당신은 존경받는 프로 공인중개사가 되기 위해 무엇을 하고 있는가?

| Point |
- 문제는 해결하라고 존재하는 것이다.
- 근성과 승부욕이 필수다.
- 아마추어 공인중개사는 자신의 성공에만 관심을 가지지만, 프로 공인중개사는 타인을 위한 성공에 관심을 가진다(이기심보다 이타심이 더 필요하다).
- 존경받는 프로 공인중개사가 되자.

안 되는 걸 되게 만드는 게
진짜 실력이자 능력이다

자영업의 가장 큰 어려움은 지속적인 동기부여다. 가장 좋은 방법은 본인보다 긍정적인 에너지가 많은 사람을 찾는 것이다. 사람은 누군가와 더불어 살아야 한다. 다만, 누군가와 함께한다고 늘 좋은 것은 아니다. 내게 긍정적인 에너지를 줄 수 있는 사람이 필요한 것이지, 부정적인 에너지를 주는 사람은 거리를 둬야 한다.

필자는 다양한 사람을 만나면서 지식이 많은 사람들이 부정적인 경우를 많이 봐왔다. 이들은 유능함과 똑똑함을 증명하기 위해 모든 일에 대해 어렵고 안 되고 힘든 이유를 찾는다. 즉, 본인은 아무것도 하지 않고 이유만 찾는다. 다른 사람이 사업에 실패하면 "거봐, 내 말을 들었어야지" 하며 혀를 찬다. 자신은 똑똑한 덕분에 그런 사업 자체를 안 했다고 으스댄다. 이분들은 팔짱 끼고 앉아서 늘 '될까, 말까'만 고민하고 있다. 시간이 지나도 고민은 지속된다. 결국 변하는 건 아무것도 없다. 언제 개업하냐고 물으면 "고민 중입니다", "글쎄요"라는 대답을 한다. 이분들은 매번 이유를 대며 '왜 안 하는지', '안 할 수밖에 없는

지'를 읊조리지만 필자에게 그 말은 핑계로밖에 들리지 않는다.

쉬운 일은 애초에 없다. 안 되는 걸 되게 만드는 게 실력이고 능력이다. 세상에 완전한 것은 없다. 문제가 있다면 해결할 방안을 찾아 시도하면 된다. 그런데도 단지 '문제'에만 집착해 해결할 시도조차 하지 않는 부정적인 사람은 인생에 족쇄를 찬 것과 같다. 부정적인 사람이 이게 왜 어렵고, 왜 힘들며, 왜 성공하기 어려운지를 따지고 있을 때, 긍정적인 사람은 어떻게 하면 쉽게 할 수 있고, 어떻게 하면 성공할 수 있을지를 고민한다. 이는 무엇이든 좋고 다 잘될 것이라고 이야기하는 것과는 다르다. 여러분 주위에는 어떤 사람들이 있는가? 문제 제기는 잘 하지만 해결책이 없는 부정적인 사람과는 관계를 정리하고, 문제를 발견하면 해결하기 위한 방안까지 제시하는 긍정적인 사람과 더욱 가까이하자. 지속적인 성공을 위해서는 긍정적인 사람들과 함께 서로 동기부여를 주고받는 것이 매우 중요하기 때문이다. 긍정적인 사람들과 함께 더 크고 밝은 미래를 위해 한발 한발 나아가야 할 시점이다.

| **Point** |
- 세상에 쉬운 일은 하나도 없다. 중개업도 마찬가지다.
- 긍정적인 에너지와 마인드를 가진 사람들이 성공을 좌우한다.
- 안 되는 걸 되게 만드는 게 실력이고 능력이다.
- 긍정적인 사람들과 함께 실력과 능력을 키우는 일에 집중하자.

매도, 매수 우위 시장
중개 노하우

부동산 시장은 끊임없이 변화한다. 같은 상황 속에서 누군가는 시장 탓만 하며 상황이 바뀌길 기다리는 반면, 누군가는 상황을 바꿀 수 없기에 상황에 적응하고자 끊임없이 노력하고 있다.

"부동산 가격이 오르고 있어 물건이 씨가 말랐어요. 사겠다는 고객은 많은데 물건이 없으니 개점휴업 상태예요."

부동산 상승기에는 이런 하소연을 많이 한다. 제3자 입장에서 보면 사겠다는 사람이 많으니 거래가 활발할 듯 보이지만, 사실은 팔겠다는 사람이 없어 거래 건수가 많지 않다. 이렇게 사업이 안 될 때 모두 손 놓고 있어야 할까? 그렇지 않다. 프로 공인중개사는 부동산 시장 상황과 상관없이 본인이 해야 할 역할을 정확히 이해하고 있고 꾸준히 실천하고 있다. '기회는 준비된 자의 것이다'라는 말처럼, 프로는 기회를 포착하기 위해 꾸준히 준비한다.

부동산 상승기(매도자 우위 시장)에서 프로 공인중개사는 연신 최고가 거래를 한다. 프로 공인중개사가 거래한 가격이 최고가며, 다음 거래도 프로 공인중개사가 진행해서 더 비싸게 거래한 다. 어느 지역에 중개사무소 10곳 있는데 한 달 매매 물건이 10 개가 거래됐다고 보자. 그러면 사람들은 한 곳 당 한 건씩 계약 했다고 생각하는데 전혀 그렇지 않다. 전체 물건의 절반 이상을 프로 공인중개사가 계약했고, 나머지 물건을 남은 중개사무소 가 나눠서 계약하는 것이다. 부동산 중개업도 파레토의 법칙(2 대8 법칙)을 넘어 10%의 법칙이 통용된다는 말이 나오는 것이 다. 결국 부동산 시장 상황보다 내가 이 10% 안에 있느냐 없느 냐가 더욱 중요한 것이다.

매도자 우위 시장에서 중개법

부동산 상승기에는 물건은 없고 손님은 많다. 일반 공인중개 사들은 물건이 없단 이유로 손님을 다 보낸다. 하지만 프로 공 인중개사는 손님을 출발(계약 준비)시킬 준비를 한다. 예를 들어, 최근 3억 원 실거래가 된 부동산의 물건을 사고 싶은 A, B, C, D 의 고객이 있다. 이들이 사고 싶은 가격도 3억 원이다. 하지만 물 건은 없다. 프로 공인중개사는 이들에게 최대한 얼마까지 자금 을 지급할 수 있는지 사전에 묻는다. 이때, A는 3억 1,000만 원, B는 3억 2,000만 원, C는 3억 원, D는 3억 2,000만 원이라고 답 했다고 보자. 그럼 프로 공인중개사는 3억 2,000만 원을 말한 B, D만 유력 매수고객으로 등록해놓는다. 그 후 물건이 3억 3,000 만 원에 나왔다고 보자. 이러면 인근 공인중개사는 모두 놀라 입 이 떡 벌어진다. 3억 원으로 거래된 지 한 달도 안 되어 10%나 오른 물건이 등장했기 때문이다. 그러면 다들 너무 비싼 그 가격에는 살 사람이 없다고 한탄한다.

하지만 프로 공인중개사는 다르다. B, D에게 전화를 걸어 3억 3,000만 원에 나온 물건이 있는데 얼마까지 지급할 수 있는지를 묻고, 지금 당장 가계약금을 걸 수 있는지 묻는다. 가계약금을 걸 수 있다면 매도자와 가격 협의를 해보겠다고 한다. 하지만 막상 가격협의가 끝났는데 가계약금을 걸 수 없다면 이 물건은 다른 곳으로 날아가버리고, 고객은 기회를 잃게 되는 것이라고 말해둔다. B가 3억 2,500만 원까지 가능하다고 말하면 이제 물건을 출발시킬 준비를 한다. 사실 500만 원의 갭 차이는 일반 공인중개사라도 조정이 가능하다. 양측에 잘 전화해 조절하는 것이다. 또한 3억 2,500만 원까지 가격을 제시한 B(매수고객, 업계 용어로 '가격을 쫓아왔다'고 표현)는 100~200만 원 정도 더 쓸 용의가 충분히 있다. 다만 매도자가 제시하는 금액을 다 주고 사긴 싫다는 심정이다. 이런 식으로 협의를 해 가계약금을 입금시키거나, 만약 끝까지 500만 원의 갭 차이가 줄지 않으면 공인중개사가 먼저 매도자 통장으로 약정금(그래야 다른 중개사무소로 물건이 빠지지 않는다. 가계약금과는 다른 성격)을 넣어놓고 다른 매수고객에게 본계약을 진행할 수도 있다. 만약 B와의 협의가 깨지더라도 D가 있기 때문이다.

이렇게 3억 2,600만 원~3억 2,700만 원에 거래가 됐다면 그 다음 거래는 이 가격 이상으로 사줄 고객이 필요하다. 그 이하는 유망고객이 아니므로 사고 싶은 고객이 많다고 이를 매수고객으로 착각해서는 안 된다. 오른 가격으로 살 수 있는 사람만이 진짜 고객이다.

이렇게 매도자 우위 시장에서 프로 공인중개사는 손님을 먼저 출발시키고 물건이 나오면 바로 계약을 붙여서 성사시킨다. 이 가격을 보고 주변 공인중개사들은 놀라 입이 떡 벌어지지만 얼마든지 가능한 일이다. 프로 공인중개사는 손님을 먼저 출발시키는 사전 작업을 하지만, 일반 공인중개사는 이런 사전 작업 없이 그저 물건이 나오면 그때부터 손님을 찾으니 매번 한 발 늦을 수밖에 없다.

Plus Tip 저 건물 작업해주세요

"사장님, 저 건물 맘에 드는데 작업 좀 해주세요"라는 의뢰를 받는다면 고객에게 "가격은 달라는 대로 주실 거죠?"라고 물으면 된다. 이때 "아니, 지금 시세가 얼만데 시세대로 사거나 그 이하로 사야죠"라고 대답한다면 진정한 매수자가 아니므로 괜한 힘 빼지 말고 돌려보내길 바란다.

팔 의사가 없는 고객에게 팔라고 하려면 당연히 높은 가격을 제시해야 한다. 그런데 사는 사람은 오히려 싸게 사고 싶어 하므로 이런 경우 계약이 성사되기 어렵다.

매수자 우위 시장에서 중개법

"부동산 가격이 떨어지고 있어 사겠다는 사람이 없어요. 팔겠다는 물건은 많은데 살 손님이 없어 개점휴업 상태예요."

부동산 하락기에는 이런 하소연을 많이 한다. 그렇다면 모든 공인중개사들이 손 놓고 있을까? 그렇지 않다. 이 시기에 프로 공인중개사는 전세 고객을 매매 고객으로 잘 바꾸는 공인중개사다. 예를 들어보자. 3억 원에 나온 물건은 많으나 매수자가 적다. 이런 경우 프로 공인중개사는 물건을 내놓은 매도자 A, B, C에게 전화를 건다.

"사장님, 전세를 찾는 손님들 오시면 제가 매매로 한번 돌려볼게요. 그런데 요즘 부동산 시장이 영 좋지 않아 사겠다는 사람이 없고, 만약 산다 해도 가격에 많은 부담을 갖으시더라고요. 그러니 가격을 낮춰주시면 브리핑하기 수월할 것 같은데, 2억 9,000만 원 어떠세요?"

이렇게 A, B, C 모두에게 전화를 건 결과 A, B는 좋다고 했지만 C는 반대했다. 그러면 A, B가 매도고객이 된다. 전세 고객이 왔을 때 집을 보여주며 매매를 권했지만, 고객이 오로지 전세만 구하겠다고 의사표시를 하면 전세를 구해주면 된다. 그 후 매도자 D가 물건을 접수하면 2억 8,000만 원이 된다. 왜냐하면 2억 9,000만 원에 나온 물건도 안 팔리고 있단 점을 강조하면서 2억 8,000만 원에 내놓는 게 어떠냐고 권하기 때문이다. 여전히 고객은 없지만, 이는 물건이 출발할 수 있도록 준비를 하는 과정이다. 이렇게 공인중개사는 가격을 맞춰놓고 가만히 기다리는 게 아닌 일정 시간이 지나면 A, B, D에게 이런 전화를 드린다.

"내일 정말 오랜만에 매수자가 오기로 했는데, 정황상 살 사람이 맞는 것 같아요. 이분께 물건을 보여드리려고 하는데, 현재 우리 아파트에 사장님과 비슷한 면적이 4개 정도 나와 있어요. 사장님께 죄송하지만 혹시 2억 7,000만 원에 브리핑해도 될까요? 워낙 싼 걸 찾으시는 손님이라서요."

- A : 아, 2억 7,000만 원은 너무나 싼데요. 그래도 어쩔 수 없죠. 그렇게 해주세요.
- B : 2억 7,000만 원은 안 됩니다.
- D : 아, 1,000만 원 더 낮아지는데 할 수 없죠. 2억 7,000만 원에 해주세요.

이렇게 되면 A, D 물건이 출발 준비가 된 것이다. 그 후 고객이 찾아오면 2억 7,000만 원에 브리핑하면 될까? 그렇지 않다. 이 고객이 해당 중개사무소가 아닌 다른 중개사무소에 들렀을 때도 같은 2억 7,000만 원을 듣는다면 다른 중개사무소에서 계약할 수도 있다. 이러면 물건 작업 다 해놓고 고객을 뺏기는 꼴이 되어버린다. 따라서 고객에게 브리핑할 때는 2억 6,000만 원이 된다. 매도자가 내놓은 가격은 2억 7,000만 원이지만 어떻게든 작업을 해보겠다고 말이다. 어쨌든 이렇게 한 후 A, D 물건을 본다. 물건을 보니 고객은 A가 더 맘에 든다고 한다.

이때 공인중개사는 A 매도자에게 "사장님, 제가 2억 7,000만 원에 브리핑했는데 고객이 조금 더 조정해 달라고 하시네요. 2억 6,000만 원이면 살 것 같은데요. 이번 기회 놓치면 언제까지 기다려야 할지 모르고요"라고 말한다.

매수자에게는 "사장님, 2억 7,000만 원에 나온 집을 어떻게든 2억 6,000만 원까지 조정해보려고 했는데 소유자분이 손해가 이만저만 아니라고 펄펄 뛰시네요. 사실 2억 9,000만 원에 사신 집이거든요. 그러니 맘에 드시는 집, 이왕 쓰실 때 조금만 더 써주세요"라고 말하며 중간에 가격이 절충되도록 노력을 한다.

중개사무소가 해야 하는 역할

이렇듯 진정한 프로 공인중개사는 부동산 시장 상황에 따라 가격을 견인하는 사람이며, 결정적인 순간에 계약서에 도장을 찍을 수 있도록 만드는 사람이다. 그에 반해 아마추어 공인중개사는 무엇을 해야 할지 모르는 사람으로, 남들 따라 끌려다니다 보니 늘 한 박자가 늦는다. 그러니 아마추어는 부동산이 상승할 땐 물건이 없어 계약을 못 하고, 부동산이 하락할 땐 손님이 없어 계약을 못 하는 사태가 온다. 하지만 프로는 앞서 본 것처럼 부동산 상승기에는 매수고객을 준비시키고, 부동산 하락기에는 물건 출발을 준비시켜 언제든 계약이 성사되도록 만들어놓으니 경기의 영향을 적게 받는다.

간혹 물건도 없는데 가격만 올려놓는 것 아니냐 또는 살 사람도 없는데 가격만 내려놓는 것 아니냐는 는 볼멘소리를 하는 분들도 종종 있다. 하지만 전혀 그렇지 않다. 사야 하는 고객들이 잘 살 수 있도록 적극적으로 도와주는 역할, 팔아야 하는 고객들이 잘 팔 수 있도록 적극적으로 도와주는 역할이 바로 부동산 중개업이다. 현재 조건에서는 살 수도, 팔 수도 없는 상황인데 막연한 희망만을 심어주는 것은 올바른 공인중개사의 역할도 아니며 나아가서 고객들이 진정으로 바라고 기대하는 것도 아니다. 이때 공인중개사에게 중요한 것은 고객들에게 매매가 우선인지, 아니면 가격이 우선인지를 선택하도록 하는 것이고, 그 선택에 따라 도움을 드리는 것이다. 결국 공인중개사는 사야 할 고객들에게 부동산을 꼭 사주기 위해 열심히 노력하는 것이고, 팔아야 할 고객들의 부동산을 꼭 팔아주기 위해 열심히 노력하는 것이지 가격만 올리거나 내리려는 게 아니다.

| **Point** |

매도자 우위 시장에서의 중개기법
- 매수 손님이 많은 것이 아니다. 실제로 계약을 체결할 손님은 단 한 명이다. 프로 공인중개사는 진짜 매수할 손님이 누구인지 미리 파악한다.
- 매도자 우위 시장에서는 손님을 먼저 출발시킨다.
- 물건이 나오기 전에 출발할 수 있는 손님을 미리 준비하는 과정을 '손님 개선작업'이라고 한다.

매수자 우위 시장에서의 중개기법
- 매도 물건은 많은 것이 아니다. 실제로 계약을 체결할 물건은 단 하나다. 프로 공인중개사는 진짜 팔아야 할 물건이 무엇인지 미리 파악한다.
- 매수자 우위 시장에서는 물건을 먼저 출발시킨다.
- 손님이 나오기 전에 출발할 수 있는 물건을 미리 준비하는 과정을 '물건 개선작업'이라고 한다.

프로 공인중개사는 항상 준비된 사람이다
- 프로 공인중개사는 꼭 팔아야 할 물건들을 팔 수 있도록 도와주고, 꼭 사야 할 고객들을 살 수 있도록 도와주는 사람이다.
- 프로 공인중개사는 시장에서 항상 가격을 리드하는 사람이다.
- 매도자 우위 시장과 매수자 우위 시장의 차이점을 이해하고 시장에 맞는 공인중개사의 역할이 무엇인지 정확하게 이해해야 한다.
- 프로 공인중개사는 부동산 시장 상황과 무관하게 물건 관리 및 손님 관리를 통해 언제든 거래할 수 있도록 항상 준비된 사람이다(손님 및 물건 개선작업).

인정받는
중개사무소 되는 방법

중개업에는 '출발'이란 용어가 통용되는데 출발이란, 즉시 나와서 계약할 수 있는 상태를 말한다. 예를 들어 투자자 또는 실수요자가 부동산을 사려고 한다. 하지만 마땅한 물건이 없던 A중개사무소가 B중개사무소에 의뢰를 하자, 물건이 있다고 한다. "대표님, 이거 출발 가능한 물건이에요?"라는 A중개사무소의 물음에 B중개사무소는 그렇다며 걱정말라고 했다. 이에 A중개사무소는 손님에게 브리핑을 하고 계약을 추진한다. 투자자가 몰리는 시기라 부동산도 안 보고 계약금부터 넣겠다고 한다. 이에 B중개사무소에 전화를 걸어 매도인의 계좌번호를 묻는다. 하지만 곧 번호를 보내겠다는 B중개사무소의 회신은 끝내 오지 않았다.

이렇듯, 출발된다고 해서 계약을 추진, 계좌번호를 물었는데 매도인으로부터 계좌번호를 못 받아오면 업계에서 신용을 잃는다. 반대의 경우도 마찬가지다. 진짜 살 매수인이라는 말에 물건지 중개사무소는 매도인과 힘겹게 가격협상을 마쳤는데, 매수인이 가계약금을 안 보내면 신용을 잃는다. 이렇게 되면 "○○부동산은 매번 출발된다고 하는데 안 돼. 다 거짓이야"라는 인식이 박히게 되어 공동중개 의뢰 전화가 가지 않는다. 신규 개업 공인중개사는 물건이 없어 공동중개를 할 수 밖에 없는데, 공동중개 성사가 안 되면 버티기 어려워진다. 따라서 당장 현혹하는 말보다 신뢰를 쌓을 수 있는 말과 행동이 중요하다. 공동중개 의뢰 시에는 "대표님, 지금 출발 가능한가요?"라고 묻자. 반대로 본인이 이런 질문을 받았다면 이에 대한 답변을 정확히 해야 믿을 만한 중개사무소, 실력 있는 중개사무소라는 평가를 받는다.

| **Point** |
- 항상 출발이 준비된 개업 공인중개사가 실력을 인정받는다.
- 중개사무소의 신용을 지키려면 뱉은 말을 지킬 수 있어야 한다.

가격조절이 안 될 때
계약 이뤄내는 법

매도고객은 5억 1,000만 원에 판다고 하고, 매수고객은 5억 원이면 산다고 한다. 우리 중개사무소에는 다른 고객이 없는 상황에서 다른 중개사무소에는 대기 고객이 있는 것 같다. 매도자가 5억 원으로 조절해주면 좋겠지만 그럴 의사가 전혀 없는 듯하다. 만일 이번에 계약을 못 하면 다른 중개사무소에서 냉큼 계약할 것 같다. 이 상황을 어떻게 해야 할까? 뻔히 그런 상황이 발생될 걸 알면서 그냥 지켜봐야 할까? 아니면 어떻게든 당겨보는 게 좋지 않을까?

이런 경우 필자는 여지를 준다. 매도고객에겐 "사장님, 우선 5억 1,000만 원에 계약된다고 생각하시고 우선 신분증 가지고 저희 사무실로 낮 11시까지 나와 주세요"라고 말한다. 매수고객에겐 "사장님, 우선 5억 원에 계약된다고 생각하시고 신분증과 계약금 가지고 저희 사무실로 낮 11시까지 나와 주세요"라고 말한다. 가격조절의 여지를 남겨두는 것이다. 그렇게 말한 후 양측의 입장을 들어본다. 정 맘에 들지 않으면 나오지 않을 것이며 "두루뭉술하게 말고 확실하게 결정되면 연락주세요"라고 하면 어쩔 수 없는 것이다. 그런데도 이 간단한 시도조차 해보지 않고 그저 안 된다고 미리 포기해버리니 노력이 부족하단 생각이 든다.

이렇게 당겼는데 두 고객 다 중개사무소에 나왔다면 가격조절이 가능할 수 있다는 것이다. 그런데도 사전에 조절을 안 해준 이유는 자존심 때문인 경우가 많다. 더 내려서는 팔기 싫다는 자존심, 더 주고는 사지 않겠다는 자존심의 결과다. 어쨌든 중개사무소에 왔다는 자체는 협상의 여지가 충분하다는 의미이므로, 이때 필자는 중간 가격인 5억 500만 원을 제시하며 계약서를 써보겠다고 말한다. 그럼 이 조건이 맘에 들지 않는 누군가는 나갈 수 있다. 그럼 밖으로 나가 "당신을 위해 노력해줄게요"라고 설득해 같이 들어온다. 그래서 이번엔 다시 5억 700만 원의 계약서를 작성한다. 그러면 누군가 또 나갈 수 있다. 그럼 다시 반복해서 설득한다. 설득하는 사이 한쪽에선 이미 계약서를 작성하고 있어 설득이 끝나면 바로 도장을 찍을 수 있는 상태를 만들어놓는다. 시간을 지체하면 일이 틀어질 수 있기 때문이다.

계약이 체결된 후에는 중개보수를 어떻게 잘 받을 것인가를 염두에 둬야 한다. "가장 좋은 조건에 잘 파셨습니다", "가장 좋은 조건에 잘 사셨습니다"라는 말이 좋다. 그래야 위안을 삼고 기분 나빠하지 않는다. 기분 나쁜 채 돌아가면 나중에 중개보수 못 준다는 말이 나올 수 있기 때문이다.

| Point |
- 마지막에 가격협상을 이끌어내는 방법을 배우자.
- 금액이 100억 원 이상의 큰 거래일수록 말 한마디에 수억 원씩 왔다 갔다 하므로 이러한 일이 종종 발생한다. 반면 금액이 적은 경우에는 대부분 전화로도 조율이 가능하다.

Plus Tip 가격을 떠보는 고객 가리는 방법

(실제론 팔 의사가 없으면서) 가격 동향이나 시세를 알아보기 위해 팔 것처럼 의뢰하는 사람이 있다. 이런 경우 출발이 불가능한 고객이다. 부동산 매물 광고를 했지만 막상 손님이 붙으면 달아나는 사람들로, 본인이 알고 싶은 정보를 얻기 위해 시장을 교란하는 사람들이다. 따라서 개업 공인중개사는 허위매물 등록 방지 등을 위해 사전에 매도 의사를 정확하게 타진하는 노력이 필요하다.

중립적인 중개라고?
당신은 초보다

부정비리에 연루되어 교도소에 수감됐다 출소한 국회의원이 있다. 이 사람이 다음 총선 때 국회의원에 재출마하면 당선될 확률이 높을까? 떨어질 확률이 높을까? 통계적으로 떨어질 확률보다 당선될 확률이 더 높다고 한다. 그렇다면 유권자들은 왜 이 사람에게 표를 줬을까? 남의 죄를 빨리 용서해서일까? 아니면 인지도가 높아서일까? 그렇지 않다. 다시 당선된 이유는 '이 사람이 당선되면 나한테는 이득이 될 것 같아서'다. 한마디로 그릇된 행동을 했어도 그 사람이 상대 후보보다 자신에게 더 이득이 된다면 표를 줄 수 있다는 말이다. 이를 이기적이라고 말할까? 아니면 바보라고 말할까? 정의사회를 구현하려면 그런 사람에게 표를 주면 안 된다고 목소리를 높일 것인가? 물론 이치상으론 표를 주면 안 되겠지만, 현실은 그렇지 않다. 후보 중 누군가를 선택해야 한다면 본인에게 더 이득이 되는 사람을 선택하는 건 자본주의 원리상 지극히 당연한 결과다.

이런 심리를 중개업에 똑같이 반영해보자. 고객들은 양측의 고객 모두에게 중립적인 입장에서 객관적이고, 합리적이며, 형평성 있는 공인중개사를 원할까? 아니면 자신에게만 잘해주는 공인중개사를 원할까? 당연히 후자를 원한다. 중립은 말도 안 되는 소리고, 내 편에서 일해줄 공인중개사를 원한다. 그렇다면 공인중개사가 취해야 할 포지션은 정해져 있다. "저의 고객인 당신만 특별합니다"라는 생각을 해야 한다. 매도고객도 '이 공인중개사는 날 위해 일해주는군'이란 생각이 들게 만들어야 하고, 매수고객 또한 '이 공인중개사는 날 위해 일해주는군'이란 생각이 들게 만들어야 한다.

많은 사람이 중개를 머리와 지식으로만 한다고 생각하지만, 고객이 원하는 진정성 있는 마음으로 중개하는 것이다. 또한 이런 생각이 들게 만들려면 고객이 원하는 것을 알아야 한다.

| Point |
- 고객들이 원하는 중개는 중립적인 입장에서 객관적이고 합리적이며 형평성 있는 중개를 원하는 것이 아니다. '오직 나의 고객인 당신만 특별하다'는 생각으로 고객 본인만을 위해 노력해주는 공인중개사를 원한다.
- 고객들이 진정으로 원하는 중개는 머리와 지식으로 하는 중개가 아니라 마음으로 하는 것이다.

고객의 진의를 파악해야 한다

매매고객은 의도를 숨기는 경우가 많다. 파는 이유 및 사는 이유(셀링 포인트)가 가장 중요하지만 고객이 잘 알려주진 않는다. 특히 매도 이유가 거래에 있어 매도자의 아킬레스건인 경우가 많기 때문이다. 자신이 불리해질까봐 진짜 이유는 숨기는 경우가 많은데 고객의 진의를 파악하는 게 스킬이다. 반면 임대차 고객은 진의를 알기 쉽다. 임대차의 포인트는 이사 날짜다. 상담할 때 반드시 이사 날짜를 물어봐야 하는데, 이는 숨길 만한 사항이 아니므로 매매에 비해 수월하다.

프로 공인중개사일수록 매매 고객의 진의를 재빨리 파악해 도움을 준다. 이때, 고객의 진의를 파악하는 방법은 인위적으로 캐묻는 것이 아닌 고객과 자연스러운 대화를 통해 끌어내는 것이다. 따라서 중개사무소는 고객과의 상담 기술을 습득하는 것이 중요하다.

| **Point** |
- 매매 거래의 포인트는 매도 이유다.
- 임대차 거래의 포인트는 이사 날짜다.
- 열 길 물속은 알아도 한 길 사람 속은 모른다.

Plus Tip 매도(임대) vs 매수(임차), 공인중개사의 적절한 포지션

1. 힘 있는 사람 편이다

공인중개사는 중립적인 중개를 할 수 없다. 매도자 우위 시장에서는 매도자 편, 매수자 우위 시장에서는 매수자 편이다. 물론 양측의 고객들에게는 당신만을 위해 최선을 다한다는 느낌을 줘야 하지만, 실제론 힘 있는 사람 편에 서야 안정적이다. 일반적으로 매매거래인 경우 매수자 편 위주로 중개할 수밖에 없다. 매도자는 팔고 끝나지만, 매수자는 나중에 다시 팔 사람이기 때문이다. 그러므로 매수자를 의심하게 만들어 신뢰를 잃으면 안 된다. 또한 임대차 거래에서는 임대인 편이다. 다음 임대차 거래에도 물건을 임대하고 싶다면 말이다.

2. 계약의 주도권을 뺏기지 말자

계약을 체결할 때는 어떤 경우에도 공인중개사가 주도권을 놓치면 안 된다. 만약 계약서 작성 또는 확인설명서를 설명하는 중에 거래당사자들이 서로 이야기를 한다면 막는 게 좋다. 계약의 주도권을 뺏기는 순간, 계약이 꼬이거나 깨지고 중개사고가 일어날 확률이 높다. 또한 계약 후 잔금까지의 기간에도 반드시 개업 공인중개사를 통해 대화가 오고 가야 한다. 당사자끼리 직접 대화하도록 방치하면 배가 산으로 갈 수 있다. 결국 계약을 체결하면 마무리(잔금 및 중개보수 수령)까지 방심하면 안 된다. 나아가 중간에 발생하는 수많은 문제를 해결할 수 있는 능력이 있어야 한다. 더불어 어떤 경우에도 중요한 이야기는 전화통화보다 직접 만나서 하는 게 가장 좋다.

물건을 떠보러 온 고객
응대 요령

 사람은 자신의 결정에 대해 확신을 가지고 싶어 한다. 그것이 이미 결정을 내린 후라도 말이다. 중개사무소에 있으면 간혹 이미 다른 중개사무소에서 물건을 계약했음에도 그 물건에 대해 물으러 오는 경우가 있다. "사장님, 제가 이 물건을 계약했는데요. 어떤지 한번 봐주세요" 하고 말이다(또는 구체적인 물건을 가리키며 "이런 물건은 어떻게 생각하세요?"라고 묻는 경우가 있다). 이때 여러분이라면 뭐라고 대답하겠는가? 이때는 "잘하셨어요"라고 대답해야 한다. 만약 배가 아픈 마음에 "어쩌면 이렇게 비싸게 사셨어요?"라거나 "그 물건 별로 안 좋은데 왜 사셨어요?"라고 말한다면 고객의 반응은 어떨까? 당장 계약했던 중개사무소로 가서 "A중개사무소에서 그러던데 제가 비싸게 샀다더군요"라거나 "이거 안 좋은 물건이라는데 왜 저한테 권했어요?"라고 따질 것이다. 그럼 그 중개사무소 대표는 A중개사무소로 와서 따질 것이다.

 자, 이 대목에서 생각해보자. 과연 고객이 비싸게 샀는지 말이다. 그걸 A중개사무소에서 증명할 수 있을까? 얼마 후 그 고객보다 더 높은 가격이 체결된다면 결과적으로 고객은 싸게 산 게 된다. 또한 비싸게 샀다 해도 계약서 쓰고 계약금까지 오고 간 마당에 계약을 물릴 수 있을까? 아니다. 이미 그 고객의 상황은 끝났다. A중개사무소가 배가 아파 딴죽 걸어도 깨질 수 있는 계약이 아니다. 그런데도 '못 먹는 감 찔러 본다'는 심보로 대응하다간 중개업계에서 오래가지 못한다. 또한 이런 마인드를 가진 사람은 애초부터 중개업을 시작해서는 안 된다.

여기서 한 발짝 더 나가보자. 일반 공인중개사는 "잘하셨어요"라고 대답하고 끝나지만, 프로 공인중개사는 진도가 더 나간다. "어머, 정말 잘 계약하셨어요. 축하드려요. 좋은 물건이니 나중에 파실 때는 제게도 기회를 주세요. 저희 중개사무소는 이런저런 서비스(내용은 응용하기 나름)를 제공하고 있어 파실 때 많은 도움을 드릴 수 있을 것 같아요" 하면서 구체적인 물건의 주소 및 연락처를 받아놓으면 된다. 이러면 고객 입장에서는 계약을 잘했다고 칭찬도 받고, 나중에 내놓을 때 서비스 받을 곳도 한 곳 더 생겼으니 양쪽 중개사무소에 물건을 내놔도 손해 볼 일이 전혀 없다. 이처럼 프로 공인중개사의 특징은 설사 이번 계약은 놓쳤더라도 다음 계약은 내가 할 수 있도록 준비한다는 점이다. 하지만 일반 공인중개사는 내일이 없으니 계속 제자리걸음이다.

다시 강조하지만, 이미 떠난 계약에 딴죽을 걸어봐야 득 될 게 하나도 없다. 떠난 버스는 인정하고 다음 정류장에서 미리 대기하는 자세를 취해야 한다. 그리고 버스가 올 때는 절대 놓치지 말길 바라며, 그러기 위해선 제공할 수 있는 서비스가 뭐가 있을까를 미리 고민해야 한다. 다른 중개사도 해줄 수 있는 서비스 말고, 나만이 제공해줄 수 있는 서비스가 핵심 경쟁력이다. 나는 어떤 경쟁력을 가지고 있는지 뒤돌아 생각해볼 때다.

| Point |
- 프로 공인중개사는 다음 계약을 미리 기약한다.
- 아마추어 공인중개사는 오늘만 사는 사람들이다.
- 프로 공인중개사는 경쟁력을 갖추기 위해 다양한 서비스로 무장한다.

Plus Tip 진짜 팔지, 안 팔지 아리송할 때

매도고객이 물건을 접수했는데 진짜 팔 생각인지, 아닌지 아리송할 때가 있다. 실컷 매수고객을 대기해놨는데 막상 계좌번호를 달라고 하면 생각이 바뀌었다면서 물건을 걷거나 더 높은 가격으로 내놓는 일이 발생하는 경우다. 단독중개라면 매수고객에게 신뢰가 깨지게 되며, 공동중개라면 일 처리를 못 하는 중개사무소로 낙인찍힐 수 있다. 이런 경우 어떻게 해야 할까? 바로 물건을 접수받을 때 계좌번호도 같이 받아두는 것이다. 이를 두고 매도고객이 "계약도 안 했는데 웬 계좌번호입니까? 지금 사람 테스트 하는 겁니까?"라고 화를 내면 물건 접수를 위한 확인 절차라는 점을 인식시켜준다.

실제, 신축 아파트 입주장을 거래할 때 프로들은 계좌번호부터 받는 경우가 많다. 가격이 쉽게 변동되는 탓에 무산되는 물건들이 많이 등장하기 때문이다. 따라서 이럴 땐 물건 접수 시에 계좌번호부터 받아두는 게 좋은데, 고객이 왜 그러는지 물으면 "가계약을 할 때 계좌번호에 문제가 생기는 경우가 많아서 그걸 방지하고자 물건 접수할 때부터 계좌번호를 받습니다. 다른 손님들도 다 알려줍니다. 싫으시면 계약할 때 알려주셔도 되고요."라고 말하면 좋다. 상대방의 반응을 통해 매도 의사의 진정성을 어느 정도 확인할 수 있다.

잘못된 계약을 봤을 때
대처법

앞서 고객이 다른 중개사무소에서 거래를 한 물건을 물어보러 왔을 때는 딴죽 걸지 말라고 했다. 그런데 그 물건이 정말 잘못된 계약일 때는 어떻게 해야 할까? 필자에게도 이런 경험이 있다.

십여 년 전, 아기를 업은 젊은 여자분이 다급히 우리 중개사무소에 온 적이 있었다. 이분은 입주권이 나온다는 말을 믿고, 다른 중개사무소에서 물건을 계약한 고객이었다. 계약을 빨리 하지 않으면 물건이 날아간다는 말에 서둘러 계약을 하고 계약금을 보냈지만, 이내 찜찜해진 고객이 확인차 주변 중개사무소에 물으러 다녔다. 이때 어느 중개사무소는 입주권이 나온다고 말하고, 어느 중개사무소는 입주권이 나오지 않는다고 말하니 고객이 헷갈려 결국 주변에 물어 입주권 전문인 필자를 찾아온 것이다.

필자가 계약서를 보고 주소 및 여러 제반 사항을 대입, 서울시 조례와 맞춰보니 해당 물건은 입주권이 나오지 않는 물건이었다. 하지만 이미 계약은 끝난 상태였다. 더군다나 계약서의 특약란에는 '입주권이 나오지 않을 경우 모든 책임을 중개한 ○○ 공인중개사가 진다'는 말까지 적혀 있어 더욱 당혹스러운 입장이었다. 이에 필자는 확답을 피하는 대신 당시 서울시 도시정비 담당자를 알려주며, 직접 찾아가 물어보라고 권했다. 답을 주지 않으면 끝까지 자리를 지켜 어떻게든 답을 듣고 오라고 했다. 그 후 답을 들으면 다른 곳에 들르지 말고 바로 필자를 찾아오라고 했다.

이에 그분은 그렇게 했고, 결국 입주권이 나오지 않는다(실제 대답은 공무원의 특성상 "입주권이 나올 가능성보다 그렇지 않을 않을 가능성이 높다"라고 했음)는 답을 듣고 필자를 다시 찾아왔다. 이에 필자는 원래 중개했던 중개사무소로 찾아가 공무원의 이야기를 전하며 계약을 파기하고, 지급했던 계약금만 돌려주면 문제 삼지 않겠다고 말하라고 전했다. 하지만 그분은 여기저기 다니며 고생한 게 얼만데, 계약금뿐 아니라 더 받아야 한다고 했지만, 필자는 그 선에서 마무리하는 게 서로 좋다고 다독였다. 그분은 중개사무소로 가서 전매에 동의하는 조건으로 이같은 사실을 알렸고, 그 중개사무소는 이 물건을 사흘 만에 다시 팔아 계약금을 돌려줬다(미등기 전매를 해서는 안 된다). 무식하니까 용감하다고 했던가? 원래 중개했던 중개사무소는 여전히 물건이 입주권이 나온다고 확신하고 있는 상황이었으므로, 다른 매수자에게 입주권이 나온다고 중개를 할 수 있었다.

사실 이런 문제는 공인중개사들이 과거 경험에만 의존하거나 개정된 법규를 제대로 이해하지 못하는 경우, 또는 꼼꼼히 잘 알아보지도 않고 가능성만 보고 물건을 중개하면서 벌어지는 일이다. 결국 공인중개사가 자격증 취득 후 전문교육을 지속적으로 받지 않아서 발생하는 일이다.

업계에서는 이러한 물건을 일명 '폭탄 돌리기'라고 하는데, 실력 없는 공인중개사(대여 업자에게 이런 경우가 많음)가 폭탄을 돌리고 잠적해버리는 경우도 발생한다. 따라서 권리관계 여부에 따라 물건의 가격이 크게 차이나는 경우 꼼꼼히 조사하고 공부해서 중개하는 습관을 들이자. 그래야 고객과 공인중개사 모두에게 피해가 발생하지 않는다.

| Point |
- 폭탄매물은 멀리 있는 것이 아니다. 늘 가까이에 존재하므로 정신을 바짝 차려야 한다.
- 법과 제도는 언제나 변경된다. 누군가의 말만 믿고 거래하지 말고, 본인이 직접 모든 내용을 확인 및 검증할 수 있어야 한다. 가격이 시세보다 저렴하면 의구심을 가지고 철저하게 확인을 해야 한다.
- 책임지지 못할 말과 행동은하지 않는 게 상책이다.

신뢰를 만드는
브리핑 방법

공인중개사는 중개하는 지역의 특징과 중개대상물에 따라 미리 물건공부를 해야 한다(재건축, 재개발, 상가, 토지, 공장 등). 또한 투자 목적인지, 실거주 목적인지 등 고객의 유형에 따라 바라보는 관점이 차이가 나므로 고객공부도 해야 한다. 실거주라 해도 고객이 신혼부부인지, 자녀가 있는지, 자녀의 나이가 몇 살인지에 따라 다르기 때문이다. 따라서 본인이 중개하는 지역이라면 어떤 고객이 찾아오더라도 그에 맞게 브리핑을 할 준비가 되어 있어야 한다.

일반적인 세일즈에서는 상대방에게 10가지를 말할 때 9가지 장점과 1가지 단점을 이야기해주면 신뢰가 높아진다고 한다. 하지만 부동산 중개는 다르다. 부동산 거래는 일생일대의 결정이며, 가격이 비싸고, 한번 잘못 거래하면 큰 영향을 미치므로 매우 중대한 결정이다. 옷 한번 잘못 샀다고 인생이 흔들리지 않지만, 부동산을 잘못 거래하면 인생이 흔들릴 수 있다. 이런 이유로 고객은 9가지 장점보다 1가지 단점을 더 오래 기억하는 경향이 있다.

중개란 옳고 그름을 명확하게 구분하는 것보다 고객을 당기고 엮어가는 과정이라고 생각한다. 모든 부분에서 완벽하게 좋은 물건은 세상에 없다. 완벽할수록 가격이 비싸지는 단점이 있다고 보면 정확하다. 아마추어는 물건의 결정적인 단점은 감추거나 숨기는 경우가 많다. 군이 단점을 들춰가며 말하는 것이 좋지 않다고 생각한다. 반면 프로는 단점을 장점으로 만들지 않으면 브리핑을 시작하지 않는다. 가장 이해하기 쉬운 방법은 내 물건을 내가 직접 거래한다고 생각해보면 된다. 공인중개사가 물건에 관심을 가지는 수준을 넘어 물건을 정말 좋아해야 중개를 잘 할 수 있는 이유이기도 하다. 또한 프로 공인중개사는 물건의 현황 및 가격을 넘어 가치를 만들어낼 수 있는 사람이다.

| Point |
- 중개는 고객을 당기고 엮어가는 과정이다.
- 세상에 완벽하게 좋은 물건은 없다.
- 프로 공인중개사는 물건의 가치를 잘 만들어내는 사람이다(단점을 장점으로 승화시키는 사람).

| Plus Tip | **고객과 약속 잡는 법**

고객과 약속을 잡을 때는 "언제쯤 시간되세요?"라고 묻는 게 아니라 "사장님, 오늘 오후 5시나 내일 오전 11시 사이 언제 시간 되세요?"라고 묻는 게 좋다. 이는 되는지, 안 되는지를 묻는 게 아니라 당연히 된다는 입장에서 언제 시간이 되느냐고 묻는 것이다.

프로 공인중개사의 남다른 브리핑 전략

여러분에게 전용면적 $84m^2$ 정남향 아파트의 물건이 접수됐다고 하자. 그러면 매수고객에게 어떻게 브리핑하겠는가? 남향이라 여름에는 시원하고 겨울에는 따뜻해 좋다는 말을 할 것인가? 하지만 정남향 아파트는 다른 향에 비해 가격이 비싸다는 단점을 가지고 있다. 솔직히 이 정도는 고객도 이미 알고 있는 정보다. 또한 다른 중개사무소에서도 같은 이야기를 할 것이다. 그렇다면 이 정보는 흔한 이야깃거리밖에 되지 못한다. 이런 경우 차별화를 갖추고 가치를 만들기 위해서는 고객의 관심사에 초점을 맞추는 것이 가장 좋다.

아이가 있는 고객에게는 "정남향 아파트에 사는 어린이가 성격이 더 밝고 좋대요. 그러니 이번 기회에 정남향 아파트에 살아보시면 어떨까요?"라고 말하면 어떨까? 연세가 많은 고객에게는 건강에 좋은 아파트, 사회 초년생이 되기 위해 준비하는 자녀가 있는 고객에게는 취업이 잘되는 아파트, 입시를 준비 중이라면 집중이 더 잘되는 아파트, 배우자를 잘 만나서 혼테크가 잘되는 아파트로 브리핑을 하면 고객의 마음에 더욱 와닿을 것이다. 가치가 가격보다 높은 경우 구매로 이어진다. 따라서 공인중개사의 브리핑은 있는 가격보다 가치가 더 크도록 만들 수 있어야 한다.

만약 남동향과 남서향 아파트의 비율이 반반인 단지 내에서 남서향의 물건이 나온 경우 이렇게 브리핑하면 어떨까? "우리 아파트는 남동향과 남서향 아파트의 비율이 반반인데, 남서향에 사시는 분은 이사를 잘 안 가서 물건이 적고, 남동향은 물건이 많아요. 그러니 이참에 남서향에 살면서 직접 경험을 해보면 어떨까요?" 하고 말이다. 또는 직접 남서향에 살았던 사람의 이야기를 해줘도 좋고, 남동향에서 살다가 남서향으로 이사 가서 달라진 점을 찾아 고객에게 이야기해줘도 좋다. 이런 내용이 고객이 기다렸던 내용이라면 바로 맘이 통한다. 단독주택의 경우에도 누가 어떠한 목적으로 지었는가에 따라 가치가 달라진다.

고객의 마음을 끌 스토리가 중요하다

많은 공인중개사들이 있는 그대로 사실대로 말하는 게 브리핑이라고 생각하지만 그렇지 않다. 나아가 공인중개사 브리핑에는 스토리텔링이 필요하다. 일반 공인중개사는 가격, 조건, 누구나 알 수 있는 특징만으로 설명하다 보니 여러 중개사무소의 브리핑이 판에 박힌 듯 똑같다. 그러니 고객이 무슨 감흥이 있고, 무슨 기억이 남겠는가. 브리핑은 뻔한 말을 지루하게 늘어놓는 게 아니다. 고객의 마음이 확 끌릴 만한 언어로 스토리를 구사해야 한다. 고객의 뇌리에 보랏빛 소로 각인될 자신만의 언어 전달능력이 필요하다.

그렇다면 차별화된 공인중개사의 브리핑을 위해 스토리텔링은 어떻게 구사할 수 있을까? 대부분의 힌트는 매도인, 임대인에게서 직접 찾을 수 있다. 그들의 이야기에 귀를 기울이다 보면 그 부동산에서 좋았던 다양한 이야기들을 찾을 수 있다. 이러한 이야기가 고객들의 관심사와 맞아떨어지면 보랏빛 소가 되어 마음속에 떨어지지 않는 스티커로 남는다. 그리고 이러한 스토리들이 고객 설득을 위한 브리핑을 넘어 블로그와 유튜브에서 강력한 핵심 콘텐츠가 된다.

| **Point** |
- 프로 공인중개사는 가격보다 가치를 더 크게 만든다.
- 고객의 관심사에 초점을 맞춰야 한다.
- 정보도 중요하지만 가치도 전달하는 브리핑이 필요하다.
- 스토리텔링은 고객 브리핑에 가장 효과가 좋은 기법이다.
- 스토리텔링은 오프라인에서는 고객 브리핑에, 온라인에서는 콘텐츠에 사용될 수 있다.

급매물 처리하는 노하우

사실, 부동산 시장에 급매물은 없다. 학문적으로 부동산 시장에서 급매물이란 상승장에서는 시세보다 10% 저렴한 물건을, 하락장에서는 20% 저렴한 물건을 의미한다. 하지만 현실적으로 중개사무소에 가격을 파격적으로 내린 급매물은 흔치 않다.

간혹 급매물이란 이름으로 나오는 물건이 있는데 엄밀히 말하면 '조건부 급매물'이다. 그 조건 때문에 싸게 팔 수밖에 없는 물건인 것이다. 이런 조건부 급매물은 공인중개사가 실력이 있어야 처리할 수 있다. 예를 들어, 매도자의 사정으로 잔금 및 명의 이전을 빨리(일주일 이내) 해달라는 조건으로 시세보다 저렴한 물건이 접수됐다(잔금일이 빠를수록 가격이 더 내려간다). 이런 경우 계약과 동시에 명의도 이전된다. 그럼 매도자는 돈도 안 받았는데, 중도금 및 잔금채권을 어떻게 보전할 수 있을까?

1. 가등기 : 이론적으로는 충분히 가능한 일이다. 하지만 가등기비용이 관건이다. 가등기설정비용(등록면허세 등)과 본등기 때 취득세를 납부해야 하므로 비용이 두 번 발생한다. 이 비용

을 누가 부담하는지가 실무에서 관건이다. 급히 저렴하게 파는 마당에 매도자가 가등기설정비용까지 납부해주는 건 현실적으로 쉽지 않다. 매수자 또한 일주일 후면 잔금을 지급할 예정인데 등기비용을 두 번씩 내는 게 부담으로 작용해서 실무에서는 잘 이뤄지지 않는다.

2. 근저당권이나 전세권 설정 : 이론적으로는 어렵지 않은 일이지만, 이 역시 등기설정 비용을 누가 부담할지가 관건이다. 또한 명의는 이전됐는데 매수자가 잔금을 지급하지 않으면 어떻게 해야 할까? 근저당권 실행으로 경매를 진행할 수는 있지만 시간이 1년 이상 소요되는 등 긴 시일이 소요되는 점이 부담스럽다.

3. 임대차계약 : 매도인이 임차인이 되거나(점유개정), 새로 전세임차인을 급히 물색한다. 하지만 주택임대차보호법 개정으로 임대기간이 2+2가 되어 매수자가 부담스럽다. 매수자가 입주를 목적으로 구입했다면 불가능한 방법이다.

급매물을 중개하는 방법은 정해진 답이 있는 게 아니라 상황에 따라 답이 달라진다. 그러므로 공인중개사는 각각의 사안에 대해 문제해결능력이 있어야 한다(통상 실입주자의 경우 2번 방식을 투자자의 경우는 3번 방식을 응용하는 것이 좋다).

또 하나의 예를 들면, 매매금액이 5억 원인 부동산에 근저당권이 3억 6,000만 원, 가압류 5,000만 원이 설정된 상태로 급매물이 나왔다. 매도자는 사업하는 분으로 갑자기 사업이 어려워 나중에 또 채권자들이 가압류할 수 있어 급히 처분을 요한 것이다. 이런 경우 초보 공인중개사가 취급해서는 안 된다. 계약 후 잔금 기간 사이 또 다른 가압류가 설정될 수 있으며, 명의 이전 후에도 자칫 사해행위취소를 원인으로 한 소유권이전등기말소를 위한 가처분이 들어올 수도 있다. 따라서 이런 물건은 꼬여 있는 모든 문제를 해결할 수 있는 프로 공인중개사만이 취급할 수 있다. 그러니 여러분도 급매물을 찾는 것보다 문제해결능력을 키우길 바란다. 능력이 갖춰지지 않으면 급매물을 거래할 수 없기 때문이다(조건도 복잡한데 가격 면에서도 매력이 없다면 경매로 낙찰을 받는 것이 좋다).

| Point |
- 급매물을 처리하려면 문제해결능력이 필수다.
- 프로 공인중개사가 되어 급매물을 처리하려면 부동산뿐만 아니라 채권에 대해서도 해박한 지식을 갖춰야 한다.

> **Plus Tip** **팔은 안으로 굽는다**
>
> 중개사무소에 급매물이 접수됐다면 이 물건의 수혜자는 누구일까? 해당 공인중개사가 해결할 수 있는 방법만 안다면 급매물은 공인중개사의 가족 및 친척 등에게 권하는 경우가 많다. 다만 주변에 물건을 받을 마땅한 가족 및 친척이 없을 때는 평소에 돈독한 신용을 맺은 고객(중개보수를 높이 지급하는 사람으로서 그동안의 거래를 통해 신용이 두터운 사람)에게 돌아간다. 따라서 부동산 투자 고수는 물건을 쫓아 다니지 않고 능력 있는 공인중개사에게 지속적으로 친밀감을 표시하는 경우가 많다. 그러니 처음 보는 일반인이 중개사무소 문을 열고 "사장님, 급매물 있어요?"라고 묻는 건 '나 부동산 초짜예요.'라고 말하는 것과 다름없다. 다만, 프로 공인중개사는 무안을 주지 않고 "아직 나온 물건은 없지만 최선을 다해 찾아보겠습니다"라고 말한다(참고로, 부동산 투자 고수들은 "이곳에서 중개사무소 하신지 오래되셨나 봐요?" 같은 질문을 한다).

프로는 결정을 미루지 않는다
가계약 활용 방법 및 유의점

"자고 일어나면 생각이 바뀐다"는 말이 있다. 계약하려는 마음이 있었어도 시간이 지나면 바뀔 가능성이 높다는 의미다. 따라서 계약을 체결하고 싶은 마음이 생겼다면 조금 더 확실하게 계약으로 유도할 필요가 있다. 결국 본계약할 때까지 이 마음을 얼마나 어떻게 유지시키는가에 따라 프로가 결정된다.

과거 프로 공인중개사는 고객이 오면 얼마라도 계약금을 걸게 했다. 이때 금액의 크기는 중요하지 않다. 고객에게 "사장님, 지금 지갑 갖고 오셨죠?"라며 지갑 안에 있던 단돈 5만 원이라도 걸게 하면 그것만으로도 효과가 발생한다(다만 매도 및 임대 고객에게 동의를 받지 않은 중개사무소의 가계약금 보관은 가계약이 성립되었다고 보기 어렵다). 계약을 깨면 그 돈을 날린다는 생각에 번복하기 어려워진다.

물론 이때 돈의 액수는 크게 상관이 없지만, 돈의 액수가 크면 클수록 의사를 번복할 가능성은 낮아진다. 자고 일어나면 바뀌는 게 사람 마음이지만 돈을 걸어두고 자고 일어나면 생각을 더욱 굳히는 효과가 발생한다. 결정을 미루는 게 아니라 지금 당장 결정할 수 있게 만드는 기술이 가계약이다. 고객들의 관점에서 계약체결은 무거운데 반해 가계약은 계약보다 가볍다고 인지하므로 최근에는 대부분의 계약은 가계약이라는 단계를 거쳐 진행된다. 하지만 개업공인중개사가 가계약에 대한 방법 및 법률적 효과에 대해 명확하게 인지하고 있지 않으면, 가계약금 반환요구 및 손해배상기준금액, 중개보수청구 등의 다양한 분쟁이 발생한다.

| Point |
- 부동산 계약은 가계약을 거쳐 진행되는 게 추세다.
- 가계약은 마음을 쉽게 바꾸지 못하는 데 효과가 있다.
- 가계약금의 크기도 중요하지만 가계약을 했느냐, 안했느냐가 더욱 중요하다.

가계약금의 성격

민법상 계약은 특정 요식이 필요하지 않으므로 가계약, 구두계약도 모두 계약이다. 다만 중개 실무에서는 증거가 없으면 계약의 성립을 주장하기 어려워 단순 구두계약은 정식계약으로 인정받기가 쉽지 않다. 따라서 공인중개사는 증거를 위해 문자나 카카오톡으로 계약내용을 고객에게 알려야 하며 가계약에도 종류가 나뉜다.

1. 본계약 체결을 위한 목적의 가계약

본계약을 체결하기 위한 목적의 가계약으로서, 계약이 해제됐을 때 가계약금이 손해배상의 척도가 된다. 따라서 매도인(임대인)은 받은 가계약금의 배액을 상환하거나, 매수인(임차인)은 가계약금을 포기하고 계약을 해제할 수 있다.

> ※ 본계약 체결을 위한 목적의 가계약 성립요건
> - 계약내용에 대한 구체적인 조건에 대한 합의가 이뤄져야 한다.
> - 계약서 작성을 하지 않아야 한다.
> - 계약금 중 일부만을 송금하거나 영수증을 교부해야 한다.
> - 입증이 가능한 상황이면 계약 성립된 것이다.
> - 계약 단서 조항에 가계약이라고 명시하면 계약 해제 시 가계약금 조로 지급된 금원에 대해서 배액배상 또는 포기가 이뤄진다.
> - 확인설명서 작성의무 및 중개보수 청구권이 발생하지 않는다.
> - 단, 계약 해제 시 손해배상 기준에 대한 합의가 이뤄졌다면 우선한다.

2. 계약의 일부로서의 가계약

　가계약금이 계약금의 일부가 되는 경우다. 이런 경우 계약을 해제하려면 가계약금의 배액상환 또는 포기가 아닌, 본계약의 계약금이 손해배상의 기준이 된다. 따라서 공인중개사 입장에서는 가급적 계약이 해제되는 걸 막기 위해 2번을 선호할 것이며, 경우에 따라 부담스러운 고객은 1번을 선호할 수 있다.

> ※ 계약의 일부로서의 가계약 성립요건
> - 계약에 대한 구체적인 조건에 대한 합의가 이뤄져야 한다.
> - 계약서 작성을 한다(가계약서 또는 문자).
> - 계약금 중 일부를 송금하거나 영수증을 교부한다.
> - 입증이 가능한 상황이면 계약은 성립된 것이다.
> - 계약 단서조항에 가계약이라는 단서를 약정하는 대신 계약금 중 일부라고 명시하면 계약 해제 시 약정계약금이 손해배상 기준이 된다.
> - 확인설명서 작성의무 및 중개보수 청구권이 발생한다.

일부 중개사무소는 가계약금이라는 표현보다 약정금 또는 예약금이란 단어를 이용하기도 한다. 특히 예약금을 더욱 선호하는데, 이는 환불규정이 명문화되어 분쟁의 여지가 적기 때문이다.

> **| Point |**
> - 중개 실무에서는 증거가 없으면 효력이 없다.
> - 개업 공인중개사는 가계약의 법적 성질에 대해 완벽하게 이해하고 상황에 따라 적절하게 활용할 수 있어야 한다.

가계약 진행 프로세스

보증금 2,000만 원/월세 100만 원의 계약일 때 먼저 문자 또는 카카오톡에 목적물 표시 및 계약의 구체적인 내용을 적어 임대인에게 보낸다(목적물 표시+계약의 내용+계좌번호 요청). 그리고 이 내용에 동의하면 계좌번호를 보내달라고 적는다. 계좌번호가 오면 목적물 표시+계약의 내용+계좌번호를 적어 임차인에게 보낸다. 임차인이 계약내용에 동의하면 임대인에게 가계약금을 송금한다(목적물 표시+계약의 내용+계좌번호+송금).

이때 주의점은 문자나 카카오톡에 적는 계약의 내용은 당사자의 인적사항만 없을 뿐, 계약서에 준하도록 써야 한다. 목적물 부동산의 표시, 계약의 종류, 소재지, 임대조건 등이다(평상시에 이런 내용을 미리 적어놨다가 해당 건마다 일부 내용만 수정해서 보낼 수 있으면 편할 것이다). 이렇게 적은 후 '보증금의 10% 계약금 중 일부인 50만 원을 입금하겠다. 계약 잔금(150만 원)은 계약서를 작성하는 날 지급하겠다'고 적는다. 이러면 2번 계약이 되는 것이다.

| **Point** |
- 통화 녹취보다 문자를 통한 가계약 진행이 근거를 남기기에 좋아 더욱 효과적이다. 하지만 근거가 남는 만큼 정확하게 작성해야 한다.
- 가계약 문자는 계약서에 준하도록 작성해야 한다.
- 누구의 편에서 작성하느냐에 따라 결과 차이가 크다.

상황에 따른 가계약금 대처법

중개 실무에서는 1번(본계약 체결을 위한 목적의 가계약)과 2번(계약의 일부로서의 가계약) 유형이 상황에 따라 다양하게 적용될 수 있다. 또한 부동산 계약은 언제 어떻게 무슨 일이 발생할지 알 수 없으므로 항상 만일의 경우를 대비해야 한다.

1. 매수인(임차인)의 변심으로 본계약이 성사되지 않을 가능성이 높다고 판단되는 경우 계약을 해제할 수 없도록 2번 방식을 활용하는 것이 좋다. 하지만 부담을 느껴 결정을 미루려고 한다면 1번 형태의 가계약을 체결하고 계약 내용에 해제 시 반환하는 특약을 조건으로 넣을 수 있다. 다만 본계약 체결 시까지 매도인(임대인)으로서의 지위만 불안해지므로 매도인(임대인)이 동의하지 않는 경우가 많다. 경우에 따라 공인중개사가 가계약금 보관용으로 일부 금원을 보관하는 형태로 진행하면서 최대한 결정을 미루지 않도록 하는 것도 방법이다. 이때 적용되는 법률적 효과는 상황에 따라 다르다.

2. 매도인(임대인)의 변심으로 본계약이 성사되지 않을 가능성이 높다고 판단되는 경우에도 2번 방식으로 유도할 필요가 있다. 부동산 가격이 상승하는 장에서 1번 방식을 이용하면 대부

분 거래 성사를 위한 노력은 열심히 하고, 성과는 전혀 내지 못하는 결과가 발생한다(가격이 상승하는 시점에 가계약금 배액상환은 결코 어려운 일이 아니다). 따라서 이런 시기에는 중도금도 일찍 잡아두고, 상황에 따라 중도금 지급일자 전에 송금해서 계약금 계약으로 인한 해제가 발생하지 않도록 준비해둘 필요가 있다(계약해제가 되더라도 중개사의 고의 과실에 의한 계약해제가 아니므로 중개보수 청구권은 존재한다).

3. 계약이 파기될 가능성이 높은 경우 위약금과 해약금에 대한 규정을 명확하게 해서 의사해석에 오류가 발생하지 않도록 특약을 진행하는 것이 필요하다.

왜냐하면 계약금은 민법에 따라 원칙적으로 해약금의 성질을 가지지만, 증거금 등 가계약에 대해서는 이러한 규정이 없으므로 가계약금이 당연히 해약금의 성질을 가지는 것으로 해석할 수 없다. 결국 가계약의 법적 구속력의 존부와 범위, 수수된 가계약금이 해약금의 성질을 갖는지는 가계약에 관여한 당사자의 의사해석의 문제이기 때문이다.

공인중개사는 계약진행 시 매도인(임대인), 매수인(임차인) 또는 중립적인 입장에서 진행할 것인지 선택할 수 있으므로 이러한 부분이 계약의 묘미라고 할 수 있다.

| **Point** | **해약금과 위약금 그리고 특약 작성**
- 해약금 계약이란? 약정 해제권 유보조항 중 특히 일정한 금액, 즉 해약금을 계약상대방에게 지급함으로써 주된 계약을 체결할 수 있도록 정한 당사자 사이의 합의
- 위약금 계약이란? 채무불이행의 경우에 채무자가 채권자에게 지급할 것을 약속한 금전으로서, 위약금 지급에 관한 약정

- 특약 작성 예
  - 다른 약정이 없는 한 매도인은 가계약금의 배액을 상환하고, 매수인은 가계약금을 포기하고 계약을 해제할 수 있다.
  - 계약체결 후 매도인 매수인 어느 한쪽이 계약불이행하는 경우는 가계약금을 위약금으로 본다.
  - 가계약의 효력은 가계약 체결일로부터 본계약이 체결될 때까지 유효하다.

4. 매도인(임대인), 매수인(임차인) 일방의 변심으로 계약이 해제되는 경우 공인중개사는 양쪽 입장에서 원만한 해결이 이뤄질 수 있도록 최선을 다해 조율하는 노력이 필요하다. 간혹 처음 약속과 다른 주장을 하더라도 그 입장에 대해 이해하기 위한 노력이 필요하다. 하지만 사람의 마음이 다 좋은 것은 아니다. 정도를 넘는 고객이 있다면 다음의 3가지 사항을 먼저 고려해봐야 한다.

① 계약체결 과정에 전혀 문제가 없었는가?
② 확인설명서를 정확하게 작성 및 교부하고 확인설명했는가?
③ 소송으로 이어진다면 어떠한 결과가 예상되는가?

자칫 공인중개사의 실수(잘못)는 생각하지 못하고 원칙을 내세우다간 벼룩 잡으려다 초가삼간 다 태울 수 있는 사태가 될 수 있으니 먼저 심사숙고해보는 자세가 필요하다.

| Point |
- 가계약을 상황에 따라 적절하게 응용해서 진행할 수 있어야 프로 공인중개사다.
- 개업 공인중개사는 늘 만일의 사태에 대비해야 한다.

Plus Tip 올바른 가계약금 문자 예시

☆아현동 태림○○원아현 1010호 임대차계약

부동산 소재지 : 서울시 마포구 아현동 593-○○번지 1010호

1. 임대조건 : 임차보증금 2,000만 원/월세(선불)100만 원
2. 가계약금 : 계약금 200만 원 중 일부 50만 원
3. 2021년 6월 1일 : 계약서 작성 및 계약 잔금 150만 원 지급
   - 계약서 작성일은 10일 이내 상호 협의하에 변경 가능
   - 계약서 작성 시, 중개대상물 확인설명서도 함께 작성하고 설명 및 교부
4. 2021년 7월 1일 : 잔금 1,800만 원 지급
5. 임대차 기간 : 1년
6. 기타 특약
   - 임차인은 실내 금연 및 반려 동물금지
   - 임대인은 임차인의 전입신고 동의
   - 계약만기 시 원상회복
   - 입주청소비 30만 원 지급
   - 잔금일은 상호 합의하에 조정될 수 있음
   - 임대인은 가계약금의 배액을 상환하고 계약 해제 가능
   - 임차인은 가계약금을 포기하고 계약 해제 가능
   - 임대인 또는 임차인 일방이 계약불이행 시 가계약금을 위약금으로 간주
   - 가계약의 효력은 가계약 체결일로부터 본계약이 체결될 때까지 유효
   - 기타 사항은 본계약서 작성 시 협의

---

1. 임대인용 : 위 사항에 동의하시면 임대인 명의의 계좌번호를 문자로 알려주세요.
2. 임차인용 : 위 사항에 동의하시면, 아래 임대인 명의 계좌로 계약금 중 일부 50만 원을 송금해주세요.
   - 송금과 동시에 임대차 계약이 확정됩니다(은행 계좌번호, 예금주).

고객의 행복만을 생각합니다. ○○○ 부동산

부동산 계약
클로징의 비밀 당신을 위한 중개

개업 공인중개사의 친동생이 물건을 의뢰했다. 전세 만료가 얼마 남지 않아 언니가 중개하는 단지 내의 아파트를 사고 싶다는 것이다. 이곳은 전용면적 84m^2의 아파트의 시세가 저층은 5억 원, 중고층은 5억 원 이상에 시세가 형성되어 있다. 중고층이 5억 원에 나오면 산다는 매수자도 3명이 대기해 있다. 이때 로얄층에 있는 물건이 4억 5,000만 원에 급매가 나왔다. 다만 일주일 내 잔금과 명의이전이 조건이었다. 자, 이때 중개사는 누구에게 물건을 먼저 줄까? 그동안 중개 의뢰했던 고객들 순서일까? 아니다. 당연히 친동생일 것이다(팔은 안으로 굽는다). 하지만 반색하며 좋아할 줄 알았는데, 동생의 반응은 영 시원치 않다. 급하지 않다는 둥, 그보다 더 저렴하게 나오면 생각해보겠다는 둥, 일주일 만에 잔금 치르는 건 좀 꺼려지니 이런 거 말고 일반적인 물건을 원한다는 둥 말이다.

언니의 마음도 몰라주는 동생이 야속하기만 하다. 이럴 때 여러분이 언니라면 어떻게 하겠는가? 좋은 것을 줘도 몰라주는 동생 대신 다른 매수자에게 물건을 줄까? 아마 그러지 않을 것이다. 어떻게든 이번에 온 기회를 잘 잡으라고 동생을 설득할 것이다. 언제까지? 살 때까지 말이다. 바로 이게 확신이다. "이렇게 싸게 나온 물건은 지금까지 한 번도 없었다. 잔금은 대출 실행해서 치르면 된다"는 식으로 말이다. 바로 공인중개사의 이익보다 동생의 이익을 위해 확신을 갖고 사라고 밀어붙이는 행동, 이게 바로 푸시(Push)이며 계약의 시작이다.

만일 진정 고객을 위한 중개를 생각한다면 경우에 따라 4억 5,000만 원이 아닌, 5억 원의 로얄층 물건이라도 확신이 생기면 거래할 수 있다. 왜냐하면 저층보다 싸게 나왔으니까 말이다. 설사 이보다 더 높은 가격에 나온 물건이라도 동생을 위한 최선의 선택이라면 계약을 푸시할 수 있다. 이는 중개가 가격이나 조건이 아닌 상대방이 잘됐으면 하는 진심 어린 마음으로 하는 것을 의미한다. 이를 그대로 일반 고객들에게 적용하면 된다. 아마추어 공인중개사들이 계약을 잘 하지 못하는 이유는 이런 마음이 없기 때문이다. 결국 초보 공인중개사는 나의 이익을 위해 중개하기에 결과가 신통치 않고, 프로 공인중개사는 고객의 이익을 위해 중개하기에 늘 좋은 결과로 연결되는 것이다.

| **Point** |
- 부동산 계약의 원동력은 개업 공인중개사의 확신으로부터 시작한다.
- 부동산 거래의 푸시는 진정성이 있어야 가능하다.
- 내가 고객이라면 어떠한 선택을 할까를 먼저 생각해보면 확신을 얻는 데 도움이 된다.
- 자신이 하려는 목표에 사명감을 부여할 수 있어야 진짜 프로다.

푸시를 위한 3가지 조건

강한 확신으로 고객에게 계약을 적극 권하기(푸시) 위해선 공인중개사에게 고객을 위하는 일이라는 확신이 생겨야 한다. 이 확신이 생기려면 시간, 노력, 전문성이 필요하다. 이 3가지 없이 확신이 생기면 사기꾼이다.

이 책을 읽는 공인중개사들은 이 3대 요소를 갖춰 고객에게 알맞은 푸시를 통해 계약을 성사시키기 바란다.

- **시간** : 진짜 좋은 물건인지, 아닌지를 구별할 수 있는 안목이 있어야 확신이 생겨 중개의 진정성이 만들어진다. 이러한 안목은 시간이 흘러야 발생한다.

- **노력** : 정말 좋은 물건이라는 확신을 가지려면 지역 내 모든 물건을 꿰뚫고 있으며 거래 동향을 정확하게 알아야 한다. 또한 거래를 도와줄 조력자(인근 개업공인중개사, 대출상담사, 법무사 등)가 있어야 한다.

- **전문성** : 중개업에 관련된 다양한 지식과 노하우를 가지고 문제해결능력을 갖추어야 물건을 처리할 수 있다. 전문성을 갖추려면 끊임없이 공부해야 한다.

롱런하는 부동산 중개업
성공 비밀

많은 초보 공인중개사들이 필자를 찾아와서 가장 많이 물어보는 질문이 있다. 상담은 잘했는데 계약은 다른 곳에 가서 한다는 것이다. 심지어 내가 제시한 물건보다 더 좋지 않은 조건의 물건에도 계약하는 것을 알게 되면 고객이 원망스럽고 속이 뒤집힌다는 것이다. 이 대목에서는 반드시 깊이 생각해봐야 할 부분이 있다. '당신의 중개는 누구를 위한 것이었는가? 부동산 중개업은 왜 시작하게 됐는가?' 하는 부분이다.

공인중개사 자신의 이익을 위한 이기적인 중개는 분명 한계가 있다. 우선 고객들의 신뢰를 얻기 어렵다. 고객은 자기 자신이 잘되기 위해 부동산 중개사무소에 찾아가는 것이지, 부동산 중개사무소와 공인중개사의 수익을 위해 찾아가는 것이 아니기 때문이다.

누구를 위한 중개인가?

초보 공인중개사의 입장에서는 부동산 중개업이 매우 복잡하고 어려운 일이라고 느껴질 수 있다. 하지만 10년 이상 된 공인중개사는 그렇게 생각하지 않는다. 그들에게 부동산 중개업이란 단순하고 반복적인 일상일 뿐이다. 이런 상황에 가장 문제가 되는 것은 동기부여다. 단순하고 반복적인 일에 지치고 힘들 때 어디에서 즐거움과 재미, 만족과 보람을 찾을 수 있을까?

간혹 중개업 초보들은 통장의 잔고를 보며 즐거움을 찾는다고 말하지만, 이렇게 느끼는 즐거움에는 한계가 있다. 개업 공인중개사가 접하는 금액이 매번 억 단위의 큰 금액이기 때문에 상대적으로 오는 박탈감이 원인이 되기도 하지만, 더 큰 이유는 상대적인 금액 때문이다. 100원 있는 사람에게 10원은 큰돈이지만, 1억 원 있는 사람에게 10원은 상대적으로 크지 않은 돈인 것처럼 말이다. 그뿐만 아니라 모든 공인중개사가 만족할 만한 고수익을 만들기는 쉽지 않다.

프로 공인중개사는 중개업에서 지속적으로 재미, 만족, 보람을 느끼기 위해 결과보다는 과정, 이기심보다 이타심이 더 중요하다는 것을 아는 사람들이다. 내가 아닌 다른 사람을 위해 무엇인가를 베풀고 보람을 느끼는 사람들은 대단한 만족감과 성취감으로 하는 것이 아니다. 오히려 그 횟수에 더 큰 의미를 둔다. 반면 나만을 위해 무엇인가를 하고 보람과 만족을 느끼는 사람일수록 점점 더 크고 자극적인 것을 찾게 된다.

부동산 중개는 나를 위한 것이 아니다. 수많은 공인중개사 중에서 나를 믿고 선택해준 고객의 믿음에 대해 보답을 하는 것이며, 부동산 전문가인 나는 이러한 고객의 선택을 돕는 봉사인 것이다. 즉 이기적인 중개가 아닌 이타적인 중개가 되어야 한다. 그러기 위해서는 중개업 자체가 행복해야 하며, 나를 위해서가 아니라 고객을 위해서 중개해야 한다. 더불어 과정이 행복해야지 결과만 행복해서는 결코 오래 갈 수 없다. 부동산 중개 그 자체에 깊이 빠지는 여러분이 되기를 바란다.

중개업에서 클로징이 잘되지 않는 이유는 여러 가지가 있다. 하지만 가장 중요한 것은 공인중개사의 확신이며, 확신은 공인중개사의 진정성으로부터 시작된다. 또한 진정성은 누구를 위한 중개인가에서 발생한다. 중개사무소 운영 10년이 지나고 여러 번 매너리즘에 빠져보면 필자가 이렇게 중개업의 목적과 의미에 대해 중요하게 강조하는 이유를 다시금 느끼게 될 것이다.

타고난 사람은 노력하는 사람을 이길 수 없고, 노력하는 사람은 즐기는 사람을 이길 수 없으며, 즐기는 사람은 미친 사람을 이길 수 없다.

| Point |
- 중개는 나를 믿고 선택해준 고객의 믿음에 대한 보답이다.
- 프로 공인중개사는 중개업에서 지속적으로 재미, 만족, 보람을 느끼기 위해 결과보다는 과정, 이기심보다 이타심이 더 중요하다는 것을 아는 사람들이다.

Part 9

중개 계약 잘하는 노하우

공인중개사의 진짜 실력이란?

1. 물건이 많은 중개사무소

 손님이 먼저냐, 물건이 먼저냐는 닭이 먼저냐, 달걀이 먼저냐의 싸움이 아니다. 부동산 거래란 매도하거나 임대하려고 하는 고객이 없으면 매수하거나 임차할 수 없다. 따라서 물건이 먼저다. 또한 물건이 많으면 기본적으로 공동중개(반타)가 가능하고, 운이 좋으면 단독중개(양타)가 가능하므로 중개보수 매출이 더 높아질 수 있다. 하지만 중개사무소에서 어려운 것은 손님 작업이 아니라 물건 작업이다. 중개사무소 문만 열어놓아도 물건이 접수되던 과거에도 좋은 물건이 접수될 가능성은 낮았다. 좋은 물건은 보통 오래된 중개사무소에 접수되는데, 이유는 특별한 사정이 아니라면 이전에 한번 거래했던 중개사무소에 다시 중개의뢰하기 때문이다. 따라서 단기간에 어떻게 하면 좋은 물건을 많이 확보할 것인가가 중개업 매출에 가장 중요한 핵심이다.

2. 손님이 많은 중개사무소

 물건이 없다면 손님이라도 많아야 공동중개라도 가능하다. 과거에는 중개사무소 문만 열어놓아도 손님이 들어와서 중개의뢰를 했는데 이를 '워킹고객'이라고 했다. 이때 고객들은 부동산 물건 정보를 찾기 위해 지역의 임장 활동을 했고, 이때 눈에 잘 띄는 중개사무소를 방문하게 되므로 좋은 입지가 매우 중요했다. 하지만 요즘에는 인터넷에 정보가 넘친다. 일부러 시간을 내서 지역에 방문하지 않더라도 필요한 정보를 대부분 찾을 수 있다. 따라서 입지가 좋은 중개사무소를 개업하는 것이 중요하지만, 입지가 좋지 않은 중개사무소라면 고객들이 정보를 찾는 인터넷에서 그 해답을 찾아야 한다.

3. 문제해결능력이 있는 중개사무소

중개사무소의 부동산 계약은 고객이 가진 부동산 문제(매도·매수·임대·임차)를 해결해줌으로써 가능하다. 하지만 고객들의 문제와 해결방법은 케이스 바이 케이스(Case-by-case)라는 말이 존재할 정도로 다양하다. 중개사무소는 다양한 고객들의 문제에 능동적으로 대처하고 해결할 수 있는 능력이 있어야 한다. 공인중개사 자격증을 따고 지속적으로 공부하는 중개사무소의 매출이 더 높은 이유는 문제해결능력이 더 뛰어나기 때문이다. 지금 중개사무소의 매출을 걱정해야 하는 상황이라면, 부동산 전문교육 및 적극적인 자기계발을 통해 능력을 키워야 할 때다.

| **Point** |
- 공인중개사 **실력의 3요소** : 물건확보능력, 손님확보능력, 문제해결능력

# 매도/임대 **물건확보의 비밀 ①**: TM 편

물건을 확보해야 원활한 중개를 할 수 있다. 물건이 없으면 고객이 찾아와도 공동중개를 할 수밖에 없고, 그마저도 좋은 물건은 상대 중개사무소가 공개하지 않으면 계약으로 진행되지 못하고 허탕을 치는 경우가 많다. 따라서 어떻게 하면 스스로 많은 물건을 확보할 수 있을지 고민해야 한다.

전화 작업(TM, Telemarketing)

중개사무소의 매출은 전화요금과 정비례한다는 말이 있을 정도로 오프라인으로 가장 먼저 성공하려면 텔레마케팅을 잘 해야 한다. 텔레마케팅은 고객에게 직접 전화해 물건을 확보하는 방법으로, 매도(임대)고객의 연락처를 아는 것이 관건이다. 하지만 중개사무소를 인수하면서 장부의 명단도 인수한 경우, 사전통지 없이 그곳에 적힌 번호로 전화를 하면 합법일까? 불법일까? 이는 개인정보보호법 위반으로 불법이다. 고객 입장에서는 전 중개사무소 대표에게 연락처를 알려준 것이지, 새로운 대표에게 알려준 것은 아니기 때문이다. 따라서 이런 경우 합법적으로 활용할 수 있는 별도의 조치가 필요하다.

Plus Tip **고객정보를 인수받은 경우 합법적 활용방법**

중개사무소 내 잘 보이는 곳에 예시된 개인정보 이전 안내문을 적어 게시하고 사진을 찍어둔다. 그리고 떼어낸 날에 다시 사진을 찍어 보관한다. 사진을 찍어 보관하는 이유는 향후 발생할지 모르는 클레임에 대해 근거를 남기기 위해서다. 이렇게 공고를 한 후에는 이전받은 연락처가 합법적으로 전환된다.

---

00 공인중개사사무소 영업 양수도에 따른

개인정보 이전 안내

00 공인중개사무소의 서비스를 이용해주시는 고객님께 감사의 말씀을 드립니다.

00 공인중개사무소는 2021년 2월 1일자로 ** 공인중개사무소에 양도할 예정입니다. 이에 따라 00 공인중개사무소와 고객님 간의 개인정보는 ** 공인중개사무소에 승계되며, 해당 서비스 이용에 따른 관련된 제반 권리와 의무사항은 ** 공인중개사무소로 이전됩니다.

영업 양수할 ** 공인중개사무소의 세부정보는 아래와 같습니다.

사무소명	** 공인중개사무소
주소	서울시 00구 00로 00길 00, 00 0상가 000호
전화번호	02)525-8400 / 010-0000-0000
E-mail	ceo@neob.co.kr

고객 여러분께서는 영업 양수도일 이후에도 아무런 불편 없이 서비스를 계속 이용하실 수 있으며, ** 공인중개사무소는 이전되는 고객님의 개인정보를 공인중개사법 및 개인정보보호법에 따라 안전하게 관리하고, 이전 당시 고객님께서 동의하신 목적으로만 사용할 것입니다.

고객님께서 본 영업 양수도에 따른 개인정보 이전을 원하지 않으시는 경우 아래의 연락처로 연락하여 개인정보 수집 이용에 대한 이관동의를 철회하시면 됩니다. 단, 이관동의 철회 시 현재 이용 중인 서비스의 정상적인 이용이 불가능 할 수 있습니다.

상호	00 공인중개사무소
전화번호	02-525-8020 / 010-0000-0000
E-mail	help@gmail.com

영업 양수도 이후에도 고객님의 소중한 개인정보를 안전하게 보호하고 더욱 좋은 서비스 제공을 위하여 최선의 노력을 다하겠습니다.
고객 여러분의 지속적인 서비스 이용과 변함없는 사랑을 부탁드립니다.

- 고객의 행복만을 생각합니다. -

2021년 1월 1일
00 공인중개사무소 공인중개사 **홍길동**

텔레마케팅은 꼭 해야 한다. 특히 아파트 중개에서는 선택이 아니라 필수다. 하지만 실무에서 보면 전화를 하지 못하는 공인중개사들이 많다. 특히 남자 공인중개사들이 아파트 중개에서 고전하는 가장 큰 이유가 바로 전화 작업의 어려움 때문이다. 전화를 못하는 이유는 마음이 안 움직여 버튼을 못 누르거나, 전화해도 어떤 말을 해야 할지 모르는 경우, 또는 고객들의 클레임이나 거절에 대한 두려움 때문이다. 이는 자신만의 전화기술을 준비하지 못해서다. 고객에게 전화할 때 예상되는 다양한 상황에 대해 충분히 생각한 후 각 반응에 맞게 알맞게 대응하면 되는데, 안 해본 사람들은 이 과정이 두려워 전화하길 꺼린다. 이러한 어려움을 해결하기 가장 좋은 방법은 케이스별로 이렇게 응대한다는 형식의 전화매뉴얼(스크립트)을 미리 작성해보는 것이다.

| Point |
- 중개사무소 매출은 전화요금과 정비례한다.
- 전화요금이 많이 나오려면 전화를 받는 게 아니라 걸어야 한다(고객을 기다리는 것이 아니라 찾아가야 한다).
- 전화 작업에 자신이 없다면 사전에 스크립트를 작성해보는 준비가 필요하다.

> **Plus Tip** 프로 공인중개사가 사용하는 5가지 TM
>
> 1. 중개의뢰한 물건 및 손님을 관리하기 위한 TM
> 2. 물건 중개의뢰를 받기 위한 TM
> 3. 고객과의 미팅을 잡기 위한 TM
> 4. 기존의 고객을 관리하고 고객 소개를 받기 위한 TM
> 5. 고객과의 신뢰를 쌓기 위한 TM
>
> 계약 체결 전 고객과 미리 안면을 터 두면 계약이 더욱 용이하다. 미리 얼굴을 보고 상담을 진행하는 3번째 TM이 가장 난이도가 높은데, 이는 고객 니즈를 미리 예측하고 충족시킬 수 있어야 하기 때문이다. 그 밖의 TM은 중개업무에 당연하면서도 꾸준하게 진행해야 하는 기본적인 업무들이다.

TM의 효과를 극대화 시키는 방법

　TM의 목적을 분명하게 결정한다. 그리고 고객에게 실질적으로 도움이 되는 이익(대표적으로 정보서비스) 또는 손해를 TM의 중심에 두는 것이 중요하다. 예를 들어 임대차보호법 개정 내용과 임차인이 법정갱신 되는 경우 발생할 수 있는 임대인의 피해, 그리고 이를 방지하는 방법 등이 효과적이다. 또한 글을 읽는 듯 무미건조한 형식적인 느낌의 TM이 아니라 감정과 마음을 담아 표현하는 TM을 훈련해야 한다. 이러한 훈련으로 가장 좋은 방법은 거울을 앞에 놓고 스스로의 얼굴 표정을 보면서 실제로 전화하듯 연습하는 것이다. 표정이 살아 움직이고 있다면 감정이 전달되는 것이라고 생각하면 된다. 그런데도 전화하기가 너무 어렵다면 SMS(문자메시지)를 먼저 이용해보자.

| Point |
- TM에서 가장 중요한 것은 일단 전화기를 들고 번호를 누르는 것이다.
- TM이 거절당하지 않으려면 고객들이 얻게 될 이익이나 손해에 포커스를 맞추는 것이다.
- TM의 전달력을 높이는 방법은 진심에서 우러나오는 감정까지 전달하는 것이다.

Plus Tip 취득한 연락처 활용방법

전화번호를 가지고 있다고 해서 임의대로 SMS를 보내면 자칫 스팸신고로 인해 문자 정지 등 곤혹을 느끼는 경우가 있다. 따라서 문자의 시작에는 '(광고)'라는 표시가 있어야 하며, 마지막에는 무료로 수신거부할 수 있는 '080'번호가 반드시 들어가야 한다.

매도/임대 **물건확보의 비밀 ②** : DM 편

우편물 발송(DM=Direct Mail)

등기부등본 또는 건축물(토지)대장을 열람하면 소유자 이름과 주소를 알 수 있다(항상 정확한 것은 아니다). 이렇게 공개된 내용을 보고 우편 발송하는 것은 합법이다(수신된 우편물을 뜯어보지 않고 버리는 것도 자유다). 다만, 비용이 다소 비싸고 시간이 오래 걸리는 단점이 있다. 또한 누구에게나 공개된 정보지만 상대방의 등기부를 열람했다는 점에서 기분 나빠할 수도 있다. 그런데도 DM을 보내는 진짜 목적은 궁금해서 전화가 오게 만드는 것이다. 상대방이 DM을 받고 중개사무소에 전화하면 이 전화번호는 합법적으로 취득한 번호가 된다. 그리고 이렇게 모인 전화번호는 고객관리를 위해 데이터베이스(DB)화 된다. 따라서 고객들의 호기심을 자극해서 전화가 오게 만드는 방법이 DM의 기술이다.

| Point |
- DM은 합법이다.
- DM의 효과를 극대화하려면 고객의 호기심을 불러일으켜 전화가 오도록 만드는 것이다.

첫 번째 DM이 가장 효과가 좋다

　부동산 중개사무소 개업을 하고 처음 보내는 DM이 가장 효과가 좋다. 그리고 외지인에게 보내는 DM이 효과가 좋다. 하지만 중개사무소 운영도 처음이고 DM도 처음인 개업 공인중개사들이 처음부터 DM으로 좋은 결과를 기대하기는 어려운데, 대부분 중개사무소 개업 소식을 알리거나 성실하게 중개하고 친절하게 상담하겠다는 식의 내용을 보내기 때문이다. 고객들은 이런 DM을 받고 무엇을 기대하고 궁금해하며 전화로 문의해야 할까? DM을 보냈으나 효과가 없다고 주장하는 분들의 공통적인 사례다. 또한 DM을 잘못 보내면 인근 중개사무소들 특히 회원 중개사무소에 가입된 경우 예민한 견제가 시작된다. 따라서 어떻게 문제를 일으키지 않고 효과가 좋은 DM을 보낼 것인가 심도 있는 고민이 필요하다(DM 샘플은 네오비 카페에 올려두었으니 참고해보자).

| Point |
- 첫 번째 DM의 효과를 높이려면 고객 관점에서 연구가 필요하다.
- DM을 적극적으로 보내면 인근 중개사무소의 견제가 시작된다.

| Plus Tip | 개업 후에는 열심히 홍보하자

　개업 후에는 프로모션으로 작은 이벤트를 하면 좋다. '저희 중개사무소에 오시면 시원한 냉커피 무료로 드립니다. 또는 부채를 선물로 드립니다(겨울철이라면 핫팩 등 준비)'라는 방법으로 홍보하면 좋다. 그리고 부지런하게 자주 다양한 아이디어로 홍보하는 것이 필요하다. 고객들의 관심을 끌고 무언가 제공하고 싶어 하는 이미지는 고객들에게 좋은 느낌을 제공한다. 이는 중개보수를 깎는 식으로 파렴치하게 접근하는 업체와는 차원이 다른 서비스다.

매수/임차 **고객확보의 비밀 ① :**
네이버 편

우리 중개사무소에 매수, 임차 고객이 문의할 수 있도록 어떻게 홍보할 것인가? 고객은 같은 지역에 살 수도 있고, 그렇지 않을 수도 있다. 늘 우리 중개사무소를 지나가는 고객일 수도 있지만, 우리 중개사무소가 어디에 위치해 있는지 알지 못하는 고객일 가능성이 더 높다. 그러니 여러 중개사무소를 제치고 한번에 우리 중개사무소로 문의가 오도록 하려면 어떻게 해야 할까? 고객들이 부동산 정보를 찾는 곳으로 먼저 찾아가 필요로 하는 정보를 제공해야 한다. 소득 수준이 높을수록 인터넷을 활용하는 비중이 더 높다. 인터넷 활동으로 불리는 대명사는 바로 블로그와 유튜브다. 이 둘을 하지 않으면 중개업으로 성공하기 어렵다는 말이 과언이 아닐 정도로 블로그와 유튜브는 우리 생활 깊숙이 자리 잡고 있다.

부동산 온라인 홍보 핵심 전략

사람들은 검색(네이버, 구글, 다음, 유튜브 등)을 통해 원하는 정보를 찾아보므로 첫째는 검색되어야 하고, 두 번째는 상위노출이 되어야 하는 게 관건이다. 따라서 온라인 마케팅은 키워드로 시작해서 키워드로 끝난다. 키워드의 중요성은 아무리 강조해도 지나치지 않다.

블로그를 하면 네이버에 검색되고, 또한 상위노출이 될까? 그렇지 않다. 네이버는 키워드에 따라 카테고리 노출 순서가 바뀐다(특정 키워드는 네이버 통합검색에 VIEW 영역이 노출되지 않는다). 따라서 네이버 통합검색을 먼저 이해하지 못하면 네이버 블로그 마케팅은 효과를 기대하기 어렵다. 단순히 블로그를 열심히 한다고 먼저 검색이 되고, 문의가 많이 오는 것이 아니라는 의미다. 따라서 네이버 검색에서 효과가 좋은 블로그 키워드는 통합검색 결과 VIEW가 가장 상위에 노출되는 키워드다.

따라서 네이버 블로그 운영을 통해 홍보의 효과를 보려면 먼저 통합검색에서 VIEW의 노출 정도부터 확인해보는 것이 필요하다. 만일 검색광고, 네이버 부동산 등이 상위에 노출된다면 블로그로 효과를 기대하기 어렵다. 네이버 통합검색을 기준으로 효율적인 측면을 고려하면 네이버의 홍보 순서는 검색등록-검색광고-부동산 포털-블로그-카페순으로 접근하는 것이 좋다. 또한 VIEW에서 블로그가 노출되려면 블로그에 달린 키워드(#○○○)가 검색 글자(검색어)와 일치해야 한다. 하지만 통합검색에 VIEW가 노출된다고 해서 내 블로그가 상위에 노출되는 것도 아니다. 네이버 블로그 알고리즘과 지수에 따른 영향도 받기 때문이다. 네이버 블로그는 이미지의 유무에 대해서도 중요하게 생각하고, 어떤 이미지를 사용하느냐가 상위노출에 큰 영향을 미친다. 그러므로 직접 찍은 사진이면서 구독자와 네이버가 좋아하는 사진이 가장 좋다.

| Point |
- 네이버와 유튜브가 인터넷 활동의 시작이다.
- 키워드는 온라인 마케팅의 시작과 끝으로 매우 중요하다.
- 인터넷 세상은 생각보다 복잡하므로 체계적인 학습이 필요하다.

기본 중의 기본! 네이버 블로그를 놓치지 말자

어깨 넘어 또는 유튜브를 통해서 블로그를 배우고 운영하려는 분들이 많다. 하지만 노하우는 무료로 쉽게 배울 수 있는 것이 아니다. 그래서 지금도 전문적인 사업을 하려는 사람들을 대상으로 진행하는 블로그 교육은 하루에 수십~수백만 원씩 받고 진행하는 경우도 많다. 가격이 비싼데도 연일 만석이다. 그만큼 효과가 좋아 인기가 많은 것이다. 그런데 블로그 교육을 받았지만 효과가 없는 분들도 많다. 필자는 네이버 블로그와 관련해서 이렇게 말하고 싶다. '네이버는 똑똑하다, 꼼수(어뷰징)는 결국 실패하게 되어 있다', '네이버 블로그가 싫어하는 일을 하지 말고, 꾸준하게 블로그 포스팅을 하면 무조건 상위노출 된다'고 말이다. 그런 의미에서 네이버 블로그가 싫어하는 일이 무엇인지 이해하고 시작해야 하며, 이 부분을 정확하게 파악하고 운영하고 있는지 먼저 확인해봐야 한다. 필자의 블로그 교육에서는 10년 동안 단 한 번도 일상 글(맛집, 여행 등)을 작성하라고 한 적이 없다. 우리의 직업은 공인중개사지 블로거가 아니며, 블로그 운영을 통해 기대하는 것도 부동산 중개로 인한 계약으로 명확하기 때문이다.

| Point |
- 우리의 직업은 블로거가 아니라 공인중개사다.
- 블로그는 누구나 배워서 노력하면 충분히 성공할 수 있다.

네이버 광고에 사기당하지 말자

중개사무소를 오픈하면 네이버 ○○○센터, 소상공인지원센터 등의 전화를 받게 되는 경우가 종종 있다. 대부분 이번에만 진행하는 50% 특별 할인 조건, 네이버 상위 노출을 보장한다는 점, 옆 중개사무소도 광고하기로 결정했다, 소수의 중개사무소만 가입이 가능하다 등을 이유로 광고할 것을 권유한다. 하지만 가장 큰 함정은 한 달만 광고할 수 없고, 1년 또는 2년 치를 한꺼번에 결제해야 할인을 받을 수 있다는 점이다. 정작 광고를 시작하면 파워링크에 한두 달 정도 상위에 노출되도록 만들어주고(심지어 전혀 의미 없는 키워드로) 이후에는 흔적도 없이 사라지는 유령업체다. 필자는 온라인 보이스피싱이라고 말하고 싶다. 나중에 속았다는 것을 알고 나서는 후회해봐야 전혀 소용이 없다. 이미 아무런 연락이 되지 않는다. 창피해서 주변에 말할 수도 없다(부디 더는 피해 사례가 없었으면 좋겠다). 네이버를 이용한 마케팅이 중요하다고 생각은 하지만 정작 할 줄 모르니 누군가의 도움으로 시작하려 한다. 하지만 이렇게 당한 부동산 중개사무소가 셀 수 없이 많다. 참고로 네이버 공식 광고 대행사는 중개사무소에 먼저 전화해서 광고할 것을 권하지 않는다.

요즘은 컴퓨터와 인터넷을 모르고 중개업을 운영하기 어려운 시대며, 네이버를 이용한 마케팅은 본인이 직접 하는 것 이외에는 답이 없다(누군가 대신해주면 좋겠지만 제대로 하는 사람들은 생각보다 인건비가 비싸다). 네이버를 활용한 마케팅은 더는 선택이 아니라 필수다. 그러니 부디 직접 배워서 활용하기 바란다. '네이버 검색광고'라고 검색해서 로그인하면 다양한 정보를 무료로 얻을 수 있다.

| Point |
- 인터넷 광고를 도와주겠다고 먼저 연락 오는 사람들은 거의 대부분 사기꾼이다.
- 인터넷 광고매체는 자신이 직접 운영해야 할 대상이며, 컴퓨터에 익숙할수록 유리하다.
- 네이버 광고 사이트에 로그인하면 좋은 정보를 무료로 제공한다.

해당 중개사무소 위치를 네이버 지도에 등록하자

네이버 지도에 등록하는 것(스마트 플레이스, https://smartplace.naver.com)은 매우 효과가 좋다.

네이버 스마트 플레이스 홈페이지 모습

여기에 등록을 제대로 해놓지 않으면 해당 중개사무소의 명칭을 검색해도 제대로 나오지 않는다. 이곳의 정보는 티맵, 카카오맵 등에도 연동되어 고객이 스마트폰 네비게이션을 이용해 해당 중개사무소로 한번에 찾아올 수 있다. 등록이 안 된 경우에는 명칭이 아닌 주소를 입력하고 찾아와야 하므로 굉장히 불편하다. 고객을 불편하게 만드는 것은 프로답지 못한 모습이다. 따라서 해당 중개사무소 위치를 네이버 스마트플레이스에 등록해 고객이 티맵이나 카카오맵 등에서 중개사무소 명칭을 입력하면 찾아올 수 있도록 반드시 준비해야 한다. 또한 네이버 지도에서 특별히 상위노출 되고 싶다면 키워드와 정성, 이 두 가지가 필수다.

검색하는 경우 다른 경쟁 중개사무소와 함께 보일 수 있기 때문에 우위를 차지하기 어렵다. 따라서 검색엔진이 아닌 자체적으로 들어오게 하려면 URL과 QR부터 준비해야 한다. 효과가 있고 없고는 나중 문제다. 다양한 경로로 고객을 만나고 싶다면 미리 준비하기 바란다. URL은 컴퓨터를 통해 찾아오는 고객을 위해, QR은 스마트폰을 통해 찾아오는 고객을 위해 필요하다. 해당 URL 및 QR을 누르면 직접 들어올 수 있으므로 적재적소에 활용해서 자신의 중개사무소로 쉽게 찾아오게 해야 한다.

| Point |
- 지도 검색은 컴퓨터(PC)보다 모바일(스마트폰)에 더 효과가 좋다.
- 초보 공인중개사는 고객들을 검색보다 직접 유입으로 유도하는 것이 더욱 확실하다.

매수/임차 고객확보의 비밀 ② :
부동산 매물광고 편

고객의 대부분은 손품, 즉 인터넷으로 정보를 찾고 원하는 중개사무소에 문의 및 상담을 진행한다. 이후 미팅 및 현장을 답사하고 니즈를 충족하는 경우 계약으로 이어진다. 결과적으로 계약은 문의에서 시작되므로 어떻게 하면 문의를 많이 받느냐가 관건이다.

저렴한 가격이 눈길을 끈다

문의를 많이 받기 위해 과거에는 가격을 조작하는 일이 발생했다. 예를 들어 3억 원의 물건이 A, B, C 중개사무소에 접수됐고, 이를 동일하게 3억 원에 광고를 하면 고객의 문의를 받을 확률은 1/3이다. 따라서 가격을 낮춰 광고하는 일이 발생한다. A, B는 3억 원에 광고하지만, C는 2억 9,000만 원에 광고하는 식으로 말이다. 같은 조건이라면 한 푼이라도 싸게 사려는 게 사람의 심리이므로 이 물건에 관심 있는 사람은 C중개사무소에 먼저 문의를 할 것이다. 나중에 이 사실을 안 A, B중개사무소도 2억 9,000만 원에 광고를 하면, C는 2억 8,000만 원에 광고하는 식이다. 이는 매도인이 의도한 가격이 아니므로 계약이 이뤄질 리 없으니 일명 허위 물건이다.

그런데도 매수하고 싶은 고객이 문의전화를 하면 물건이 살아 있다(=거래 가능하다)고 말하지만 막상 고객이 중개사무소에 도착하면, 공인중개사는 안타깝다는 듯이 "아, 이 물건이 좀 전에 계약이 됐다"는 말을 한다. 이미 고객은 중개사무소 의자에 앉았을 터, 이참에 다른 물건을 보여주고 계약을 성사시킨다(다만 이러한 방법은 2020년 8월 21일 이후 공인중개사법 개정으로 인해 명백한 불법이다). 결과적으로 계약은 문의를 받는 것에서부터 시작한다. 즉 문의가 없으면 계약도 없다. 따라서 어떻게 하면 많은 문의를 받을 수 있을지 고민해야 한다.

> **Point**
> - 고객의 문의가 중개의 시작이다.
> - 문의를 많이 받는 가장 효과적인 방법은 저렴한 물건의 확보다.
> - 저렴한 물건은 저절로 접수되는 게 아니라 만들어가는 것이다.

블링블링한 사진으로 눈길을 사로잡는다

공인중개사법 중개대상물 표시·광고에 의해 현재는 중개의뢰한 가격으로만 기재가 가능하다. 앞선 사례의 경우 A, B, C 중개사무소 모두 3억 원으로만 광고를 해야 하므로 고객의 문의를 받을 확률은 1/3로 떨어질 수밖에 없다. 그렇다면 어떻게 해야 본인의 중개사무소로 고객의 눈길을 사로잡을 수 있을까를 고민해야 한다. 같은 조건이라면 고객은 더 많은 정보를 준 중개사무소를 방문하고 싶을 것이다. 그것이 무엇일까? 바로 사진이다. 그것도 일반 사진이 아닌 굉장히 좋아 보이는 사진이다. 한 예로 라면 봉지의 사진만 봐도 실제 라면 모습보다 훨씬 맛있게 찍혀 있다. 이런 관점이 중개에도 필요하다. 스마트폰 사진으로 사진을 찍어 표지 사진을 쓰는 라면 회사는 없다. 고가 장비를 든 전문 사진작가가 빛과 구도를 면밀히 계산해 최대한 맛있어 보이는 라면 사진을 만든다.

부동산 중개도 마찬가지다. 전문 사진작가까지 동원하진 않더라도 밝은 빛과 구도가 중요하다. 고객이 사진만 봐도 마음을 뺏기도록 최대한 사진의 분위기가 밝고 멋있게 나와야 한다. 또한 북향의 집이라도 사진이 밝게 나와야 하므로 일부 보정작업이 필요하다. 반짝반짝하는 보정작업을 위해선 사진 원본이 좋아야 한다. 하지만 이를 위해 굳이 비싼 디지털카메라를 사라는 것은 아니다. 비싸고 좋은 카메라가 있다면 더 좋겠지만, 없더라도 우리에게는 스마트폰 카메라가 있다. 요즘 스마트폰도 기능이 좋아져 사진을 찍으면 웬만한 디지털카메라 같은 효과가 난다. 그러므로 휴대하고 있는 스마트폰 카메라를 적극적으로 활용하길 바란다. 이를 위해 최소한 3년이 지나면 가급적이면 스마트폰을 교체하는 것이 좋다. 아직 사용하기 멀쩡하게 느껴지더라도 더 나은 카메라 기능을 위해 바꾸는 것이다. 이때, 저렴한 스마트폰보다 기능이 좋은 스마트폰이 카메라 성능도 더 좋으니 가급적 고사양의 스마트폰으로 교체하길 바란다(잘 모를 때는 비싼 게 좋다).

> **| Point |**
> - 좋은 스마트폰이 어지간한 전문가 카메라보다 낫다.
> - 좋은 사진은 빛과 구도 그리고 보정으로 탄생한다.
> - 보정은 별도의 프로그램을 이용하는 것보다 원본사진을 에디터에서 직접 보정하는 것이 더 효율적이다.

샤방샤방한 문구가 마음을 사로잡는다

가격을 낮추자니 과태료가 걱정이고, 블링블링한 사진은 나 말고도 다른 중개사무소도 올리고 있다면 그다음은 어떻게 할까? 그저 앉아서 1/n 확률로 문의가 오길 기다려야 할까? 그렇지 않다. 다음 3단계가 남았는데, 그것은 바로 샤방샤방한 문구다.

작은 차이가 명품을 만드는 법이다. 눈길을 끄는 문구 하나로도 고객의 마음을 사로잡는 포인트가 될 수 있다. 이때, 문구는 누구를 위한 중개대상물인가를 염두에 두고 듣고 싶은 말을 수준에 맞춰 적어줘야 한다. 예를 들어 원룸, 오피스텔 임대를 전문으로 하는 중개사무소를 보자. 이 물건에 관심을 갖는 사람은 대부분 20대 초중반의 대학생 또는 사회 초년생일 것이다. 이런 경우 20대들의 언어로 적어주면 좋다. 한 예로 '핵인싸 원룸, 불소이니 언제든 연락 주세요.' 등으로 말이다. '핵인싸'란 매우 인기 있어 높은 관심을 받는다는 뜻이며, '불소'는 불타는 소통을 말하는 신조어다. 물론 이 말은 연령층이 높은 분들이 보면 "도대체 뭔 말을 하는 거야?"라며 이해하지 못할 수도 있다. 하지만 타깃층이 알아들으면 그만이다. 이들은 고리타분하게 판에 박힌 문구를 적어놓은 중개사무소보다 그들과 소통되는 언어로 적은 중개사무소에 먼저 연락을 취할 것이다.

공인중개사들은 광고 개수와 매출은 비례한다고 생각한다. 그러니 광고를 많이 할수록 매출이 높아질 거라고 생각하고, 매출이 높지 않다면 더 많은 광고를 해야 하나 고민한다. 하지만 필자의 경험으로 볼 때 부동산 포털에 돈을 많이 주고 싶다면 광고를 많이 해야겠지만, 사실상 광고 개수와 매출이 반드시 비례하는 것은 아니다. 아무리 광고를 많이 해도 고객의 눈길을 끌지 못하면 헛수고일 뿐이다. 적게 광고하더라도 고객의 눈길을 끌 수 있는 포인트를 갖춘다면 광고 효과가 훨씬 높다. 고객의 문의는 광고 1~2건을 보고 오는 것이지, 10건 모두를 보고 문의가 오는 것은 아니다. 양보다 질이므로 가격, 사진, 문구를 갖춰 질 좋은 광고를 하도록 노력하자.

| Point |
- 광고의 개수가 문의 증가에 절대적으로 비례하지는 않는다.
- 문의를 많이 받기 위한 꿀팁
  1. 저렴한 가격
  2. 블링블링한 사진
  3. 샤방샤방한 문구

매수/임차 **고객확보의 비밀 ③ :**
유튜브 편

 필자가 많은 분들을 만나보면 참으로 실행력이 뛰어나신 분이 있고, 그렇지 않은 분이 있는 듯하다. 예전에 한 회원이 고민이 있다며 찾아오셨다. 토지 전문 중개사무소 대표인 이분의 고민은 계약하기가 힘들다는 토로였다. 물건을 보러 오는 고객도 많지 않고, 보러 간다 해도 토지의 특성상 거리가 멀어 물건 2~3개만 봐도 하루가 훌쩍 지나간다는 것이다. 게다가 겨울인 경우 밤이 빨리 찾아오니 오후 5시가 넘으면 어두컴컴해져 토지를 보러 가질 못한다. 이러다 보니 고객이 미처 물건을 다 보지 못하고 다음을 기약하는 경우도 많은데, 하룻밤이 지나면 고객의 마음은 흔들려 번번이 계약이 깨진다는 하소연이었다.

유튜브 활동은 필수다

 이 말을 듣고 필자는 유튜브를 권했다. 유튜브에 물건을 찍어 소개하면 효과가 좋을 것이라고 말했더니, 실행력이 좋은 이분은 다음 날 바로 실행에 옮겼다. 전원주택, 토지, 펜션 등 보유 중인 물건을 찍어 올렸다(요즘은 유튜브를 통한 매물 접수도 많다). 일주일에 하루, 중개사무소가 쉬는 날 시간을 내서 동선을 정하고 물건 3~4개를 찍어오는 것이다. 이렇게 찍어온 영상은 처남이 편집을 해줬다. 그전에 방송국에서 근무했던 경험이 더해져 영상이 빛을 발했다. 이렇게 유튜브에 채널을 만들어 몇 개씩 올리는 물건 소개가 인기를 끌어 35만 뷰가 기록되는 일이 생겼다. 물건을 35만 번 보여준 셈이다. 아파트에 비해 고객의 접근이 어려운(시간이 많이 소요되는) 물건을 찍어 올렸고, 영상이 깔끔하고 정보 전달력이 좋아 사람들의 반응이 뜨거웠다. 그런데 이분은 공인중개사 직업의 본분을 잊지 않았다. 광고수입이 목적이 아닌 중개가 주목적이므로 중간에 끊김없이 영상을 볼 수 있도록 유튜브 광고를 게시하지 않는 전략을 구사했다. 일반적으로 7(크리에이터):3(유튜브)의 수익비율로 광고를 넣을 수 있음에도 넣지 않은 것이다.

유튜브를 시작하며 활기찬 나날을 보내던 어느 날, 회원분이 고민이 있다며 다시 찾아왔다. 내용인즉, 구독자가 많아지고 시청 수가 늘어날수록 유튜브를 보고 고객이 직접 소유자를 찾아가 직거래로 계약을 하는 경우가 있다는 것이다. 그렇다고 동영상을 대충 찍고 싶진 않은데, 이를 어떻게 하면 좋겠냐며 묻는 회원께 필자는 이렇게 답했다.

"물건을 접수받을 때 전속계약으로 받으세요. 기간은 3개월입니다. 만약 매도자(임대인)가 전속계약을 해주지 않으면 광고비를 받으세요. 인건비+제작비를 고려해서요. 분양하는 물건도 마찬가지입니다. 이때는 물건을 유튜브에 올려주는 비용도 추가

2021년 1월 발품부동산TV 유튜브 화면 모습

로 받으세요. 대표님께 물건을 접수하면 이렇게 무료로 광고해주며 팔아주는데 그걸 공짜로 이용하고 직거래하겠다는 심보는 안 되지요."

필자의 조언을 들은 회원은 얼굴이 활짝 펴져 돌아갔다. 이렇게 성장한 유튜브 채널이 2021년 2월 기준 259,000명의 구독자를 보유하고 있는 '발품부동산TV'다.

| Point |
- 우리의 직업은 유튜버가 아니라 공인중개사다.
- 유튜브는 누구나 쉽게 시작할 수 있다.

시작하자, 유튜브

자, 어떤가! 유튜브를 시작해보라는 필자의 조언을 이분은 바로 실행으로 옮겼고, 결과는 소위 대박으로 이어졌다. 역시 '성공의 최우선은 실행력'이란 말을 다시 한번 실감했다. 현대는 유튜브가 대세이며 필수인 시대다. 따라서 공인중개사가 유튜브를 하지 않는다는 건 업무를 게을리하는 것이라고 볼 수 있다. 다만 유튜브를 안 해도 지역 내 1등 중개사무소라면 괜찮다. 문제는 한 달에 1~2건 계약하기도 힘든데 비법도 없고 블로그나 유튜브도 하지 않는 공인중개사들이다. 이들은 그저 앉아서 고객이 알아서 오기만을 기다리니 찾아가는 서비스를 제공하는 중개사무소에 번번이 밀릴 수밖에 없다.

뭔가 새로운 일을 해야 한다는 것은 귀찮은 일이다. 또한 '영상을 보고 내 욕을 하지 않을까?', '실력 없는 게 드러나는 건 아닐까?' 하는 두려움도 있다. 하지만 괜찮다. 누구나 이런 감정을 가지고 시작했고, 감추고 싶은 흑역사가 있다. 필자도 오래전에 게시한 유튜브 영상을 보면 쥐구멍에 숨고 싶은 정도로 서툴렀다. 하지만 이 또한 마인드 차이다. '그래서 내가 안 하는 거야'라는 사람이 있는 반면, '나날이 더 좋아지고 있어, 파이팅' 하는 사람도 있다. 어느 쪽을 선택할지는 여러분 마음이다. 다만 어린아이가 한번에 걷는 경우가 없듯, 세상에 완벽한 준비란 없다. 실행하면서 시행착오를 겪고 거기서 보완해나가며 완성도를 높여 나가면 된다. 유튜브는 더는 선택이 아닌 필수다. 유튜브를 통해 중개사무소의 세대교체가 이뤄지고 있다. 온라인의 특성상 한번 뒤처지면 어지간해서는 따라잡기 힘들다. 중개업을 1~2년만 하고 그만둘 것이 아니라면, 지금이라도 늦지 않았으니 당장 시도할 것을 강력하게 추천한다.

| Point |
- 유튜브 시장은 앞으로도 더욱 크게 성장할 것이다.
- 유튜브는 선택이 아닌 필수다.
- 누구에게나 감추고 싶은 흑역사는 있다.
- 유튜브를 시작하지 못하는 이유의 9할은 게으름이 원인이다.

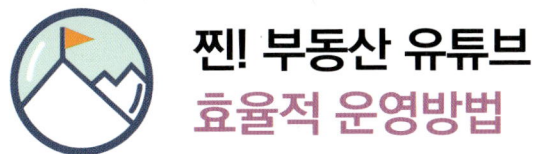

찐! 부동산 유튜브
효율적 운영방법

개업 공인중개사가 유튜브를 운영하는 목적은 무엇일까? 구독자 수와 시청시간을 늘려서 유튜브 광고로 수익을 만들려는 목적일까? 아니면 중개사무소가 가지고 있는 물건을 홍보해서 부동산 계약을 통한 수익을 만들고 싶은 것일까? 이렇게 묻는 이유는 목적을 명확하게 할 때 정확한 콘셉트를 잡을 수 있고, 공인중개사로서 유튜브 운영 방향이 결정되기 때문이다.

필자는 해외 커뮤니티에서 미국 MCN이라는 새로운 개념을 접하고, 2016년 10월 11일 처음 유튜브 채널을 개설했다. 네오비 마스터 과정의 초반 강의 영상을 찍어서 테스트 목적으로 등록했지만 보는 사람이 거의 없었다. '유튜브가 우리나라에서는 효과가 없나?'라는 생각도 잠시 했지만 시작하자마자 바로 효과를 기대해서는 안 된다며 마음을 다잡았다. 디지털 소비 트렌드가 스마트폰 그리고 영상으로 점차 변경되고 있었으므로 성장 가능성에 대해서는 의심하지 않았다. 2018년 오래전 업로드했던 유튜브 영상의 조회 수가 점차 증가하더니 2018년 하반기 유튜브의 시대가 활짝 열리며 경제적 효과로 연결되는 것을 직접 체험

했다. 그리고 부동산 중개업에 미치게 될 영향을 연구하기 위해 다양한 시도를 거듭했다. 그 결과 유튜브가 진짜와 가짜를 구분하는 역할을 한다는 것도 깨달았다. 유튜브 채널의 콘텐츠, 구독자, 시청자들의 반응을 보면 쉽게 알 수 있다. 동시에 정작 본인은 유튜브를 운영하지 않으면서 이론으로만 다른 사람들에게 운영하라고 하는 것은 의문을 가져봐야 한다(일부 유튜브 강사들의 채널에 들어가 보면 정말 경험이 있는 건지 의심스럽기까지 하다).

필자는 우리나라에서 부동산 중개업과 관련된 가장 큰 유튜브 채널인 '네오비TV'의 운영자다. 네오비TV는 공인중개사를 위한 채널로, 부동산 중개사무소 창업부터 개업공인중개사들의 고민을 해결해주는 채널이다. 매일 새로운 영상이 업로드되고 있으니 공인중개사로서 부동산 중개업과 정책, 그리고 부동산 트렌드가 궁금하신 분들이라면 구독과 알람기능을 통해 최신정보를 누구보다 빠르게 접하길 바란다(유튜브 검색 : 네오비TV).

부동산 중개업이라는 시장이 상대적으로 작기 때문에 구독자 수 증가에도 한계가 있음을 인지한다면 37,000명(2021년 5월 기준)의 구독자는 적은 숫자가 아니다.

네오비TV 유튜브 화면 모습

유튜브 채널분석 화면 모습

최근에는 실험적으로 유튜브 광고 수익의 크기를 경험해보고자 최소한의 광고를 운영하고 있는데도 평균 월 650,000원의 광고 수익이 꾸준히 들어오고 있다.

| Point |
- 바쁜 공인중개사가 시행착오를 겪어가면서 유튜브를 힘들게 운영하는 것은 추천하지 않는다.
- 네오비는 부동산 중개업이라는 전문분야에 특화되어 꼭 필요한 운영전략만 선별해서 알려주고 있다.
- 유튜브 콘텐츠가 좋으면 광고 수익을 통한 안정적인 수익구조를 만들 수도 있다.

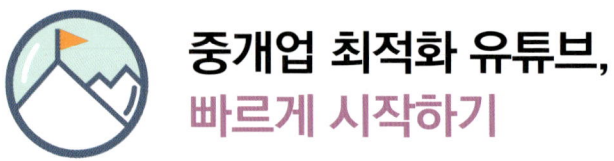
중개업 최적화 유튜브, 빠르게 시작하기

유튜브 운영은 모든 지역과 부동산에 효과가 있다. 다만 부동산 중개업 관점에서 조금 더 효과가 좋은 영역이 존재할 뿐이다. 아파트를 중심으로 하는 도심의 유튜브 채널은 부동산 정책, 세금, 개발 호재 및 진행상황, 지역 부동산 시장 및 거래동향 등이 효과가 좋다. 또한 좁은 지역보다 넓은 지역의 이슈를 다양하게 담아내는 것이 필요하다. 반면 비도심 지역에서는 전원주택, 토지 등의 콘텐츠와 짐벌, 드론을 활용한 영상이 시청자들의 주목도가 높다. 전원생활에 대한 기대감과 더불어 임장 활동에 대한 어려움 때문이다.

시작이 반이다

초보 유튜버를 위한 다양한 영상이 유튜브에 있으므로 이를 통해 어떻게 유튜브를 시작해야 할지 배울 수 있다. 여기에 부동산 중개업 특성에 맞게 적용하면 된다. 처음부터 너무 거창하게 시작하는 것보다 일단 시작하고 나서 조금씩 수준을 업그레이드하는 것을 추천한다. 가장 쉽게 유튜브를 시작하는 방법은 스마트폰을 활용해서 제작하는 것이다. 스마트폰의 성능이 좋아 촬영, 편집, 업로드 모두가 가능하기 때문이다. 준비물도 스마트폰과 동영상 편집앱인 '키네마스터' 정도면 충분하다. 어느 정도 자신감이 붙으면 마이크, 셀카봉 등 장비를 하나씩 업그레이드해 나가면 좋다. 다만, 부동산 중개업을 위해 운영하는 유튜브 채널을 개인 Vlog(브이로그, '비디오'와 '블로그'의 합성어로 자신의 일상을 동영상으로 촬영한 영상 콘텐츠) 형태로 운영한다면 한계가 있어 효과를 기대하기 어렵다. 또한 긍정적인 내용보다 부정적이거나 자극적인 내용이 구독자를 모으기는 더 쉽지만, 중개업 자체 매출로 연결시키는 것은 어렵다.

사람들이 유튜브를 활용하는 패턴에도 변화가 찾아오고 있다. 과거에는 유튜브 유입이 추천 영상으로 발생했기 때문에 이슈 있는 주제의 영상만을 강조했으나 최근에는 유튜브를 검색의 수단으로 이용하면서 검색량이 점차 증가하고 있는 추세다. 따라서 키워드를 활용한 유튜브 운영이 꾸준한 유입을 만들어낼 수 있다. 블로그에서 찾아서 힘들게 글자로 읽는 것보다 영상으로 보는 것이 더 이해가 빠르고 편리하기 때문이다.

| Point |
- 자신만의 유튜브 채널 콘셉트부터 결정해야 한다.
- 유튜브를 가장 빠르고 쉽게 시작하는 방법은 스마트폰으로 촬영하고 키네마스터로 편집하는 것이다.

시간과 노력을 아끼려면 투자가 필요하다

처음부터 완성도가 높은 영상을 만들고 싶다면 다른 접근 방식이 필요하다. 과거에는 대충 만든 영상도 조회 수가 나왔지만, 요즘은 유튜브 운영자가 많아 특별한 콘텐츠가 아니라면 관심받기 어렵다. 보기 좋은 떡이 먹기도 좋은 것처럼 보기 좋은 영상의 시청률이 더 좋은 법이다. 따라서 시행착오를 줄이고 주목도 있는 영상을 제작하고 싶다면 부동산 유튜브 전문교육을 먼저 수강하는 것을 추천한다. 유튜브 상위노출을 위해서는 썸네일, 키워드(제목, 설명), 태그, 재생목록 등의 요소를 적절하게 사용할 줄 알아야 하며, 영상의 집중도를 높이기 위한 구성이 필요하기 때문이다.

제대로 된 교육을 만나면 다른 사람의 노하우를 가장 빠르게 습득해서 내 황금 같은 시간을 아낄 뿐만 아니라 시행착오는 줄이고 효과는 극대화시킬 수 있다. 주목도 높은 영상을 만들기 위해 영상은 DSLR, 캠코더, 액션캠, 헬리캠, 360카메라로 촬영하고, 음향은 무선마이크 또는 녹음기를 사용, 편집은 어도비의 프리미어 프로로 시작하는 것을 추천한다. 처음에는 어려워 보이지만 프로그램이 매우 직관적으로 구성되어 있어서 한번 익숙해지면 굉장히 빠른 작업이 가능하다.

아울러 유튜브에 중개대상물을 올릴 때는 공인중개사법에서 규정한 공인중개사 표시광고에 대한 부분을 명확하게 준수해야 한다. 2020년 8월 21일부터 공인중개사법 개정에 의해 허위 물건을 올리면 과태료 500만 원이 부과된다. 이는 중개의뢰인의 단순 변심에 의한 경우는 문제가 없다고 보고 처벌하지 않는 반면, 공인중개사는 조금만 실수해도 마치 심각한 문제가 있는 것처럼 처벌할 수 있도록 법을 개정한 것은 심각한 문제다. 거래 완료된 물건을 실수로 삭제하지 않는 등의 단순 실수에도 과태료 500만 원을 적용하는 법은 문제가 있다고 본다. 그런데도 법이 시행되고 있으니 공인중개사는 표시광고를 어기지 않도록 주의해야 한다.

※ 유튜브 검색
- **공인중개사 유튜브 무료특강** https://bit.ly/3o2yphu
- **네오비TV** https://goo.gl/heZcC1
  - 공인중개사, 부동산 시장 동향 등
- **네오비 부동산 동서남북** http://bit.ly/3cUFUBM
  - 대한민국 전역의 부동산 정보 및 물건소개

| Point |
- 부동산 중개업 특성에 맞는 유튜브 채널 운영 전략이 필요하다.
- 부동산 유튜브 전문교육은 시행착오를 줄여주는 가장 좋은 방법이다.
- 유튜브를 제대로 하고 싶다면 프리미어 프로를 배우는 것이 가장 좋다.
- 개정된 공인중개사 표시·광고를 특별히 신경 써야 한다.

Plus Tip 4차 산업혁명과 부동산 중개업

로봇이 중개하는 모습

최근 4차 산업혁명(인공지능, 사물인터넷, 빅데이터, 모바일 등 첨단 정보통신기술이 경제·사회 전반에 융합되어 혁신적인 변화가 나타나는 차세대 산업혁명)에 따른 부동산 중개업의 변화에 대한 관심이 높다. 공인중개사 없는 부동산 거래 시스템 및 부동산 중개하는 로봇이 등장했으며, 드론을 활용한 중개가 시작되고 있다.

그동안 부동산 중개업 광고 시장은 무가지(교차로, 오일장, 벼룩시장 등) → 부동산 포털(부동산114, 부동산서브, 스피드뱅크 등) → 네이버 부동산 → 네이버 블로그 → 모바일 중개(직방, 다방, 한방 등) → 유튜브로 진화되며 다양한 형태로 변화되어 왔다. 홍보 내용도 TEXT → IMAGE → VIDEO → D(VR, AR, MR) 형태로 이어지며 많은 변화가 있었다.

이런 시대적 변화에 공인중개사가 어떻게 대응할 것인가는 매우 중요한 문제다. 가장 좋은 방법은 새로운 시장을 창출하는 것이지만 개업 공인중개사 개인의 역량으로는 불가능하므로, 시대의 흐름에 빨리 적응하고 뒤처지지 않도록 따라가는 것이 무엇보다 중요하다. 현재 시점에서 가장 중요한 영역은 유튜브와 드론, 그리고 3D를 활용하는 방법이다. 그와 동시에 공인중개사법의 테두리 안에 속해 있어야 하는 점, 공인중개사협회가 역할을 다할 수 있도록 적극적으로 참여해야 하는 점이 중요하다(협회 공제 가입과 월회비 납부, 그리고 한방 사용이 시작이다).

Plus Tip 광고 vs 홍보

부동산 중개업이 사업적으로 성공하려면 투자가 먼저 진행되어야 하며, 투자의 성과에 따른 이익이 발생해야 한다. 참고로 중개사무소가 투자할 수 있는 것은 3가지다.

1. (한정된) 돈
돈이 돈을 벌게 하는 것이 가장 좋은 사업이라고 하지만, 돈이 넉넉하게 있었다면 부동산 중개업을 시작하지 않았을 것이다. 개업공인중개사들은 대부분 한정적인 돈을 가지고 있으므로 효과적으로 사용해야 좋은 결과를 얻을 수 있다.

2. (제한적인) 시간
중개사무소가 투자할 수 있는 가장 큰 자산은 시간이다. 그런데 매출이 낮은 중개사무소의 특징은 늘 바쁘다는 점이다. 이는 시간에 대한 효율적인 사용이 이뤄지지 않고 있다는 의미이다. 따라서 시간 재분배를 통해 중요한 일과 급한 일을 먼저 구분하고 매출에 긍정적인 영향을 줄 수 있는 중요한 일은 반드시 처리할 수 있도록 해야 한다.

3. (기본적인) 노동력
부동산 중개업에서 노동력은 기본이다. 공인중개사의 연령이 낮아지더라도 평균 연령은 다른 업종에 비해 높은 편이다. 게다가 몸이 좋지 않으면 현장답사가 불가능하다. 따라서 평상시 건강관리에 신경 쓰고 문제가 발생하지 않도록 관리하는 것이 중요하다.

중개사무소는 이러한 3가지를 적절하게 활용해서 매출을 높이는 데 사용해야 하며 이러한 투자는 광고와 마케팅의 역할을 구분하고 이해하는 것부터 시작된다.

'마케팅 = 광고 + 홍보'

광고에는 직접 비용인 돈이 필요하고, 즉시 효과가 발생한다. 반면 홍보에는 간접 비용인 시간이 소요되고, 효과가 발생하는 데 시간이 소요된다. 중개사무소의 매출을 결정하는 데 마케팅이 필수인 요즘 각자의 중개사무소의 상황에 따라 효과적이고 효율적인 광고와 홍보의 밸런스를 갖추는 것이 매우 중요하다.

Part 10

이렇게 하면 중개사고 막는다

부동산 중개사고 0%, 충분히 가능하다

(단위 : 건, 원, %)

공제사고 유형별 분류	건 수	청구금액	지급금액	지급률	공제금 대비 지급률
개업공인중개사 고의사고	56	2,939,360,578	2,284,551,521	77.7	8.8
중개보조원 고의사고	80	11,648,961,494	4,299,348,355	36.9	16.5
다가구주택 경매사고	274	21,068,489,143	8,148,785,067	38.7	31.2
확인설명 미흡사고	179	13,105,617,741	6,765,975,195	51.6	25.9
진정성 미확인사고	47	4,461,218,509	2,599,904,684	58.3	10.0
신탁 부동산사고	38	5,185,126,881	1,996,074,726	38.5	7.6
합 계	674	58,408,774,346	26,094,639,548	44.7	100

한국공인중개사협회에 등록된 3년 간 중개사고 유형별 현황

　　2016~2018년까지 한국공인중개사협회에서 지급된 공제금 지급현황을 보면 부동산 중개사고에 대해 대략적인 감을 잡을 수 있다. 공제사고 유형별 건수를 기준으로 정리해보면 다음과 같다.

1. 다가구주택 경매사고 - 274건
2. 확인설명 미흡사고 - 179건

3. 중개보조원 고의사고 - 80건
4. 개업공인중개사 고의사고 - 56건
5. 진정성 미확인사고 - 47건
6. 신탁 부동산사고 - 38건

공제금은 해당 사안에 따라 우선 협회에서 피해자에게 공제금을 지급하고, 이에 대해 공인중개사에게 구상권을 행사하므로 실질적으로는 공인중개사가 공제금을 지급하는 것과 다름없다. 그러므로 중개사고가 발생하면 공인중개사에게는 매우 치명적일 수밖에 없다.

다가구주택 임대차 중개사고 막는 법

　다가구주택은 경매사고가 274건으로 가장 많다. 다가구주택의 임대차를 중개할 때 이런 일을 미연에 방지하려면 확인설명서에 '추후 경매가 진행됐을 때 보증금 전액을 변제 받지 못할 수 있다'는 등의 사항을 기록해놓으면 문제가 없다. 하지만 어느 임차인이 이런 거래를 하겠는가? 또한 구축 다가구주택인 경우 세대마다 임차인이 바뀌니 현 시점에서 정확한 임대차 채권 채무 관계는 소유자만 알고 있는 경우가 많다.

　그렇다면 임대인에게 현재 거주하는 임차인의 임대차계약서를 모두 들고 오라고 해서 확인한 후 예비 임차인이 보증금을 전액 반환받을 수 있는지 확인해야 한다. 하지만 어느 임대인이 임대차계약서를 들고 올 것인가? 신축 다가구주택인 경우 처음 들어가는 몇몇 임차인의 보증금은 문제가 없지만, 나중에 들어가는 임차인의 보증금은 문제가 될 가능성이 높다. 간혹 임대차 보증금의 합계액이 다가구주택의 매매가보다 높은 경우도 존재하는데 이를 '깡통주택'이라고 한다. 초보 공인중개사가 특히 주의해야 할 부분이다. 이러한 상황은 어떻게 해결할 것인가?

주택 밀집지역에서 중개할 때 주의할 점

부동산 중개업을 하면 우리 동네에 대략적인 물건 가격이 얼마 정도 하는지 알 수 있다. 물론 물건마다 개별성이 있지만 6개월 이상 해당 지역에서 중개를 하다 보면 '이 물건은 매매시세가 얼마이고 임대시세가 얼마다' 하는 기준이 잡힌다. 건축물대장과 등기사항전부증명서를 꼼꼼하게 살펴보면 면적 및 세대수가 대략 나오므로 면적 대비 전 세대를 전세 놓았을 경우 매매가 대비 임대가가 초과할 수 있다는 계산이 나온다. 그런 상태에서 임대인이 전세를 의뢰한 경우 위험한 물건이 된다. 그 지역에서 오랫동안 중개한 중개사무소는 이런 물건 의뢰가 들어오면 접수는 받지만, 실제 기록에는 지우는 식으로 없애 중개에 참여하지 않는다. 중개하다 자칫 큰일이 벌어진다는 것을 누구보다 잘 알고 있기 때문이다.

그렇다면 이 물건은 어디로 갈까? 바로 신규 중개사무소로 간다. 초보 공인중개사는 접수된 물건이 적은 상황에서 전세 물건이 접수됐으니 단독중개(양타)를 할 수 있는 기회로 받아들여 계약을 성사시킨다. 하지만 이런 경우 시간이 지날수록 불안해진다. 임차인이 "혹시 잘못되기라도 하면 어떡하죠?"라고 가세하면 겉으론 문제없다고 말하지만 속은 타들어갈 것이다. 이러한 다가구주택 임대차계약도 일명 '폭탄 돌리기'로 표현된다.

> **Plus Tip** **폭탄 돌리기**
>
> 부동산 시장에는 입주권 및 분양권이 없는 경우, 조합원 자격이 취소된 경우, 업다운 계약이 되어 있는 경우 등 정상적인 거래가 불가능한 다양한 거래가 존재하는데, 이를 통칭해서 '폭탄 돌리기'라고 한다.

따라서 초보 공인중개사의 경우 다가구주택의 경매가 진행되더라도 임차인이 최우선변제권으로 보증금을 받을 수 있도록 월세 계약은 진행해도 되지만, 지역 부동산 시장 다가구주택의 매매 및 전세금액을 예측할 수 있기 전에는 다가구주택의 후순위 전세 계약은 말리고 싶다. 자칫하면 모든 걸 뒤집어쓸 수 있기 때문이다.

| Point |
- 초보 공인중개사는 특별히 폭탄 돌리기에 대해 이해하고 주의해야 한다.
- 이론과 현실은 완전히 다르다.
- 중개 실무에서 문제해결은 원리·원칙도 중요하지만 확실하게 문제가 발생하지 않는 선이라면 융통성 있게 진행하는 요령도 필요하다.

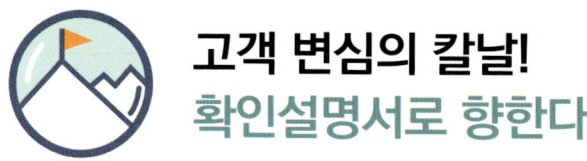
고객 변심의 칼날!
확인설명서로 향한다

　공제금 지급현황에서 다가구주택 경매사고에 이어 두 번째로 많은 경우가 바로 확인설명서 미흡사고로, 대표적인 경우가 방향을 잘못 적은 경우다. 예를 들어 북향인데 서향으로 적는 식으로 말이다. 방향은 동, 서, 남, 북, 남동, 남서, 북서, 북동향으로 총 8가지이며, 이 중 한 가지로 적을 수 있다. 이때 기준의 차이가 90도를 넘기면 안 된다. 특히 분양권을 거래하면서 이런 실수가 많이 생기는데, 평면도의 방위표를 잘못 확인해 벌어지는 실수다. 그러므로 사소한 방향표기 오류로 인해 중개사고가 생기는 일이 없도록 각별히 유의하자. 또한 광고를 직원들에게 의존하는 경우, 기존의 광고에서 복사 붙여넣기 형태로 광고하는 경우가 많은데, 신입 직원의 경우 종종 실수하게 되니 유의해야 한다. 그 외에도 선순위 임차인, 토지이용계획서를 잘못 표기한 사례가 확인설명서 오류로 많이 거론되는 경우다.

　최근 일부 고객은 중개보수를 주지 않기 위해 확인설명서를 가지고 공인중개사를 협박하는 경우가 많다. 예를 들면, 확인설명서에 1개라도 공란이 있는 경우(체크를 하지 않은 경우 포함)

또는 입지조건란을 부정확하게 설명했다고 주장하면서 만일 중개보수를 청구하면 행정청에 문제를 삼겠다고 협박하는 경우다. 이렇게 꼬투리를 잡히면 중개를 하지 않은 것만도 못하다. 따라서 공인중개사는 이를 방지하기 위해 철저히 대비하는 수밖에 없다.

확인설명 의무 대상자

확인설명의 주체는 개업 공인중개사다. 또한 당해 중개대상물에 관한 권리를 취득하고자 하는 중개의뢰인에게 성실·정확하게 설명해야 하므로 매도인이나 임대인에게는 설명할 필요가 없다. 오히려 이들은 개업 공인중개사가 확인설명 의무를 다하도록 협조를 해야 한다.

한편 '현재 충분히 설명을 했고, 관련서류도 제공했으므로, 확인설명서는 관계 서류의 제공으로 갈음하고 별도의 확인설명서를 제공하지 않기로 한다'는 특약이 있어도, 이는 무효이므로 반드시 확인설명서를 제공해야 한다. 추후 등기사항전부증명서를 확인해 발급받아 주겠다고 특약에 기재해도 의무위반이다. 아무리 급해도 반드시 등기사항전부증명서 등 공부를 확인하고 반드시 계약 전에 교부해야 하며, 특약으로 공인중개사가 계약의 이행을 보증해서는 안 된다. 간혹 월세보증금이 적다는 이유로 확인설명서를 작성하지 않는 분도 있는데, 이는 잘못이다.

다시 한번 강조하면, 확인설명서 상단의 확인설명자료는 모두 열람 및 발급해서 체크란에 반드시 모두 체크하고(하나라도 빠지면 과태료 대상), 대상 물건의 상태에 관한 자료요구사항란에 '매도인·매수인 입회하에 공인중개사가 수도 등 제반시설에 대해 매도인에게 문의해서, 매도인은 어떠한 하자도 없다고 진술했고, 매수인은 이를 고지받았음'이라고 기재하고, 쌍방의 서명·날인을 받아두면 금상첨화일 것이다.

※ 확인설명서 작성 방법 : 네오비 비즈아카데미 홈페이지 참조

| Point |
- 완벽한 확인설명서 작성은 아무리 강조해도 지나치지 않다.
- 확인설명서를 완벽하게 작성하면 중개사고를 막을 수 있다.

Plus Tip 중개사고, 얼마든지 피할 수 있다

혹시 중개사고 사례를 보면서 '이러니 내가 개업을 안 하는 거야'라고 위안 삼고 있진 않은가? 핑계 대는 나약한 모습은 바람직하지 않다. 전국의 10만 6,000여 명의 개업 공인중개사가 3년 동안 진행한 수많은 거래계약 중 중개사고가 발생한 사건은 674건으로 생각보다 많지 않다. 그 또한 사전에 주의만 기울인다면 충분히 피할 수 있으니 지레 겁먹을 필요는 없다.

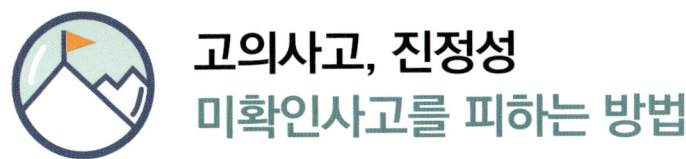

고의사고, 진정성
미확인사고를 피하는 방법

공인중개사 공제사고 중 상당수가 중개 보조원 고의사고 및 개업 공인중개사 고의사고인데, 통상 자격증 대여, 직원관리능력 부재, 경영악화 등이 불러온 참사다. 평상시 올바른 중개능력과 기본적인 사업역량을 갖추면 발생하지 않을 일인데 참으로 안타깝다. 이러한 사례들은 매스컴에 나오면서 공인중개사 전체의 위상을 깎아내리고 있어 더 안타까운 사례이기도 하다. 체계적인 중개업을 배워 이런 실수를 범하지 않기를 바란다.

진정성 미확인사고는 개업 공인중개사의 사소한 부주의에서 발생한다. 거래계약을 체결할 정당한 권원이 있는 당사자를 확인하는 것이 기본이다. 대표적인 사례로 신탁부동산사고 역시 공인중개사의 안일한 생각이 불러온 결과다.

우리나라는 부동산 등기사항전부증명서의 공신력을 인정하지 않으면서 이에 대한 책임은 공인중개사에게 전가하고 있다. 공인중개사는 사실상 진정한 소유권자를 찾을 수 없다. 그렇지만 알거나 알 수 있었던 사실에 대해서는 확인하려는 노력을 해야 한다. 또한 적법한 권원이 있는지 확인하는 절차가 반드시 필요한데, 특히 신탁부동산은 무조건 확인해야 한다. 등기사항전부증명서의 소유자는 수탁자(통상 신탁회사)이고, 관련 내용은 신탁원부에 기록되어 있다. 하지만 이론에만 치우친 공인중개사 시험으로 인해 공인중개사가 신탁원부를 제대로 본 일이 없고, 심지어 신탁원부를 발급하는 방법도 알지 못한다.

분양계약서만을 믿고 부동산 거래 계약을 하는 공인중개사도 있다. 산업인력관리공단의 탁상행정으로 안일하게 공인중개사 시험을 진행한 결과다. 구체적이고 실질적인 사례들로 만들어진 공인중개사 시험을 통해 합격 후에 현장에서 즉시 활용할 수 있도록 해야 한다. 하지만 현실은 전혀 그렇지 않다. 어렵고 힘든 공인중개사 자격증은 취득했지만, 이는 개업하는 법정 요건을 갖추기 위해 필요할 뿐 중개업 현장에서는 쓸모없는 자격증이다. 공인중개사 자격증만 믿으면 안 되는 이유다. 따라서 별도의 중개 실무 교육이 절실하게 필요하다. 나아가 공인중개사는 급변하는 시대에 맞춰 자격증 취득에 만족하지 말고, 본인의 부족한 실력을 채우기 위한 끊임없는 노력을 해야 한다.

| Point |
- 중개사고의 상당수가 고의로 발생한 사고다.
- 공인중개사 자격증만 믿고 할 수 있는 것은 아무것도 없다.
- 중개를 하다 보면 처음 접하는 내용도 많고, 이론으로 배운 내용을 현실에 맞춰 적용하기에는 어려운 문제들도 발생한다. 잘 모르는 내용은 먼저 직접 정확하게 확인해보고 중개하는 것이 필요하다. 그리고 이해가 잘 되지 않을 때 멘토의 역할이 빛을 발한다.

최근 발생하는 중개사고의 특징

다양하고 복잡한 누더기 부동산 정책으로 인해 부동산 중개가 상당히 어려워졌다. 조정대상지역, 투기과열지구, 투기지역 지정에 따라 신경 써야 하는 내용이 모두 다르다. 부동산 매매 시 세금(취득세, 양도소득세, 증여세, 임대사업자 등)에도 큰 변화가 있었으며, 재건축 및 재개발 조합원 자격 및 명의변경 금지규정과 실거주 요건, 대출제도의 변경, 실거래가 신고 및 자금조달계획서 작성 등도 많이 변경되어 중개사고로 이어지고 있다. 또한 개업 공인중개사들은 임대차 3법(계약갱신청구권, 전월세상한제, 전월세신고제)의 시행으로 시장 변화의 소용돌이를 온몸으로 체험하고 있다. 그럼에도 안일하게 생각하는 공인중개사들의 잘못된 지식과 정보들로 인해 대부분의 문제가 시작된다.

| Point |
- 급변하는 정책을 따라가지 못하면 중개하기 어렵다.
- 부동산 거래가 복잡해져서 긴장을 늦추면 즉시 중개사고로 이어진다.

Plus Tip 계약을 성사시키는 브리핑 '확신'

고객들은 부동산 전문가의 조언을 중요하게 생각한다. "~일 거예요"처럼 자신없는 대답을 믿고 계약하지 않는다. 반면에 "~입니다"는 믿음직스러운 대답은 신뢰로 연결되어 계약 성사율이 높다. 하지만 정확하게 알지 못하는 상황에서 아는 것처럼 확신을 주고 이를 토대로 계약이 이뤄졌는데, 막상 확인해보니 그렇지 않을 경우 결국 중개사고로 인한 손해배상으로 이어진다.

호랑이에게 물려가도 정신만 차리면 된다는 말이 있다. 관련된 내용의 변경이 발생하면 구체적인 적용 요건 및 시행시기 등을 확인해야 한다. 또한 관련 내용을 본인의 중개대상 지역에 적용해 거래의 기회로 만들 수 있어야 지역 부동산 시장을 이끌 수 있다. 이런 큰 변화가 누군가에게는 큰 기회가 되는 것이다. 따라서 공인중개사는 항상 "~입니다"라고 대답할 수 있도록 준비되어 있어야 한다. 그러기 위해서는 평상시 다방면의 지식을 공부해야 한다.

불완전한 대리인 계약의
융통성 있는 해법

　대리인과 계약하는 경우 소유자의 위임장과 인감증명서를 첨부해야 한다. 하지만 실무에서 일일이 서류를 받기 어려운 상황이 존재한다. 그렇다면 위임장과 인감증명서 없이 계약해도 문제가 없으려면 어떻게 해야 할까? 그것은 바로 가계약을 먼저 하는 것이다. 가계약을 먼저 한 후 가계약금을 반드시 소유자의 통장으로 입금되도록 하면 대부분 문제가 발생하지 않는다. 하지만 중개 실무에서는 가계약이 불가능한 경우도 있다.

　필자가 중개업 초기에 겪었던 일이다. 어느 고객(부인)이 주택의 전세를 내놨고, 마침 적당한 손님이 있어 계약 성사 직전에 있었다. 해당 주택은 남편의 이름으로 되어 있었는데, 계약 날 부인이 슬리퍼를 신고 가족관계증명서와 남편의 도장만 들고 중개사무소에 들어오자마자 필자에게 한마디 건넸다.
　"전세금은 내 통장에 넣어줘요. 어차피 살고 있는 세입자에게 돌려줘야 하는데, 남편 통장에 들어가면 번거로워지니까 내가 보관하고 있다가 돌려줄게요."
　"그건 좀…. 게다가 소유자(남편)의 위임장과 인감증명서가 필요하다고 미리 말씀드렸는데요."

"아니, 무슨 그런 서류가 필요해요? 지금까지 한 번도 그렇게 계약한 적이 없었는데. 도대체 그런 조항은 어느 법에 적혀 있죠?"

"대리인과 계약할 때 꼭 필요한 서류입니다."

"아니, 이분이 뭘 모르시네. 내가 이 근방에 임대 놓고 있는 집이 스무 채가 넘어요. 이제껏 수십 번 거래를 해봤지만 어느 곳에서도 위임장을 가져오라는 말은 없었어요."

"그래도 위임장과 인감증명서는 꼭 필요한 서류인데요."

"계속 말을 못 알아들으시네. 그럼 그동안 거래했던 모든 중개사무소가 다 틀렸고, 사장님 말이 맞는다는 거예요?"

언성을 높이는 부인 앞에서 필자는 계속 위임장을 되뇌었다.

"됐어요. 어디 여기 아니면 거래를 못하나 정말."

말을 끝내자마자 부인은 중개사무소 문을 꽝 닫고 나가버렸다.

20년 가까이 중개업을 하면서 지금에야 이런 상황에서 능수능란하게 대처할 수 있지만, 당시엔 대리인 계약 시 반드시 필요한 서류가 준비 안 된 대리인과 계약할 수는 없었다. 원칙대로라면 계약을 하지 않는 게 맞다. 하지만 이 사람을 놓치면 스무 채의 임대 물건이 같이 날아가는 상황이다. 자, 이런 경우 여러분은 어떻게 하겠는가? 먼저, 해당 지역에서 오래 중개업을 해오면서 고객의 가족관계, 사는 곳 등 세세한 사항까지 잘 알고 있는 경우 어느 정도 유연성을 발휘할 여지가 있다(생전 처음 보는 고객이라면 유연성의 여지가 없다).

공인중개사는 계약서에 날인하는 순간 모든 책임을 지는데, 이때 어디까지 책임질 것인가 하는 문제가 발생한다. 우선 계약과 관련된 책임은 계약금이 책임 범위인 경우가 많다. 가장 좋은 방법은 권리자와 직접 체결하는 것이고, 그다음으로는 정확한 위임관계에 의해 계약하는 것이 원칙이다. 하지만 물건도, 손님도 절대 나를 위해 기다려주지 않는다. 그렇다고 공인중개사 자격증도 없는 사람처럼 아무런 대책 없이 계약을 진행해서는 안 된다. 통화녹음으로 본인 확인을 대체한다고 하는 경우도 있지만, 단순하게 통화만으로 확인하는 것은 매우 위험한 발상이다. 전화 통화나 문자 추인은 권리자의 휴대번호가 맞는지 확인이 불분명하기 때문이다. 따라서 영상통화 및 신분증 확인 등의 절차를 거쳐야 하는데 결코 쉽지 않은 일이다.

프로 공인중개사들은 우선 계약을 체결한다. 이때 공인중개사가 책임질 수 있는 범위 내에서 최소한의 계약금만 걸고 계약서를 작성하는 게 좋다. 계약금이 반드시 거래예정금액의 10%가 되어야 하는 것은 아니기 때문이다. 만약 문제가 생겨도 공인중개사가 임차인에게 배액을 배상하면 된다.

이후 계약서는 정당한 권리자(남편)가 쓴 것이 아니므로 빠른 시일 내에 권리자의 추인(어떤 행위가 있은 뒤에 그 행위에 동의하는 일)을 받으면 된다. 이때는 반드시 직접 만나서 신분증을 확인하고 추인하는 절차가 필요하다. 따라서 권리자가 없다고, 위임장이 없다고 무조건 계약을 거부하기보다 이처럼 상황에 따라 유연하게 대처할 필요가 있는 것이다. 원칙만 고수하다가 좋은 기회를 모두 놓칠 수 있다. 원칙과 유연성이 같이 발휘될 때 더 큰 시너지를 얻을 수 있다. 일명 '요령'이 생기는 것이다. 경우에 따라 2차 계약금을 만들어 넣는 것도 가능하고, 임대차 계약에 중도금을 지급하는 것도 가능하다. 즉, 계약은 기존의 틀에 얽매일 필요가 없다. 요령도 문제해결능력이다. 요령은 프로 공인중개사 멘토를 두고 중개사무소를 운영하다 보면 다양한 케이스를 통해 습득이 가능하다. 또한 프로 공인중개사의 소속 공인중개사로 근무하면 더 빠르게 배울 수 있다. 다만 프로 공인중개사인 멘토를 만나거나 프로 중개사무소에서 소속 공인중개사로 근무하는 기회를 얻는 것이 쉽지 않을 뿐이다.

| Point |
- 부동산 중개는 상황에 따른 요령(융통성)을 필요로 한다.
- 법을 먼저 정확하게 이해해야 상황에 따라 적절하게 응용할 수 있다.

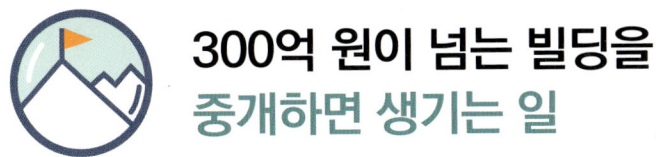
300억 원이 넘는 빌딩을 중개하면 생기는 일

다음 이야기는 필자 지인(최 대표, 50대 후반)의 실제 사례다. 기회가 주어진다면 큰 부동산의 거래도 할 수 있어야 하므로, 같은 상황에서 본인이라면 어떻게 대처할지 고민하기 바란다.

우연한 빌딩 중개 의뢰

최 대표는 강남에서 원룸 및 오피스텔 임대차 중개를 시작으로 중개경험을 쌓은 공인중개사다. 최 대표는 여성 특유의 친화력과 상냥함으로 무장해 고객들에게 친절히 다가갔으며, 적극적인 업무 추진력으로 많은 계약을 이뤄내고 있었다. 시간이 흘러 아파트 단지 안에 중개사무소를 이전한 최 대표는 단지 내 아파트 거래에 치중했다. 그러던 어느 날, 최 대표는 오래전부터 업무로 알고 지낸 박 회장님으로부터 80억 원 상당의 빌딩 매입을 알아봐달라는 의뢰를 받았다. 빌딩 중개경험은 없지만 기회라고 생각하고, 적극적으로 빌딩을 수소문하고 다녔다. 그렇게 80억 원 상당의 빌딩 물건 몇 개를 추렸지만 썩 맘에 들진 않았다.

그러던 중, 대로변 요지에 있는 빌딩이 매물로 나왔다는 소문을 들었다. 직접 접수받은 물건이 아니기에 매도금액도, 그 진의도 정확히 알기 어려운 상황이었다. 이에 직접 찾아가 알아보기로 한 최 대표, 건물 앞에 서니 그 위용에 압도당하는 기분이었다. 1층 로비에 들어가니 안내데스크에 있던 직원이 나왔고, 이에 공인중개사 명함을 건네며 이 건물 담당자를 만나고 싶다고 했다. 반신반의한 최 대표와 달리 직원은 이내 관리자에게 연락을 해 총무팀 사무실로 안내되었다. 또한 총무팀에 오니 마침 회장님이 사무실에 계시다며 직접 만나보길 권해 얼떨결에 김 회장님을 만나, 직접 매도의향과 그동안의 매매계약의 흐름, 그리고 330억 원이라는 매도희망 가격을 듣게 되었다. 참고로 빌딩거래는 일반중개와는 조금 다르게 매도의향서(매도인의 인감증명서) 및 매수의향서(매수인의 통장 잔고증명)를 통해 실제 거래 가능성을 먼저 확인하고 중개에 임하는 경우가 많은데, 이는 거래 상대방에 대한 신뢰를 높이는 방법이다. 최 대표는 사전에 매수의향서를 준비해 갔다(비록 잔고증명서는 없었지만 이마저도 준비를 안 했으면 회장님을 만나지는 못했을 것이다).

| **Point** |
- 소유자를 찾는 가장 빠른 방법은 공적장부를 이용하는 방법이다.
- 물건 정보를 알고 싶다면 직접 찾아가서 만나는 게 가장 빠르다.
- 빌딩거래에서는 종종 매도의향서, 매수의향서 등의 서류를 필요로 하고, 상가 임대차계약에서는 권리 양수도 계약을 별도로 하듯 부동산 중개대상물마다 거래하는 방법이 조금씩 다를 수 있다. 하지만 원칙은 변하지 않는다.

순식간에 계약이 체결되다

건물 매도의향과 가격을 알게 된 최 대표는 이튿날 박 회장님과 빌딩을 보러 다녔다. 하지만 원래 박 회장님이 원한 금액에 맞는 80억 원대 빌딩은 별로 성에 차지 않는 눈치였다. 마지막으로 금액대는 다르지만 하나의 빌딩이 더 있다는 말씀을 드리고 330억 원 건물 앞에 도착했다. 당당한 빌딩 위용에 박 회장님도 맘에 드는 눈치였다. 건물 안을 둘러보려고 안으로 들어갔는데, 마침 어제 본 직원이 사무실까지 안내를 해 얼떨결에 김 회장님도 다시 만나게 되었다. 매도 회장님, 매수 회장님, 최 대표까지 셋이서 이야기를 나누는데, 두 회장님 모두 자수성가한 분들로 성격이 화통하고 취향이 비슷해 대화가 잘 통했고, 그 자리에서 일사천리로 계약까지 진행됐다(현금 외에 나머지는 대출을 진행하기로 했다). 계약서를 작성해야 하는데 아무것도 준비해온 게 없었던 최 대표는 다시 준비해오자니 그사이 계약이 깨질까 봐 걱정이고, 당장 계약서를 쓰자니 아무것도 준비해온 게 없어 진퇴양난이었다. 어쨌든 총무과 컴퓨터를 빌려 '한방' 프로그램을 내려받아 계약서를 작성하는 동시에 확인설명서도 급조해 작성했다. 현장에서 즉시 계약금 30억 원이 오갔으며, 그렇게 번갯불에 콩 볶듯 330억 원 빌딩 매매계약이 순식간에 마무리되었다.

계약이 마무리되자 매도고객인 김 회장님이 한마디 하셨다. "이 계약은 아무 데도 소문이 나지 않게 해주세요. 빌딩이 팔렸다는 소문이 나면 빌딩에 입점한 기존 임차들뿐만 아니라 직원들도 동요할 테니 잔금 전에는 절대 소문나지 않게 해주세요"

라는 단서를 달았다. 그리 어려운 부탁이 아니기에 박 회장님도 흔쾌히 동의하셨다.

| **Point** |
- 금액이 큰 거래계약은 어렵고, 금액이 적은 거래계약은 쉬운 것이 아니다.
- 프로 공인중개사는 언제 어디서나 계약할 수 있는 만반의 준비를 갖추고 있다.

급히 서두른 계약, 문제가 터지다

다음 날, 계약까지 마쳤지만 미처 빌딩 내부까지 속속히 보지 못했다는 생각에 박 회장님은 최 대표의 중개사무소로 왔고, 이에 다시 빌딩을 보러 갔다. 로비에 들어서자 어제 그 직원이 다시 나왔다. 연이틀 본 얼굴을 기억했던 직원이 넌지시 물었다.

"혹시 이 건물 팔렸나요? 새로 건물을 사신 회장님 되세요?"

박 회장님은 "그렇다"라고 대답하고 싶었지만 약속이 있었던 터라, 즉답을 피하는 대신 "앞으로 자주 보게 될 것입니다"라고 말했다. 그렇게 건물을 살펴본 후 돌아왔는데, 며칠 후 최 대표는 노발대발하는 김 회장님(매도고객)의 전화를 받았다.

"내가 그렇게 신신당부했건만, 그사이를 못 참고 빌딩이 팔렸다고 동네방네 떠들고 다녀? 당신, 그렇게 입이 가벼운 사람이었어?"라며 막말을 쏟아내는 김 회장님으로부터 최 대표는 속절없이 당했다. 누설한 적 없다고 해도 빌딩 내에 이미 소문이 파다하게 퍼졌다며 믿지 않았다. 결과적으로 최 대표도, 박 회장님도 누설한 적은 없지만, 그전에 만났던 직원이 "앞으로 자주 보게 될 것입니다"라는 박 회장님의 말을 와전해 빌딩이 팔렸다고 소문을 내고 다닌 것으로 추정할 뿐이었다. 결과적으로 일은 이미 벌어졌고, 누구를 탓한다고 해결될 문제가 아니었다. 이제부터는 공인중개사의 문제해결능력이 필요했다.

약속을 어겼으니 계약 파기라며 계약금을 몰수하고 없던 일로 하겠다는 김 회장님의 말에 최 대표는 어안이 벙벙했다. 이 말을 전해 들은 박 회장님 또한 주차장 전용에 따른 불법건축물 여부, 건물의 상태 하자, 임대차 계약 내용의 잘못된 고지 등을 이유로 계약을 해지할 테니 계약금의 배액인 60억 원을 반환하라고 으름장을 놨다. 고래 싸움에 새우등 터지듯, 중간에 낀 최 대표는 안절부절했다. 두 회장님의 사이가 나빠지게 됐고, 급기야 최 대표마저 어느 한 쪽의 사주를 받고 빌딩을 중개한 거 아니냐는 의심까지 받게 되었다. 두 회장님은 변호사를 앞세우고 뒤로 빠졌고, 최 대표는 양측의 변호사와 문제해결을 위한 이야기를 나눠야 했다. 사실 그날 급조해 계약서와 확인설명서를 작성하다 보니 완벽하게 작성된 서류가 아니었고, 공제증서 지급도 없었다(공제증서도 한방에서 직접 프린트하면 되지만, 워낙 서둘러 진행된 계약이다 보니 미처 생각하지 못했다). 계약금이 크다 보니 자칫했다간 최 대표의 모든 게 날아갈 판이었다. 이렇게 일이 커지자 최 대표는 필자에게 급히 도움을 요청했고, 필자는 문제가 완벽하게 해결될 수 있도록 적절한 조언을 해줬다.

임차인 연체로 인한 명도 문제와 불법건축물 문제를 해결해야 했으며, 하자가 치유된 계약서 재작성, 매도 회장님이 주장하는 잔금 먼저 받고 소유권 이전은 나중에 진행하겠다는 억지 주장도 해결해야 했다(구체적인 해결 방법이 궁금하다면 유튜브 네오비TV에서 확인하기 바란다). 결과적으로 엄청난 우여곡절을 겪으면서도 계약은 잘 마무리됐다. 그 과정에서 최 대표는 심장이 쪼그라드는 불안감에 떨었지만, 받은 중개보수로 수입차를 구입하고 나서는 언제 그랬냐는 듯 씩씩해졌다.

이 사례가 시사하는 점은 크다. 사람들은 몇억 원짜리 부동산은 계약이 수월하고, 수백억 원짜리 부동산 계약은 성사되기 어렵다고 생각하는데 늘 그렇지는 않다. 앞선 예처럼 수백억 원짜리 빌딩도 미팅 한 번에 순식간에 진행되는 경우도 있다. 다만, 건물이 크고, 금액대가 높을수록 부가적으로 발생되는 상황들이 많을 수 있다. 따라서 어떤 상황에도 문제를 해결할 수 있는 능력을 키워야 한다. 다만 처음에는 문제해결능력이 부족하므로 멘토의 도움이 필요할 것이다. 즉, 내가 아직 준비가 부족하다면 어떤 상황에도 당황하지 않고 조언을 해줄 경험 많고 능력 있는 멘토가 있는 것이 중요하다.

| Point |
- 계약 체결은 운이 좋아 가능할 수도 있지만, 마지막까지 문제를 해결하는 것은 오직 능력을 갖춰야만 가능한 일이다.
- 능력을 키우는 것은 오랜 시간이 필요한 일이므로, 멘토를 가까이 두는 방법이 효과적이다.

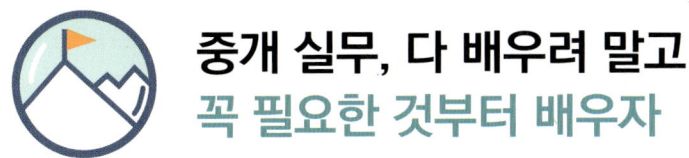
중개 실무, 다 배우려 말고
꼭 필요한 것부터 배우자

　공인중개사는 대부분 중개업 실패를 경험한 후 중개 실무 교육의 필요성을 깨닫는다. 그리고 공법(토지) 실무, 경매, 상권분석, 상가중개, 재개발, 재건축, 계약서 작성 방법, 부동산 세법 등 참으로 많은 분야의 공부를 해야 한다고 말한다. 최근 중개 실무 학원들이 강조하는 부분도 이와 일맥상통한다. 하지만 과연 그럴까? 한 예로 아파트 단지에서 중개업을 하는 공인중개사 기준으론 사실 토지, 상가, 경매, 재개발, 재건축(재건축 아파트가 아닌 경우) 공부는 쓸모가 없다. 평생 한두 번 사용하게 될 공부며, 막상 활용할 때는 기억도 나지 않는 지식을 왜 비용과 시간을 들여 공부하는가? 반면 계약서 작성하는 방법과 부동산 세법 공부는 공인중개사라면 누구에게나 필요하다.

　일에는 순서가 있고, 실제 필요한 공부의 해답은 개업 공인중개사들의 목소리에서 찾을 수 있다. 개업 공인중개사들은 중개업무에서 가장 어려운 부분에 대해 이구동성으로 물건과 손님이 없는 것이라고 말한다. 부동산 중개업을 약 20년간 운영해본 필자 기억에도 물건도 많고, 손님도 많이 있던 경험이 없다. 따라서 중개 실무에서는 어떻게 하면 물건 및 손님을 확보할 수 있는지가 우선이며, 상황에 따른 문제해결능력을 갖추는 게 다음으로 중요하다. 나머지는 고객들을 응대하면서 부족하거나 필요하다고 느껴질 때 하나씩 채워나가면 된다.

| Point |
- 모든 일에 순서가 있듯 중개 실무 교육도 순서가 있다.
- 중개업에 가장 먼저 필요한 교육은 물건확보 및 손님확보 방법이다. 물건 및 손님이 있으면 시행착오라도 하면서 배울 수 있지만, 아무리 많이 알아도 물건 및 손님이 없으면 쓸모없는 지식이다.

Plus Tip 부동산 중개 실무 공부 순서

1. 부동산 정책에 대한 종합적인 이해(신문기사가 아니라 정책의 원문을 보고 이해할 정도의 수준).
2. 임대차보호법(주택임대차보호법, 상가건물임대차보호법)
3. 물건 확보를 위한 오프라인 마케팅(DB, DM, TM, Promotion 등)
4. 손님 확보를 위한 온라인 마케팅[네이버(블로그, 부동산, 스마트 플레이스, 파워링크, 카페 등), 유튜브 등]
5. 한방 사용방법, 확인설명서 작성방법
6. 계약서 작성과 물건 및 거래유형별 특약 작성방법(법정계약서, 일반계약서 등)
7. 부동산 경매 및 권리분석
8. 부동산 세법(양도소득세, 취득세, 증여세, 부가가치세 및 소득세, 임대사업자 등)

이 8가지는 필수적으로 알아야 할 사항이다. 그 외 취급하는 중개 대상물에 따라 필요한 교육(상가, 토지, 공장, 재건축, 재개발 등)이 달라진다.

필자의 교육을 이수한 수강생들이 최근 중개 실무 학원에서 교수로서 다양한 활동을 하고 있다. 이들에게 한 가지 부탁하자면, 중개 실무는 점수가 중요한 게 아니므로 효과도 없는 이론 강의 말고, 실습을 중심으로 하는 강의가 진행됐으면 좋겠다. 또한 생전 한 번 있을까 말까 한 특수한 사례 강의 및 호랑이 담배 피던 시절의 내용 말고, 필자의 강의처럼 개업 현장에서 꼭 필요한 핵심 내용을 효율적으로 알려주는 강의를 진행했으면 한다.

집에 쌀이 떨어져 계약이 절실한 공인중개사들에게 빠르게 성과를 낼 수 있는 강의를 진행해주기를 바란다. 나아가 공인중개사로 긍지와 자부심을 가지고, 오늘의 생계와 동시에 미래도 준비할 수 있는 길로 이끌어주기 바라며, 끝으로 청출어람을 이루기를 진심으로 소망한다.

> **Plus Tip** 좋은 중개 실무 교육을 찾는 핵심
> - 강사가 공인중개사인가?
> - 강사는 이름만 걸어놓는 것이 아닌 실제 중개업을 했는가? 기간이 얼마나 되는가?
> - 중개업으로 성공을 경험한 사람인가? 강의만 하는 사람인가?
> - 이론만 진행하는 강의인가? 실습과 결과까지 챙기는 강의인가?
> - 교육 이후 꾸준한 A/S가 진행되는가? 얼마나 오랫동안 담당교수와 지속적인 만남 및 개별 연락을 통한 멘토링이 가능한가?
> - 전체 수강생의 강의 후기나 평가는 어떠한가?
> - 교육과정 이후 실질적으로 성공한 공인중개사 비율은 얼마나 되는가?

에필로그

멘토, 인생의 전환이 될 수 있다

필자가 약 20여 년 전 처음 개업한 중개사무소는 4개월 만에 폐업했다. 큰 지식 없이 그저 잘되겠지 막연하게 개업한 대가는 4개월 만에 권리금 50%를 날리며, 수천만 원의 손해를 입고 끝이 났다. 첫 수업료치고 너무나 큰 금액을 잃자 자존감이 떨어졌다. 백수가 됐고 필자는 다시 유학을 준비했다. 하지만 복학할 학기까지 8개월 가량 시간이 남아 있었다. 백수가 된 후에도 공인중개사 모임에는 간간이 참석을 했는데, 그 당시 모임에서 유명한 김 대표님이 계셨다. 중개 매출이 높기로 소문난 김 대표님은 평소에도 필자를 아껴 주셨는데, 필자의 중개사무소가 문을 닫았다는 소식을 듣고, 필자에게 부동산 중개업을 제대로 배워보겠느냐는 제안을 하셨다. 마침 유학 가기 전 시간이 남아 있던 터라 흔쾌히 배우겠다고 했는데, 뒤돌아 생각하니 이분을 만난 게 일생의 기회이자 터닝 포인트였다. 다음의 내용은 김 대표님의 중개사무소에서 배운 내용을 적은 것이다.

출근 전 명함 200개 돌리기

중개사무소 출근은 오전 8시까지로 일반적인 출근 시간보다 빨랐다. 게다가 출근 전에 매일 명함 200개를 돌리고 난 후 8시까지 출근해야 했다. 이때 명함을 획 던지는 게 아닌 세대별로 현관문에 붙이는 작업이다. 그러니 집에서 아침 6시에는 나와야 했다. 아침 일찍 일어나 200개 명함을 돌리다 보면 수많은 계단을 오르내리게 되어 땀이 흘러 운동이 절로 되었다. 이런 이유로 김 대표님은 한가하게 헬스장 가서 운동하는 공인중개사들을 나무랐다. 아침에 명함을 돌리면 홍보와 운동을 겸할 수 있는데, 그 귀한 시간에 홍보는커녕 일부러 운동만 하고 있으니 말이다(현재는 명함을 돌리는 일이 불법옥외광고물로 과태료 대상이다).

명함을 돌리고 8시까지 출근하면, 지도에 오늘 명함을 돌린 위치를 표시하는 일이 먼저였다. 그 후 다 같이 중개사무소 청소를 하면 8시 30분이 되고, 그 후엔 롤플레잉 게임을 했다. 이는 전날 접수된 물건 중에 가장 좋은 물건을 뽑아 한 사람은 공인중개사 역할을, 다른 두 명은 고객 역할을 하면서 고객이 문을 열고 들어오는 시점부터 실제 상황과 똑같이 모의 브리핑 연습을 하는 것이다. 이런 식으로 매일 연습을 하니 인근 어느 중개사무소보다 브리핑을 잘할 자신감이 생겼다. 롤플레잉은 팀플레이로 연결됐는데, 여러 손님이 왔을 때, 상담, 임장, 계약을 전담하는 팀워크를 갖추도록 했다. 아무리 잘하는 축구선수를 여럿 모아놔도 팀플레이가 나쁘면 성적이 좋지 않듯, 중개도 마찬가지다. 개인별 역량과 더불어 팀이 잘 뭉쳐야 시너지 효과가 더 잘 나므로 평소에도 이런 연습을 꾸준히 했다.

이렇게 플레이 연습을 하면 보통 9시가 되는데, 이때부터 인터넷에 올라간 물건을 확인하면서 지역에서 광고된 전체 물건에 대해서 정리하고 관리한다. 그리고 그날 만나기로 예정된 고객들과의 약속을 최종확인하고 중요한 업무를 처리한다(참고로 공인중개사의 문제이자 발전을 저해하는 가장 큰 요소는 중요한 일과 급한 일을 구분하지 못하고, 처리에 대한 우선순위를 정하지 못하는 데 있다. 급한 일에 매몰되기 시작하면 정작 중요한 일은 하지 못해 더는 발전하기 어렵다).

보통 고객은 오전 11시 이후부터 오는데, 그사이 두 시간을 어떻게 보내는가에 따라 결과가 달라진다. 따라서 오전 9~11시까지 두 시간은 중요한 일을 처리해야 하는 시간으로 매우 중요하다. 매출이 잘 나오지 않는 공인중개사의 경우 항상 바쁘다고 한다. 무엇을 했느냐고 물어보면 딱히 한 일은 없다. 급한 일은 했지만, 중요한 일은 하지 않았기 때문이다. 이처럼 시간을 단순히 흘려보내면 결코 좋은 결과가 나타날 수 없으니 매우 유의하길 바란다. 중개사무소의 가장 중요한 업무가 물건 확보(오프라인 마케팅)고, 손님 확보(온라인 마케팅)다. 그렇다면 오전에 무엇을 해야 할지 고민해보길 바란다.

돈 받으면서 배우는 거 봤어?

이렇게 업무를 익히며 정신없이 시간을 보내는 사이 드디어 내게도 첫 계약서를 쓰는 날이 왔다. 물론 계약서 틀은 대표님께서 작성해주셨지만, 내가 브리핑하고 안내해서 계약체결까지 이룬 물건이었다. 기쁜 마음과 함께 한편으로 얼마의 급여를 받을지 궁금했다. 처음 이 중개사무소에 올 때 일을 가르쳐 준다고 했지, 계약서를 쓰면 얼마의 급여를 주겠다는 말은 없었기 때문이다. 대표님께 직접 물어볼 수 없어 옆자리에 앉은 경력이 오래된 여성 실장님께 넌지시 물었다.

"왕 실장님(성이 왕씨임), 제가 이번에 계약서 썼잖아요. 그거 중개보수 받으면 저는 얼마나 받을 수 있을까요?"

기대감에 가득한 내 얼굴을 말없이 바라보던 왕 실장님의 한마디에 나는 녹다운이 되었다.

"조 부장(당시 내 직함임), 우리가 뭘 배울 때 돈을 내지 않아? 학원을 다니든, 과외를 받든 말이야."

"네, 돈을 내지요."

"조 부장은 이제껏 살면서 뭘 배울 때 돈을 받고 배운 적 있어?"

"음, 아니오. 없는데요."

"그럼 잘 알면서 뭘 물어. 여기 중개 일 배우러 온 거 아니야? 그런데 왜 돈 받을 생각을 하지? 돈을 내도 모자랄 판에…."

"그거야, 계약이 성사됐…."

"조 부장 잘 생각해봐. 대표님이 조 부장에게 일 가르쳐 주신다고 채용해서 성사된 계약이 더 많을까? 아니면 놓친 계약이 더 많을까? 초창기 조 부장이 맡은 손님들 다 계약하지 못하고, 이제야 첫 계약을 했잖아. 엄밀히 보면 조 부장에게 손해배상을 청구해도 모자랄 판인데도 그동안 대표님이 싫은 내색하지 않으셨지? 그런 분에게 이제 첫 계약서 썼으니 보수를 달라는 건 아전인수 격이지 않아? 배울 거 다 배웠다고 생각되면 이제 나가도 돼."

"아!"

그동안 마음속으로 '6:4로 나눠줄까, 7:3으로 나눠줄까?'를 기대하던 나는 전혀 뜻밖의 왕 실장님 말을 듣고 충격을 받았다. 틀린 말이 아니었다. 그간 4개월 동안 많은 것을 배웠으니 이제 떠날 때가 된 것이다. 나는 대표님께 중개사무소를 떠난다는 이야기와 함께 새로운 자리에서 중개업을 개업하고 싶다는 말씀을 드렸다. 수중에 남은 돈이 많지 않았던 필자는 막 시작되는 강북 뉴타운 사업지에 중개사무소를 다시 개업했고, 대표님이 찾아오셔서 진심으로 축하해주셨다. 관계가 잘 마무리된 덕분에 이후에도 계속 멘토님께 조언을 들을 수 있었다. 중개사무소를 인수한 게 아니라 프랜차이즈 제과점으로 사용하던 곳을 얻었기에 인수받은 명단이 없었지만, 멘토 중개사무소에서 일하면서 명단 만드는 법을 배웠기에 크게 문제되지는 않았다. 이렇게 시작한 중개사무소에서 필자는 큰 성공을 거두며 지역 내 1등 개업 공인중개사가 될 수 있었다.

개업 전, 이미 사업 성패를 알 수 있다

실제 필자는 아무것도 모른 상태에서 잘될 거란 희망 하나만 가지고 시작한 첫 중개사무소와 멘토 중개사무소에서 4개월간 배우고 나서 개업한 두 번째 중개사무소의 업무 자세는 하늘과 땅 차이였다. 첫 중개사무소에서는 그저 오는 고객을 기다렸다면, 두 번째 중개사무소는 고객을 발굴하고 찾아가는 노력을 기울여 많은 고객을 확보할 수 있었다. 따라서 공인중개사의 성공과 실패는 시작부터 정해져 있다고 봐도 과언이 아니다. 무엇을, 어떻게 해야 하는지를 알고 시작하는 것과 다른 공인중개사들이 하는 정도에서 기다리는 것과는 천지차이이기 때문이다. 그러므로 개업을 준비 중인 공인중개사나 개업했지만 실적이 저조한 공인중개사라면 체계적인 중개 실무 교육이 필요하다. 이는 공인중개사 시험에서 배운 것도 아니고, 몇 시간 실무교육을 받았다고 해결되는 문제도 아니다.

필자가 네오비 비즈아카데미를 설립하고, 중개 실무 마스터 교육을 시작한 이유도 이같은 취지에서다. 부동산 중개업 현장에서 보면 아무것도 모른 채 개업하고 결국 폐업하면서 손해 본 사례가 많다. 이분들에게 도움을 드리고 싶었다. 무엇을 갖춰야 중개업에서 성공할 수 있는지, 어떻게 해야 계약을 많이 할 수 있는지 말이다. 한편 매출부진으로 고전하는 개업 공인중개사들에게 진짜 중개 실무를 알려주고, 생계를 해결할 수 있는 방법을 알려주고 싶었다. 필자가 어렵게 습득한 노하우를 공개하는 이유는 '더불어 사는 사회, 다 같이 잘 살면 얼마나 좋겠는가' 하는 마음에서다. 나아가서 네오비의 비전은 공인중개사들이 현재의 수준에서 머물지 않고, 부동산 전문 자격사로서 당당하고 떳떳하게 존경과 대우를 받는 세상을 만들기 위함이다.

약 20년 가까운 실무경험을 이 책 하나에 다 풀어내기에는 지면 관계상 말하지 못한 내용이 더 많다. 또한 공개적으로 말해서는 안 되는 내용들도 많아 아쉬움이 크게 남는다. 하지만 유튜브 채널 '네오비TV'와 네이버 카페 '행복한 중개업 네오비'에서 만날 수 있고, '네오비 비즈아카데미' 홈페이지와 네이버 밴드 '네오비'에서도 필자를 만날 수 있으니 언제든 방문을 환영한다. 필자가 멘토 중개사무소를 만난 후 공인중개사의 획을 그었듯,

여러분도 필자와 네오비를 통해 같은 경험을 하게 될 것이다.

부동산 중개업의 미래, **네오비**

"매출상승" 프리미엄 교육
네오비 비즈아카데미
neobacademy.com

"무료" 공인중개사 실전강의
네오비TV
youtube.com/@TEHNEOB

중개업 "모든" 실무정보
네오비 행복한 중개업
cafe.naver.com/famlab

중개업 "핵심" 정보 공유
네오비 공인중개사, 행복한 중개업
band.us/@neobgroup

공인중개사를 "위한" 프랜차이즈
부동산이즈
budongsanis.com

따라올 수 없는 축적된 노하우, 차별화된 중개실무 교육
네오비 비즈아카데미 강좌

▶ 네오비 중개실무 마스터 과정
이유 있는 1등! 수업 만족도 1000% 입소문 수강후기 보유, 오늘 배워 내일 바로 적용하는 실전 중개실무! (※ 타 기관 유사 과정명에 주의! '중개실무 마스터 과정'의 원조는 오직 네오비입니다.)

▶ 완벽한 부동산 중개 매뉴얼
완벽한 중개업 체계!! 물건접수> 손님확보> 상담&임장활동> 가계약> 계약서&확인설명서 작성> 중도금> 잔금> 중개보수까지 부동산 중개 절차, 특약 작성 및 확인설명서 작성 중심 강의

▶ 부동산 중개업 실전 과정
주택&아파트&오피스텔, 상가&사무실, 분양권&입주장, 토지&공장, 재개발&재건축 물건 분야별 현직 공인중개사들의 계약서 및 특약!

▶ 혁신적인 중개업 창업 컨설팅
부동산 중개업 창업과정 완전정복! 창업자금계획, 입지선정, 사무실 컨셉, 지역분석, 창업 시 준비사항 등 성공적인 시작을 위한 누구나 성공할 수 있는 창업컨설팅!

▶ 공인중개사 스마트 중개기법
AI로 매물 분석, IT로 고객 응대, 이제는 자동화 시대, 복잡한 중개도 클릭 한 번이면 끝나는 디지털 실무, 앞서가는 중개사를 위한 필수 전략

▶ 네이버 블로그 최적화 과정
네이버 블로그 알고리즘을 이해해야만 최적화 가능, 약 76% 마케팅의 기본!
네이버 상위노출 최적화 키워드 전략 및 콘텐츠 설계과정!

▶ 민사소송실무 전문가 과정
각종 부동산 사건사고 속 살아남기 위한 무기!
셀프 부동산 소송 및 소장 작성, 각종 부동산 분쟁 및 거래사고 완벽 대비!

▶ 부동산 세금설계 전문가 과정
부동산 세금은 계약을 위한 첫 단추!
오직 공인중개사를 위한, 공인증개사에 의한 부동산 세금 과정

▶ 유튜브 영상제작 초고수 과정
말보다 강한 한 컷, 고객을 움직이는 것은 결국 영상
유튜브로 계약 만들어내는 지금 이 시대! 중개업 맞춤 효율적인 유튜브 운영전략

▶ [원데이클래스] 유튜브 숏츠 AI 과정

▶ 매월 정기세미나 & 조찬모임

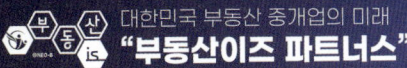

대한민국 부동산 중개업의 미래
"부동산이즈 파트너스"

고객의 행복을 위한 '부동산 is'
부동산이즈는 고객의 소중한 자산을 연구하고, 행복한 미래를 디자인합니다.

- **전문성** — 전문성과 실력을 인정받는 중개사무소
- **책임성** — 완벽하게 책임을 다하는 중개사무소
- **합리성** — 언제나 확인 가능한 종합 관리 서비스
- **수익성** — 매출상승을 위한 '부동산이지'프로그램 제공
- **안전성** — 완벽한 중개를 위한 실전 메뉴얼 제공

공인중개사의 행복을 위한 '부동산 is'
부동산이즈는 체계적이고, 안정적인 중개사무소를 운영합니다.

'THE NEO-B' & NEO-Map 부동산 중개 솔루션
부동산이즈만의 매출상승 부동산 중개업 노하우

✓ **부동산이즈 "먼저 선점하세요"**
- 지역권 선점(거리 제한), 사업 참여 우선권, 공동중개 네트워크 선점 등의 혜택
- 파트너 지원 조건(입지, 규모, 가시성 등) 충족 시 가입 가능

✓ **'전환 가입' = (기존) 중개사무소**
- 기존 중개사무소(3년 이상 같은 지역 내 운영)가 가입하시면 '본사 특별 지원'
- 동일서비스 지역 내 이전 가능

✓ **'창업 가입' = (신규) 중개사무소**
- 중개업을 쉽게 성공할 입지! 창업 컨설팅 무료 제공
- 가맹계약 후 창업 준비 기간 중 중개실무 트레이닝을 위한 전문 교육 제공

매월 부동산이즈 **'무료 창업설명회'** 진행
Tel 1877-4121 | Homepage www.budongsanis.com

대박나는 부동산 중개
핵심 공인중개사 실무 교육

제1판 1쇄 2021년 6월 10일
제1판 10쇄 2025년 7월 3일

지은이 조영준
펴낸이 허연   **펴낸곳** 매경출판㈜
기획제작 ㈜두드림미디어
책임편집 이향선, 배성분   **디자인** 디자인 뜰채 apexmino@hanmail.net
마케팅 한동우, 박소라, 구민지

매경출판㈜
등 록 2003년 4월 24일(No. 2-3759)
주 소 (04557) 서울시 중구 충무로 2(필동 1가) 매일경제 별관 2층 매경출판㈜
홈페이지 www.mkbook.co.kr
전 화 02)333-3577
이메일 dodreamedia@naver.com(원고 투고 및 출판 관련 문의)
인쇄·제본 ㈜M-print 031)8071-0961
ISBN 979-11-6484-241-4 (03320)

책 내용에 관한 궁금증은 표지 앞날개에 있는 저자의 이메일이나
저자의 각종 SNS 연락처로 문의해주시길 바랍니다.

책값은 뒤표지에 있습니다.
파본은 구입하신 서점에서 교환해드립니다.